老科学家学术成长资料采集工程

中国科学院院士传记丛书

耕海踏浪谱华章

文圣常传

冯文波 陈鷟 张丽 袁艺 ◎ 著

中国科学技术出版社

图书在版编目（CIP）数据

耕海踏浪谱华章：文圣常传 / 冯文波等著. — 北京：中国科学技术出版社，2021.10（2024.7 重印）

（老科学家学术成长资料采集工程丛书. 中国科学院院士传记丛书）

ISBN 978-7-5046-9141-5

Ⅰ.①耕… Ⅱ.①冯… Ⅲ.①文圣常—传记

Ⅳ.① K826.14

中国版本图书馆 CIP 数据核字（2021）第 156832 号

责任编辑	韩　颖
责任校对	焦　宁
责任印制	徐　飞
版式设计	中文天地

出　　版	中国科学技术出版社
发　　行	中国科学技术出版社有限公司
地　　址	北京市海淀区中关村南大街 16 号
邮　　编	100081
发行电话	010-62173865
传　　真	010-62173081
网　　址	http://www.cspbooks.com.cn

开　　本	787mm×1092mm　1/16
字　　数	230 千字
印　　张	15.5
彩　　插	2
版　　次	2021 年 10 月第 1 版
印　　次	2024 年 7 月第 2 次印刷
印　　刷	德富泰（唐山）印务有限公司
书　　号	ISBN 978-7-5046-9141-5 / K·299
定　　价	86.00 元

老科学家学术成长资料采集工程
领导小组专家委员会

主　任：韩启德

委　员：（以姓氏拼音为序）

陈佳洱　　方　新　　傅志寰　　李静海　　刘　旭

齐　让　　王礼恒　　徐延豪　　赵沁平

老科学家学术成长资料采集工程
丛书组织机构

特邀顾问（以姓氏拼音为序）

樊洪亚　　方　新　　谢克昌

编　委　会

主　编：老科学家学术成长资料采集工程领导小组办公室

编　委：（以姓氏拼音为序）

定宜庄　　董庆九　　郭　哲　　胡化凯　　胡宗刚

刘晓堪　　吕瑞花　　潘晓山　　秦德继　　阮　草

申金升　　王扬宗　　熊卫民　　姚　力　　张大庆

张　剑　　张　藜　　周德进

编委会办公室

主　任：孟令耘　　杨志宏　　石　磊

副主任：许　慧　　胡艳红

成　员：（以姓氏拼音为序）

高文静　　韩　颖　　李　梅　　林澧波　　刘如溪

罗兴波　　马　丽　　王传超　　余　君　　张佳静

老科学家学术成长资料采集工程简介

老科学家学术成长资料采集工程（以下简称"采集工程"）是根据国务院领导同志的指示精神，由国家科教领导小组于 2010 年正式启动，中国科协牵头，联合中组部、教育部、科技部、工信部、财政部、文化部、国资委、解放军总政治部、中国科学院、中国工程院、国家自然科学基金委员会等 11 部委共同实施的一项抢救性工程，旨在通过实物采集、口述访谈、录音录像等方法，把反映老科学家学术成长历程的关键事件、重要节点、师承关系等各方面的资料保存下来，为深入研究科技人才成长规律，宣传优秀科技人物提供第一手资料和原始素材。

采集工程是一项开创性工作。为确保采集工作规范科学，启动之初即成立了由中国科协主要领导任组长、12 个部委分管领导任成员的领导小组，负责采集工程的宏观指导和重要政策措施制定，同时成立领导小组专家委员会负责采集原则确定、采集名单审定和学术咨询，委托科学史学者承担学术指导与组织工作，建立专门的馆藏基地确保采集资料的永久性收藏和提供使用，并研究制定了《采集工作流程》《采集工作规范》等一系列基础文件，作为采集人员的工作指南。截至 2021 年 8 月，采集工程已启动 592 位科学家的学术成长资料采集项目，获得实物原件资料 132922 件、数字化资料 318092 件、视频资料 443783 分钟、音频资料 527093 分钟，具有重要的史料价值。

采集工程的成果目前主要有三种体现形式，一是建设"中国科学家博物馆网络版"，提供学术研究和弘扬科学精神、宣传科学家之用；二是编辑制作科学家专题资料片系列，以视频形式播出；三是研究撰写客观反映老科学家学术成长经历的研究报告，以学术传记的形式，与中国科学院、中国工程院联合出版。随着采集工程的不断拓展和深入，将有更多形式的采集成果问世，为社会公众了解老科学家的感人事迹，探索科技人才成长规律，研究中国科技事业的发展历程提供客观翔实的史料支撑。

总序一

中国科学技术协会主席　韩启德

　　老科学家是共和国建设的重要参与者，也是新中国科技发展历史的亲历者和见证者，他们的学术成长历程生动反映了近现代中国科技事业与科技教育的进展，本身就是新中国科技发展历史的重要组成部分。针对近年来老科学家相继辞世、学术成长资料大量散失的突出问题，中国科协于2009年向国务院提出抢救老科学家学术成长资料的建议，受到国务院领导同志的高度重视和充分肯定，并明确责成中国科协牵头，联合相关部门共同组织实施。根据国务院批复的《老科学家学术成长资料采集工程实施方案》，中国科协联合中组部、教育部、科技部、工业和信息化部、财政部、文化部、国资委、解放军总政治部、中国科学院、中国工程院、国家自然科学基金委员会等11部委共同组成领导小组，从2010年开始组织实施老科学家学术成长资料采集工程。

　　老科学家学术成长资料采集是一项系统工程，通过文献与口述资料的搜集和整理、录音录像、实物采集等形式，把反映老科学家求学历程、师承关系、科研活动、学术成就等学术成长中关键节点和重要事件的口述资料、实物资料和音像资料完整系统地保存下来，对于充实新中国科技发展的历史文献，理清我国科技界学术传承脉络，探索我国科技发展规律和科技人才成长规律，弘扬我国科技工作者求真务实、无私奉献的精神，在全社会营造爱科学、学科学、用科学的良好氛围，是一件很有意义的事情。采集工程把重点放在年龄在 80 岁以上、学术成长经历丰富的两院院士，以及虽然不是两院院士、但在我国科技事业发展中作出突出贡献的老科技工作者，充分体现了党和国家对老科学家的关心和爱护。

自 2010 年启动实施以来，采集工程以对历史负责、对国家负责、对科技事业负责的精神，开展了一系列工作，获得大量反映老科学家学术成长历程的文字资料、实物资料和音视频资料，其中有一些资料具有很高的史料价值和学术价值，弥足珍贵。

以传记丛书的形式把采集工程的成果展现给社会公众，是采集工程的目标之一，也是社会各界的共同期待。在我看来，这些传记丛书大都是在充分挖掘档案和书信等各种文献资料、与口述访谈相互印证校核、严密考证的基础之上形成的，内中还有许多很有价值的照片、手稿影印件等珍贵图片，基本做到了图文并茂，语言生动，既体现了历史的鲜活，又立体化地刻画了人物，较好地实现了真实性、专业性、可读性的有机统一。通过这套传记丛书，学者能够获得更加丰富扎实的文献依据，公众能够更加系统深入地了解老一辈科学家的成就、贡献、经历和品格，青少年可以更真实地了解科学家、了解科技活动，进而充分激发对科学家职业的浓厚兴趣。

借此机会，向所有接受采集的老科学家及其亲属朋友，向参与采集工程的工作人员和单位，表示衷心感谢。真诚希望这套丛书能够得到学术界的认可和读者的喜爱，希望采集工程能够得到更广泛的关注和支持。我期待并相信，随着时间的流逝，采集工程的成果将以更加丰富多样的形式呈现给社会公众，采集工程的意义也将越来越彰显于天下。

是为序。

总序二

中国科学院院长　白春礼

　　由国家科教领导小组直接启动，中国科学技术协会和中国科学院等12个部门和单位共同组织实施的老科学家学术成长资料采集工程，是国务院交办的一项重要任务，也是中国科技界的一件大事。值此采集工程传记丛书出版之际，我向采集工程的顺利实施表示热烈祝贺，向参与采集工程的老科学家和工作人员表示衷心感谢！

　　按照国务院批准实施的《老科学家学术成长资料采集工程实施方案》，开展这一工作的主要目的就是要通过录音录像、实物采集等多种方式，把反映老科学家学术成长历史的重要资料保存下来，丰富新中国科技发展的历史资料，推动形成新中国的学术传统，激发科技工作者的创新热情和创造活力，在全社会营造爱科学、学科学、用科学的良好氛围。通过实施采集工程，系统搜集、整理反映这些老科学家学术成长历程的关键事件、重要节点、学术传承关系等的各类文献、实物和音视频资料，并结合不同时期的社会发展和国际相关学科领域的发展背景加以梳理和研究，不仅有利于深入了解新中国科学发展的进程特别是老科学家所在学科的发展脉络，而且有利于发现老科学家成长成才中的关键人物、关键事件、关键因素，探索和把握高层次人才培养规律和创新人才成长规律，更有利于理清我国科技界学术传承脉络，深入了解我国科学传统的形成过程，在全社会范围内宣传弘扬老科学家的科学思想、卓越贡献和高尚品质，推动社会主义科学文化和创新文化建设。从这个意义上说，采集工程不仅是一项文化工程，更是一项严肃认真的学术建设工作。

中国科学院是科技事业的国家队，也是凝聚和团结广大院士的大家庭。早在1955年，中国科学院选举产生了第一批学部委员，1993年国务院决定中国科学院学部委员改称中国科学院院士。半个多世纪以来，从学部委员到院士，经历了一个艰难的制度化进程，在我国科学事业发展史上书写了浓墨重彩的一笔。在目前已接受采集的老科学家中，有很大一部分即是上个世纪80、90年代当选的中国科学院学部委员、院士，其中既有学科领域的奠基人和开拓者，也有作出过重大科学成就的著名科学家，更有毕生在专门学科领域默默耕耘的一流学者。作为声誉卓著的学术带头人，他们以发展科技、服务国家、造福人民为己任，求真务实、开拓创新，为我国经济建设、社会发展、科技进步和国家安全作出了重要贡献；作为杰出的科学教育家，他们着力培养、大力提携青年人才，在弘扬科学精神、倡树科学理念方面书写了可歌可泣的光辉篇章。他们的学术成就和成长经历既是新中国科技发展的一个缩影，也是国家和社会的宝贵财富。通过采集工程为老科学家树碑立传，不仅对老科学家们的成就和贡献是一份肯定和安慰，也使我们多年的夙愿得偿！

鲁迅说过，"跨过那站着的前人"。过去的辉煌历史是老一辈科学家铸就的，新的历史篇章需要我们来谱写。衷心希望广大科技工作者能够通过"采集工程"的这套老科学家传记丛书和院士丛书等类似著作，深入具体地了解和学习老一辈科学家学术成长历程中的感人事迹和优秀品质；继承和弘扬老一辈科学家求真务实、勇于创新的科学精神，不畏艰险、勇攀高峰的探索精神，团结协作、淡泊名利的团队精神，报效祖国、服务社会的奉献精神，在推动科技发展和创新型国家建设的广阔道路上取得更辉煌的成绩。

总序三

中国工程院院长　周　济

　　由中国科协联合相关部门共同组织实施的老科学家学术成长资料采集工程，是一项经国务院批准开展的弘扬老一辈科技专家崇高精神、加强科学道德建设的重要工作，也是我国科技界的共同责任。中国工程院作为采集工程领导小组的成员单位，能够直接参与此项工作，深感责任重大、意义非凡。

　　在新的历史时期，科学技术作为第一生产力，已经日益成为经济社会发展的主要驱动力。科技工作者作为先进生产力的开拓者和先进文化的传播者，在推动科学技术进步和科技事业发展方面发挥着关键的决定的作用。

　　新中国成立以来，特别是改革开放 30 多年来，我们国家的工程科技取得了伟大的历史性成就，为祖国的现代化事业作出了巨大的历史性贡献。两弹一星、三峡工程、高速铁路、载人航天、杂交水稻、载人深潜、超级计算机……一项项重大工程为社会主义事业的蓬勃发展和祖国富强书写了浓墨重彩的篇章。

　　这些伟大的重大工程成就，凝聚和倾注了以钱学森、朱光亚、周光召、侯祥麟、袁隆平等为代表的一代又一代科技专家们的心血和智慧。他们克服重重困难，攻克无数技术难关，潜心开展科技研究，致力推动创新发展，为实现我国工程科技水平大幅提升和国家综合实力显著增强作出了杰出贡献。他们热爱祖国，忠于人民，自觉把个人事业融入到国家建设大局之中，为实现国家富强而不断奋斗；他们求真务实，勇于创新，用科技为中华民族的伟大复兴铸就了辉煌；他们治学严谨，鞠躬尽瘁，具有崇高的科学精神和科学道德，是我们后代学习的楷模。科学家们的一生是一本珍贵的教科书，他们坚定的理想信念和淡泊名利的崇高品格是中华民族自强不息精神的宝贵财富，永远值得后人铭记和敬仰。

通过实施采集工程，把反映老科学家学术成长经历的重要文字资料、实物资料和音像资料保存下来，把他们卓越的技术成就和可贵的精神品质记录下来，并编辑出版他们的学术传记，对于进一步宣传他们为我国科技发展和民族进步作出的不朽功勋，引导青年科技工作者学习继承他们的可贵精神和优秀品质，不断攀登世界科技高峰，推动在全社会弘扬科学精神，营造爱科学、讲科学、学科学、用科学的良好氛围，无疑有着十分重要的意义。

中国工程院是我国工程科技界的最高荣誉性、咨询性学术机构，集中了一大批成就卓著、德高望重的老科技专家。以各种形式把他们的学术成长经历留存下来，为后人提供启迪，为社会提供借鉴，为共和国的科技发展留下一份珍贵资料。这是我们的愿望和责任，也是科技界和全社会的共同期待。

周济

文圣常

2015 年 9 月 25 日，采集小组拜访文圣常夫妇
（左起：赵海磊、袁艺、文圣常、葛管彤、施玥、冯文波、刘玉松）

2015 年 12 月 6 日，采集小组赴湖北采访
（左起：吴涛、施玥、恩施高中原副校长萧慈仁、张美婷）

序一

　　《耕海踏浪谱华章：文圣常传》是我国著名海洋学家、教育家、中国科学院院士文圣常先生的传记，是"老科学家学术成长资料采集工程"的第一批项目。初稿完成后，作者于 2018 年请我提出修改意见，我即逐字逐句地认真阅读，并结合自己与文先生三十多年亦师亦友的交往、感悟和对该项目的理解，提出了许多意见和建议供作者参考。现在，又经过两年多的努力，这本凝聚着作者和许多同事、朋友心血的书稿终于要与读者见面了，倍感欣慰。由于我对本书的创作历程、对文先生都比较熟悉，所以，当作者希望我为本书撰写序言时，便欣然应允了，因为这既是荣幸，更是责任。

　　文先生是一位浩海求索、勇攀高峰的科学家。他是我国海浪研究的开创者、物理海洋学的主要奠基人之一。1953 年，在时任山东大学海洋系主任赫崇本先生的努力下，他历经艰辛和曲折，终于来到了位于青岛鱼山路 5 号的山东大学校园（今中国海洋大学鱼山校区），入职海洋系，从此心无旁骛地开展海浪研究。他导出了随风时或风区成长的普遍风浪谱，被国内外同行誉为"文氏风浪谱"，撰写的《海浪原理》和《海浪理论与计算原理》两本专著赢得了"世界五大海浪专著，中国有其二"的美誉，被海浪学界奉为经典之作。他提出的海浪计算方法得到广泛应用，被纳入 1978 年出版的交通部《港口工程技术规范（海港水文）》和国家海洋局《海浪计算手册》；提出的具有实用价值的理论风浪频谱被编入交通部 1998 年《海港水文规范》。他开创了我国海浪数值预报模式研究，提出的一种新型混合型海浪数值模式在我国海洋环境预报部门投入业务化应用，被日本海洋学家鸟羽良明评价为"东方思想体系的结晶"。

文先生是一位春风化雨、桃李天下的教育家。1981 年 11 月，经国务院批准，山东海洋学院成为全国首批拥有博士和硕士授予权的 151 个单位之一，物理海洋学成为学校首个具有博士学位授予权的学科，文先生是学校第一位博士生导师。数十年来，他诲人不倦，桃李遍天下，我国自己培养的第一位海洋科学博士学位获得者孙孚、荣获"罗斯贝奖"这一国际大气科学界最高荣誉的著名学者王斌等海洋领域的许多领军人才和骨干力量皆出自先生门下。文先生特别重视通过国际合作提高科研水平和培养青年骨干，二十世纪八十年代，他时任山东海洋学院院长，亲自接洽推动了学校与德国汉堡大学在海洋和大气科学领域的合作。到九十年代，已在近海物质输运、海洋生态动力学等研究领域成绩斐然，冯士筰、俞光耀、张志南、张经等许多著名学者都是这一合作项目的骨干，许多优秀中青年学术人才也伴随着这一合作项目广泛深入的开展而成长起来。作为这一中德合作项目的受益者，我曾于 1997 年 9 月—1998 年 4 月在德国汉堡大学海洋化学与生物地球化学研究所访学，学到了很多前沿知识，极大地开阔了视野，成为我学术生涯的宝贵经历。文先生像蜡烛一样燃烧自己，把光和热奉献给一代又一代的学子们，使我们这些后学者受益匪浅。

文先生是一座引领和激励着海大人不断前行的精神灯塔。2000 年，他荣获"何梁何利基金科学与技术进步奖"，将 20 万港币的奖金全部捐给了祖国的教育事业，其中 10 万元港币捐给家乡河南省光山县砖桥镇初级中学，另外 10 万元港币捐给海大，设立"文苑奖学金"，用来表彰品学兼优的优秀学生，并一再表示他只是做了一点点微不足道的贡献，叮嘱不要用他的名字命名，实际上"文苑奖学金"这个名称就是"妥协"的结果。2006 年、2009 年和 2018 年，他又先后 3 次将个人工资、奖金共计 50 万元人民币捐赠补充到"文苑奖学金"中。时至今日，"文苑奖学金"已经颁发了 21 届，累计有 63 名优秀学生获奖，这些获奖者没有辜负文先生和学校的期望，都在不同的行业领域和岗位上茁壮成长为德才兼备的青年才俊。先生"功高却不自居，德高却不自显"，具有淡泊名利、崇德守朴的高尚品德，秉承治学严谨、勇攀高峰的科学精神，坚持勤恳敬业、持之以恒的执着追求，这些宝贵的精神财富是学校"海纳百川，取则行远"校训精神最好的诠释，是中国海大人"崇尚学术，谋海济国"价值追求的生动体现。我始终认为，这才是"文苑奖学金"的要义和精华所在。我周围许许多多中国海大的同事和校友都在用心体悟文先生的精神风范，从中不断受到启发和鼓舞。我相信这一宝贵的精神财富一定会一代一代传承下去，并不断发扬光大。

2014 年 10 月 25 日，中国海洋大学举行建校 90 周年庆祝大会，九十三岁高龄的文先生为了"不给大家添麻烦"，未出席大会，但他特意撰写了校庆寄语。当我在报告的最后满怀深情地宣读"鱼浮崂山学脉延，师严生勤奋致远。九十年阔搏击勇，更爱海深洋无边。"之后，全场掌声雷动。此情此景，我至今难以忘怀，对先生的热爱和崇敬之情愈加浓厚。现在，已年至百岁的文先生身体健康、思维清晰，他关心时事，也依然牵挂着学校的发展。每次我去看望，先生都会询问学校西海岸校区建设、人才培养和科研进展等方面情况，叮嘱我要抓好师资队伍建设，要特别重视学生基础知识的教学，表示自己年事已高，不能为学校做贡献了，感到很不安。此情此景，令人动容。

在本书即将问世之际，我把自己与文先生交往的一些事例和感悟写出来，通过这样的方式与读者分享，感到特别荣幸。我相信本书一定能引起读者的兴趣、滋养读者的精神，激励我们为了祖国和人民的科学与教育事业奋力前行！

中国海洋大学校长

2021 年 1 月 10 日

序二

《耕海踏浪谱华章：文圣常传》是我国著名海洋学家、教育家、中国科学院院士文圣常先生的传记。作者希望我写一个序言，我当然接受了，但作为于校长长篇序言后的一个补充——序言二，谈一两件我的亲历，毕竟我有幸在先生的关怀、培养和影响下，与先生共事至今已近一个甲子了。

在 20 世纪 60 年代第二个年头，我和三个大学同班同学毕业后被分配到山东海洋学院工作。校方安排我们到海洋水文气象系、先生作为主任的动力海洋学教研室从教。

当时，先生已在《中国科学》上发表了那两篇著名的普遍风浪谱和涌浪谱的经典论文，蜚声中外，并出版了世界上第一部海浪专著《海浪原理》。从而，先生已开始赢得了中国海浪研究的奠基人和开拓者之美誉。

榜样的力量是无穷的。

先生的成就对于一个刚刚步入大学作为助教的我来说，在衷心钦佩和仰慕之余，更是倾心学习的一个生动榜样。

大学，归根结底要以培养人才为己任。

对于像我们这样一些年轻助教的培养，先生更是极其严肃认真的。先生为我们教研室的年轻教师制订了一整套学习进修计划。为了加紧而有效地实行这一计划，先生亲自并邀请教研室有丰富教学经验的老师们，在亲临教学第一线为学生主讲专业和专业基础课程之外，还由王景明先生、景振华先生分别为我们年轻教师主讲复变函数论、数理方程；尤其先生准备亲自主讲计算数学和高级英语等基础课程，并于期末像学生一样考试打分而严加考核，好为我们进一步打下牢固的数理基础，真是煞费苦心了！我相信，当时要是先生的这一培养计划能够完整实现的话，我校的物理海洋学的发展或许会提前 10—15 年与国际接轨，更早地跻身于世界物理海洋学科学之林，为物理海洋学的学科发展做出更大贡献。

师恩浩荡、感人至深！

抚今追昔，先生的这种治学严谨的态度、以身教和言教对年轻人的培养和关怀，难道不是给予学校和我们后辈的最宝贵精神财富和树立的光辉榜样吗！

1978 年，改革开放，全国科学大会在北京召开，科学的春天开始了。

80 年代开始，先生先后创立了物理海洋学博士点；组建了物理海洋研究所及其物理海洋实验室；承担了国家"七五""八五""九五"重点科技攻关项目。先生进一步推进了他的海浪谱和应用研究，出版了第二部经典专著《海浪理论与计算原理》，等等，做出了一系列开创性的贡献。

有幸作为先生的助手和亲历者，我仅简介一下"七五"国家科技攻关中先生不可替代的作用和重大贡献。

1985 年，以先生为首，山东海洋学院参加了国家"七五"重大科技攻关第 76 项"海洋环境数值预报的研究"。先生亲自主持并担任关键课题"海洋环境数值预报产品研制"的组长，领导和亲自参与海浪专题组的研究工作。这是改革开放以来，山东海洋学院首次参加国家重大科技攻关项目，而海洋环境数值预报产品的研制在我国更是首次。这是一个机遇，更是一个挑战。

理论和方法的创新永远是先生从事科学研究的魂灵。先生根据当时我国计算机运算的能力，扬弃了当时世界上盛行的第三代海浪数值模式，提出了一种我国自主创新的、新型的混合海浪数值模式。该模式与国际上同时代者相比，是一个较精确、又简便且具有明显中国特色的海浪数值预报模式。日本著名海洋学家给予高度评价，认为是"东方思想体系的结晶"。该预报模式已经在国家和地区性海洋预报中心投入业务化应用。结果证明，该模式稳定性好、适用性强、精度高，易于普及推广。这一成果获国家科技攻关奖。

先生对"七五"科技攻关的贡献也惠及了我们对风暴潮的研究。风暴潮研究像海浪研究一样，归根结底要做出数值预报并实现其业务化。我们早已建立了风暴潮动力－数值预报模型，并作过一些数值模拟和试验，可谓"万事俱备，只欠东风"。感谢先生在其主持的课题中安排了风暴潮数值预报专题，从而使风暴潮研究在先生给以及时安排的这一平台上得以最终实现其数值预报及其业务化，也使我们得以追随先生，在国家"七五"科技攻关中做出应有的贡献。

继以"八五""九五"，使之更上一层楼。连续 15 年的科技攻关，使我国的海洋环境数值预报研究水平可以和世界接轨了。尤其是在取得了丰硕成果的同时，更培养了大量专业人才，为国家海洋预报事业积累了一批宝贵财富。

近一个甲子以来，我本人有幸同先生共事，更是把先生的谦虚谨慎、求真务实、推陈出新、精益求精、追求完美的科学大家之精神奉为至宝。先生是学生终身学习的榜样！

本书出版之际，正逢先生百年华诞。在此，谨以一首小令来表达对先生的敬仰和祝贺：

忆江南

仁者寿，

文圣庆百年。

谋海济国天行健，

蹈海踏浪纳百川。

谁不尽欢颜？

敬祝先生：何止于茶，相期彭祖。

谨以为序。

冯士筰

中国科学院院士

2021 年 2 月 1 日

目 录
Directory

图片目录

导　言

　　海浪是一种发生在海洋中的波动现象，主要包括风浪、涌浪和近岸波。作为一门科学，现代意义上的海浪研究始于第二次世界大战期间为保障盟军诺曼底登陆而开展的海浪预报，挪威的 H.U. 斯韦尔德鲁普和美国的 W.H. 蒙克是这方面研究的开先河者。中国的海浪研究起步较晚，20 世纪 50 年代初，中国科技工作者开启了艰难的探索之路，本传记的主人公——文圣常便是这一领域的先行者，他创立了中国的海浪学这一物理海洋学学科分支。

　　文圣常，河南光山县人，物理海洋学家，中国海浪研究的开拓者和物理海洋学的奠基人之一，1993 年当选中国科学院院士，现任《中国海洋大学学报（英文版）》名誉主编。

　　文圣常出生于 1921 年，他的童年、少年乃至青年时期经历了无数的磨难与考验。在时代洪流的裹挟之下，每个人的命运都跌宕起伏，但文圣常始终保持着勤奋好学、积极进取的精神。小学、初中、高中、大学以及赴美进修，他以常人难以想象的顽强毅力一路前行，汲取着知识的营养，从一位懵懂的少年成长为学识渊博的青年才俊。

　　1946 年初，在赴美进修的航船上，途经太平洋时，他被波涛汹涌的场景所震撼，在赞叹大自然强大威力的同时，脑海中闪现出一丝灵光——这滚滚的波涛何尝不是一种取之不尽、用之不竭的能源呢？他从此萌生了研究海浪的想法。这偶然间迸发出的念头竟成为他持久为之奋斗、奉献的伟大事业。这则有趣的小故事也成为中国海浪研究开始萌芽的源头之一。

新中国成立初期，百废待兴、百业待举，交通不便、信息匮乏，从事海浪研究毫无经验可以借鉴，可谓困难重重、举步维艰。文圣常不屈服于困难和阻力，持之以恒地坚守自己的信念，以不达目的誓不罢休的气概，历经 7 年的艰苦辗转与求索，终于抵达青岛，在我国物理海洋学奠基人赫崇本教授的邀约之下进入山东大学海洋系，由此正式开始了搏浪弄潮、勇攀高峰的研究与探索之路。从普遍风浪谱、涌浪谱的问世，到适合中国海域特点的海浪计算及预报方法的创新，再到新型混合型海浪数值模式的提出……一系列重大创新成果在丰富着中国海浪研究体系的同时，也让欧美等发达国家的海浪学者刮目相看，日本学者鸟羽良明称赞其成果是"东方思想体系的结晶"。

作为一名高校教师，文圣常倾尽丹心育桃李，为国家和社会培养了许多栋梁之材。我国第一位在国内获得博士学位的海洋学研究生孙孚、获得具有大气科学界诺贝尔奖之誉的"罗斯贝奖"的气象学家王斌等皆是他的学生。教学之余，他还潜心理论研究，先后撰写了《海浪原理》《海浪理论与计算原理》两本专著，赢得了"全球五大海浪专著有其二"的盛誉。

回望文圣常的学术成长之路，有太多值得探究和深思的地方。在风雨激荡的年代里，他是如何坚持科研目标不动摇的？艰难困苦的求学与生活经历对他的科研来说是福还是祸？他文理兼通的知识体系是如何构建起来的？他对工作的热爱缘何达到如痴如醉的地步？几十年来支撑他为国家、为社会、为学校做贡献的信念又是什么？面对这样一位令人敬仰的海浪学大师，大家对其成长、成才与成功之路充满了好奇。本着教化今人、启迪来者的目的，中国海洋大学于 2014 年 12 月承接了"文圣常院士学术成长资料采集项目"。

文圣常院士一向是谦虚、低调的，他总是觉得自己没有做出什么重大的贡献，国家、社会和学校给予他的关心与照顾太多，他回馈的还不够，所以一直不停地从事着力所能及的工作。老科学家学术成长资料采集工程刚启动之时，文圣常被中国科协列为第一批采集对象。2012年3月，当学校领导就这一工作征求他的意见时，他明确表示不参加，认为自己的工作达不到被采集的要求，觉得自己最早不是从事海洋科学研究的，属于"半路出家"，不具备典型性，应该把这一机会留给做出更大贡献的科学家。后来，学校领导只好尊重他的意见，将这件事暂时搁置下来。2014年年末，学校领导再一次就此事征求他的意见，并向他详细阐明了开展此项工作的背景、目的和意义，告诉他不是为了突出宣传他个人，而是以点带面，通过对他的学术成长历程的梳理和总结来展现以他为代表的老一辈海洋学者为人治学的特点和赤诚报国的情怀，从而为今后海洋人才的培养和青年科技工作者的成长提供参考和借鉴。还特别告诉他，这不是学校行为，而是国家层面要求开展的工作，是自上而下进行的。作为一名中国共产党员，文圣常的组织观念和集体意识特别强，闻此信息，他才终于同意开展采集工作，并表示会积极配合。同时，他也提出了三点意见："一是拟将我的学术成长经历纳入采集工程中，我深感惭愧和感谢；二是采集工作繁重，向参与工作的同志们致以敬意；三是在采集和整理材料过程中，请注意避免拔高的倾向。"好事总是多磨，历经一番曲折，文圣常院士学术成长资料采集工作终于拉开了序幕。

一个人的生活不可能是孤立的，都和社会休戚相关。所以，一个人的成长与成才受他所处的社会环境影响很大，自然而然就会留下时代的印记和特点。正是因为有了这样的判断，对于文圣常院士学术成长历程的探究也要放在特定的历史背景之下进行，而不是单纯地聚焦于他个人进行一对一的访谈和资料整理。采集小组以时间为主线，从他出生的20世纪20年代开始，一点一滴、一丝一缕地梳理和探究不同社会条件和生活、学习、工作环境对文圣常成长与成才的影响，特别是对他学术思想体系由初建到发展完善、再到成熟的历程做了比较细致的探究；并重点从他的家庭环境、师承关系、辗转经历、朋友群体、选择转折、为人治学等方面进行深入挖掘、搜集和整理，力求客观、系统地展现文圣常院士的学术成长之路。

采集工作主要从两个方面展开：一是口述访谈资料的采集。首先对文圣常院士本人进行采访，他是所有事件的亲历者、见证者，特别是其早期的经历除了零星的文字记载以外，几乎已没有在世的见证者，所以他本人的回忆和讲述尤为宝贵。此外，还对他的同事、朋友、学生进行了采访，从旁观者的视角展现文圣常院士为人治学的特点与精神。在这一工作中，年逾九旬的文圣常院士两次配合我们的访谈，尽管听力、视力均已下降，但他每次都坚持做完两个小时的采访。在采访中，只要一听是为文圣常院士的事而来，他的同事、朋友、学生等都全力配合和支持我们的工作，给予我们极大的热情和耐心。二是实物资料的采集。重点搜集文圣常院士的读书笔记、科研记录、论文手稿、书籍著作、个人日记、荣誉证书、聘书、档案履历和照片，以及他使用或发明的科研仪器、设备工具等。两年多的时间里，采集小组循着文圣常院士生活、求学和工作的轨迹，行程 20000 多千米，辗转于光山、武汉、乐山、重庆、长沙、上海、南宁、北京、哈尔滨和青岛等多个城市和地区，采访 30 余人，录制音频资料达 1300 余分钟，拍摄视频资料 2000 余分钟，整理访谈稿 20 万余字。当听说需要实物资料时，文圣常院士欣然同意把他办公室留存的许多手稿、书籍、证书、信件、照片等十分珍贵的资料捐赠出来。这里面有他 1940 年在湖北省立联合中学恩施分校的毕业证书，有他 1989 年获得的全国教育系统劳动模范证书、1991 年获得的国家"七五"科技攻关突出贡献者奖牌。此外，还有许多他和国外学者交流往来的信件……这些实物资料对于研究文圣常的人生轨迹具有重要的参考价值和史料价值，对于还原他的学术成长历程也是十分有力的支撑，对于传记写作更是大有帮助。

在采集工作中，采集小组也十分重视对与文圣常院士有关的各类传记文章、新闻报道、影视素材的收集和整理工作。一路下来，也有不小的收获，这些都成为传记写作的重要参考文献。如：2001 年 11 月 1 日，刘安国在《青岛海洋大学报》发表的《海浪谱华章》一文，该文从成长、求学、科研和教学等多方面对文圣常进行了报道，是不可多得的全方位展示文圣常成长历程的通讯稿。2008 年 7 月，宋先锋、翟媛媛、牛建海在《创新科技》杂志刊发了《文圣常：一个献身海洋研究的人》，对文圣常结缘海洋研究的经历、在海浪研究领域取得的重大成就以及著书立说和退居二线之后的工作等做了较为详细的梳理和总结。2014 年 1 月，冯文波在中国海洋大学新闻网"回澜阁"栏目发表了《文圣常：鲐背之年的故事人生》一文，这是作者在亲赴文圣常院士家乡进行深入采访后撰写而成的，弥补了之前新闻报道中对文圣常之于故乡情感的不足或不准确，同时还补充了几则与文圣常有关的人生哲理故事。2014 年 4 月 4 日，邹阳、胡卧龙、冯文波等在《大公报》撰写的《文圣常：中国海洋研究的拓荒者》一文，从为人、治学、科研、生活、品德等多方面展示了文圣常院士的成就与特点。此外，2004 年 9 月 16 日，吕小霞在《光明日报》刊发的《文圣常：中国海洋研究的拓荒者》；2004 年 9 月 28 日，魏世江、吕小霞在《人民日报》（海外版）发表的《我国海浪学科的开拓者——记中科院院士、中国海洋大学教授文圣常》等都是十分宝贵的参考资料。

通过对搜集到的这些文献材料进行分类整理和消化吸收，我们发现对于文圣常自 20 世纪 50 年代以来在海浪研究领域取得的成就的挖掘和报道是十分翔实和透彻的。但是对于他的家学渊源，童年、少年时期的成长与求学经历，以及战争岁月里他在迁徙流亡中思想的变化、心路历程的演变，还有在航空委员会第八、第十一飞机修理厂任职的收获与感受，赴美国进修的一年时间里学习、生活的感悟和技能的提升等都没有太多涉猎。此外，文圣常院士长期以来一直是在不断工作的，即使 2000 年前后退居二线，不再直接从事科学研究工作，但他身为《中国海洋大学学报（英文版）》的主编，依然每天坚持审阅修改稿件。但在采集到的资料中，对这方面工作的报道不够详细。

文圣常院士的一生是坎坷曲折的，特别是在少年、青年时期，他经历了无数的磨难，接受了种种考验，但这些也成为他成长进步的不竭动力和宝贵财富。面对逆境，他没有被打倒，而是以"咬定青山不放松"的决心和韧劲坚守着海浪研究的目标，不断求索，历经多年的反复试验、无数次计算，最终开辟了我国海浪研究的新天地，使我国在这一研究领域的地位和影响力与日俱增。回望这位科学家走过的道路，我们也在思考，除了那次乘船时的灵感突现以及他自身的知识积累和后天的勤奋以外，还有没有其他的因素在他攀登科技高峰的征途中提供助力和支持？

如果他没有及时离开国民党的空军部队，如果没有武汉大学刘颖教授引荐他前往位于嘉陵江畔的西南工业专科学校任教，如果没能遇到赫崇本教授这位独具慧眼的伯乐，如果20世纪六七十年代他卷入了政治运动的漩涡……一系列假设摆在面前，得出的结论是文圣常院士的成长、成才与成功离不开师友的帮助与提携，离不开团队成员的支持与配合，也离不开学校提供的科研与办公环境，更离不开国家稳定发展的社会环境以及对海洋科学研究事业的重视与投入等。"人的本质是一切社会关系的总和"，探究一个人的学术成长之路也应放在特定的历史时空中去衡量，基于宏观视角进行综合评判，而不是与他所处的社会环境割裂开来或者弱化时代背景因素去做孤零零的分析。

基于上述思考，在传记写作中，我们沿着文圣常院士的人生轨迹，按照事件发生、发展的先后顺序进行正叙。在关于其晚年的主要工作经历和做出的贡献的记述中，我们在策略上做了适当调整，跳出了时间的束缚，依照不同的主题、类别，对文圣常院士为人治学的品格、态度和精神进行归纳。遵照这一选题立意、谋篇布局的原则，我们把文圣常院士的传记划分为光山少年、巴蜀求学、静待时机、向海而生、耕海踏浪、勇立潮头、师者如海、文氏外传八个部分。

第一章主要介绍文圣常的家学渊源、出生环境、父母对他的教诲与影响、童年接受启蒙教育的经过和细节。重点梳理少年文圣常的求学经历，小学、中学老师对他爱国思想的培养和知识基础的奠定。同时分析外敌入侵、社会环境的动荡对这位少年成长、求学的影响。

第二章侧重介绍高中毕业后的文圣常追求进步、辗转求学的经历。既有他徒步前往重庆的艰险，也有他寻找人生出路的迷茫与困惑，还有他最终考入武汉大学潜心学习的难忘时光。重点梳理了他在武汉大学求学时期的生活、学习情况，这一时期对他成长有深刻影响的事件、老师、同学等也都做了详细介绍。特别是他宏观视野的养成、丰富知识体系的构建、逻辑思维能力的提升与锻炼等均是在这一时期打下了坚实基础。

第三章记述了文圣常在航空委员会第八、第十一飞机修理厂工作，顺利通过选拔考试，成为出国进修人员的经历。重点介绍了他在赴美途中目睹太平洋上滔天巨浪后萌生的开发利用波浪能的想法，这成为他学术生涯转折的源头。此外，还梳理了他在美国学习飞机修理技术的工作、生活细节，以及他为了练习英语，利用课余时间翻译《原子轰击与原子弹》一书的重要经历。

第四章围绕文圣常回国后矢志不移探寻海浪研究之地的一连串经历展开叙述。他毅然离开国民党空军部队，前往重庆教学，并在教学之余潜心海浪能的开发利用，设计制造出了一套试验装置，先后在嘉陵江、北戴河等地进行试验。与此同时，他也积极探寻可以进行海浪研究的场所，几经辗转最终抵达青岛，在赫崇本教授的邀约之下进入山东大学海洋系工作，从此稳定下来，开始了战风斗浪的科研生涯。

第五章重点梳理了文圣常抵达青岛后至"文化大革命"爆发前在海浪研究领域取得的重大成就，特别是"普遍风浪谱"和"涌浪谱"的提出。围绕海浪研究，文圣常积极组团建队，打造了一支国内外稀有的海浪学研究团队，使我国的海浪研究薪火相传、生生不息。他还主持了海浪预报方法的研究工作，并结合中国海域的实际特点提出了海浪计算方法，但因受"文化大革命"的影响被迫中断。"文化大革命"后，他又捡起之前的工作，进一步完善海浪计算方法，并被纳入交通部《港口工程技术规范（海港水文）》中，打破了我国在建设港口的有关规范中长期依赖苏联和美国的局面。同时，这一章还就"文化大革命"期间文圣常的生活、工作做了较为详细的介绍。

第六章承接前面章节，对文圣常在"七五""八五"科技攻关中提出的新型混合型海浪数值模式的研究历程、主要优势、应用情况等做了详细的梳理和归纳。同时，还对文圣常在 20 世纪末开展的"灾害性海浪客观分析、四维同化和数值预报产品的研制""近岸带浪、流、水位联合计算方法研究"等工作做了介绍。学科建设方面重点介绍了文圣常主持动力海洋学教研室有关工作以及一手创建物理海洋研究所、物理海洋实验室的历程。数十年来，在他的带领下，物理海洋学获得了飞速发展，科学研究和人才培养等方面取得了丰硕成果，文圣常是当之无愧的奠基者之一。此外，还重点介绍了他的两本著作——《海浪原理》和《海浪理论与计算原理》的撰写过程、主要学术观点和理论创新，以及在世界领域的地位和影响力、国际同行的学术评价等。这一章还对文圣常担任山东海洋学院院长期间对学校建设与发展所做出的贡献进行了梳理和总结，同时对文圣常富有爱心、情系教育、捐资助学的善举进行了挖掘整理。

第七章首先聚焦为人师者的文圣常，介绍他为我国海洋科研人才培养做出的卓越贡献，犹如一盏红烛，用其智慧之光照亮了一片海洋。其次对他的人文情怀、文科思维进行了重点的探究和解析，为广大读者展现了一个文理兼通的学术大师的风采。最后是对退居二线之后的文圣常依然坚持不懈地工作，并担任《中国海洋大学学报（英文版）》主编，每天审阅、修改稿件，为学校事业发展奉献余热的感人事迹和崇高精神进行总结与凝练。

第八章着重介绍了晚年的文圣常以"老牛自知夕阳晚，无须扬鞭自奋蹄"的诗句自勉，每天坚持步行上下班、勤奋工作的情景做了详细介绍。此外，还搜集整理了他在生活和工作中善于观察、勤于思考的几则富有哲理的小故事，细细读来启迪心扉、令人深思。

自1946年初萌生海浪能开发利用的念头至今，文圣常已在我国海洋科教领域辛勤耕耘了70余载。在纪念文圣常院士从事海洋科教事业50年时，刘安国教授写过一篇文章《海浪谱华章》。标题不仅紧扣文圣常院士的研究对象"海浪"，而且"谱"字一语双关，首先指他在"海浪谱"研究领域的卓越贡献；其次与后面的"华章"结合，寓指他数十年来持之以恒谱写科技创新的华美乐章。此标题既贴合实际，又富有诗情画意。在传记写作中，我们考虑到文圣常院士始终兢兢业业、孜孜不倦，特别是他时常以"老黄牛"的精神自勉，在辽阔的蓝色国土上深耕细作、默默奉献、毫无怨言。于是，我们在"海浪谱华章"的基础上做了调整和补充，添加了"耕"和"踏"两个动词，把传记命名为《耕海踏浪谱华章：文圣常传》。

老科学家学术成长资料采集工程是一项复杂而庞大的项目，仅凭一个人、一支团队是不可能做好的，这里面离不开社会各方的支持和帮助。两年来，在文圣常院士学术成长资料采集工作中，我们得到了多方的援助与支持。首先，得益于中国科协启动了这一工程项目，文圣常院士本人同意我们开展工作，才使我们有机会与一代海浪研究大师密切接触，去挖掘和还原他成长、成才的非凡历程。其次，作为管理方的山东省科协对于工作的具体开展给予了许多指导，特别是郑启磊老师认真负责的精神令我们感动不已。再次，中国海洋大学大力支持这一工作并给予经费支持，希望借此机会把文圣常院士的学术成长经历梳理清楚，把重要的实物资料整理留存下来，把老一辈海大人献身科教事业的崇高精神传承下去，激励年青一代的海大学子健康成长。学校党委书记田辉、校长于志刚、党委常务副书记张静等领导同志十分关心采集工作的进展情况，多次询问有关工作细节，并帮助排除有关困难。学校党委宣传部、新闻中心领导也十分重视和关心该项工作，宣传部部长兼新闻中心主任陈鷟作为项目负责人，在采集工作进行中运筹帷幄、掌控大局，充分信任采集小组，让大家放手做工作，并经常给采集小组鼓劲、加油、打气，确保了整个项目有条不紊地进行。时任宣传部副部长兼新闻中心副主任的张永胜为项目的申报、立项答辩及前期各项工作的开展倾注了情感、贡献了智慧、付出了心血。时任宣传部副部长兼新闻中心副主任的张丽作为此项工作实施的具体负责人，做好与学校有关部门和部分采访对象的沟通、协调工作，并结合日常新闻采编工作，合理调配人力、物力和财力，确保采集工作持续推进，在中期检查、学校汇报、结题验收等关键节点代表采集小组汇报展示采集工作进展和取得的成效，为项目如期顺利结题验收夯实了基础。

在口述文字材料的采集中，我们得到了文圣常院士的亲人、同事和学生的支持与配合。如文圣常院士的夫人葛管彤老师向我们介绍了与文圣常院士相识的过程，以及文圣常在生活中的点滴细节，特别是他在家中工作的场景等，成为多角度展现文圣常人物特点的有力支撑。他的子女文彤、文怡和文凡为我们介绍了文圣常院士在教育下一代方面言传身教的诸多故事。他的妹妹文群英女士为我们讲述了少年时期前往重庆投奔哥哥，并在他的辅导下读书学习的难忘经历，兄妹之情感人至深。在文圣常院士的老家河南省光山县砖桥镇采访时，我们得到了他的弟弟文圣朝、文圣岳，侄子文纪武、文贤国的配合，为我们介绍文家的家风家训、童年时期文圣常的成长经历以及文圣常对族人的影响等。在光山县的走访中，我们还采访了砖桥镇初级中学的黄祖东老师、"文之勋月饼"店老板文之勋、白雀园镇第一完全小学校长刘国海，请他们讲述了文圣常院士捐资助学、情系故乡和在白雀园小学工作的有关情况。在四川乐山的采访中，我们得到了当地文史专家魏奕雄的大力支持，在他的讲述中，我们获得了抗战时期武汉大学在乐山的办学情况以及西南工业专科学校的发展历史与办学情况。在青岛、上海、北京的采访中，我们得到了文圣常院士的老同事王景明教授、劳治声教授、余宙文教授、冯士筰教授、沈育疆教授、吴增茂教授、王滋然教授、李国璋教授、刘秦玉教授、张平老师的热情帮助，他们为我们回忆了与文圣常院士共事的过往以及他在工作中的优异表现，并把他们留存的与文圣常院士有关的珍贵资料交给我们。文圣常院士的学生及科研助理丁平兴教授、郭佩芳教授、侯一筠研究员、管长龙教授、吴克俭教授、赵栋梁教授等为我们讲述了文圣常院士在教书育人方面的点点滴滴和勤耕不辍、献身科研的动人事迹。文圣常院士的两任秘书臧小红老师、郭铖老师为我们介绍了文院士工作生活中的诸多细节，特别是他待人接物、执着工作、关心他人的生动故事，成为丰富传记写作的珍贵资料。关于文圣常院士于海大设立"文苑奖学金"并多次捐资的经过与细节，时任图书馆党总支书记鞠红梅从亲历者的视角为我们讲述了 2006 年文院士从自己的工资收入中拿出 10 万元补充"文苑奖学金"的感人场景。时任学生工作处副处长黄立田热心于文院士的学术资料采集工作，向我们提供了许多关于"文苑奖学金"的宝贵材料和信件。谈及文圣常院士推动创办《中国海洋大学学报（英文版）》的经过，严国光教授向我们介绍了那段艰难曲折的历程并提供了重要的图文材料。谈到文圣常院士担任《中国海洋大学学报（英文版）》主编，十几年如一日认真审读、修改稿件的情况，期刊社季德春老师为我们讲述了她在工作中接触到的睿智、勤勉老人文圣常。因为我们属于外行人，在涉及文圣常院士的海浪研究专业内容时往往一筹莫展，这期间得到了中国海洋大学海洋与大气学院郭佩芳教授、管长龙教授、吴克俭教授、赵栋梁教授、孙建副教授的大力支持与无私帮助，他们不仅把自己珍藏的文院士手稿捐赠出来，而且还为我们联系采访对象、提供参考资料和书籍，并就科研档案资料的甄别与归类进行耐心讲解和指导。此外，在采集小组前往乐山、长沙、武汉、南宁、上海、哈尔滨、北京等地进行采集时，也获得了当地有关高校、档案馆、校友会同人的支持与协助，在此一并表示感谢。

两年多来，我们怀着敬畏之心，循着文圣常院士的足迹一点一滴地寻觅、挖掘、探求，在一串串坚实的脚印里，我们一次次陷入沉思、一次次心潮澎湃。我们在繁忙、紧张、感动和敬佩中一路走来，有曲折也有突破，有艰辛也有欢乐，最终形成了沉甸甸的收获。当然，我们也深知，受年代久远、学科差异、能力水平等因素的影响，我们的采集工作还存在诸多不足和疏漏，在此恳请广大读者、知情者和业内专家雅正，望不吝赐教。

第一章
光山少年

    光山县，地处河南省东南部，北临淮河，南依大别山，属鄂豫皖三省交界之地，总面积 1835 平方千米，人口近百万。光山历史悠久、人才辈出，周朝时为弦子封国，故称"弦"；南朝置光城县，因有浮光山，"每有光耀"故名；自隋朝始设立光山县，后逐渐发展成为豫南的军事、政治、经济和文化重地。千百年来，涌现出了诸多社会精英、国之栋梁，如北宋著名政治家、史学家、文学家司马光，党和国家的卓越领导人、中国妇女运动的先驱邓颖超，戎马一生、立下赫赫战功的上将尤太忠[①] 等。

    1921 年 11 月 1 日，文圣常出生在这片人才辈出的土地上，并在此接受了思想启蒙和学业初建，从懵懂儿童成长为有志少年，直至抗日战争期间被迫离开家乡前往外地求学。

---

    ①   尤太忠（1918-1998），河南信阳光山砖桥镇陈岗村尤岗人，1931 年 1 月参加中国工农红军。在土地革命战争时期、抗日战争时期、解放战争时期以及抗美援朝战斗中都立下了不朽的战功，1988 年被授予上将军衔。

文氏祠堂里的启蒙教育

　　砖桥镇距离光山县城20多千米，地处江淮之间，连着大别山余脉，透着淮河水的灵气，景色秀美、物产丰富、民风淳朴，素有"鱼米之乡"的美誉。

　　在这个拥有不到三万人口的豫南古镇上，约三分之一的人都姓文，文姓是当地的大姓氏。据文氏宗谱记载，明朝崇祯年间，李自成、张献忠等农民起义风起云涌，战火纷飞，百姓遭难，明朝政权岌岌可危。其第一世祖景、夺二公为谋生计，从江西武陵、永修一带迁移至砖桥、文岗、姜冲一带。其中，文夺公后裔历经数代人的繁衍生息，及至文圣常的祖父文希闵这一代已是第十代子孙，文氏家族在砖桥镇已是人丁兴旺、支脉繁盛的大家族。

　　现在的砖桥镇老街东巷依然保留着文圣常当年生活居住过的祖屋，房子是他祖父文希闵所建，当时的宅院很大，共有四进院子，每一院落都有独立的天井，两旁均盖有厢房，前门开在中央大街上，后门紧挨护城河。当时的砖桥镇面积不大，还建有高高的寨墙，与护城河共同构成了安全屏障，人们工作生活在寨墙以内，通过东西南北四个寨门与外界往来联系。文希闵的宅院因为毗邻东寨门，总是显得热闹非凡，加之他为人友善、乐于助人，周围的四邻八舍以及过往的行人商旅等也多来拜会或求助。文圣常正是在这座古色古香的院落里出生、成长，在父母长辈和兄弟姐妹的陪伴下度过了一段无忧无虑的童年时光，并最终求学远行的。

图 1-1　位于河南省光山县砖桥镇的文圣常故居

文希闵育有二子，长子文古范，次子文古瑜。19世纪末，文希闵主持家务的时代，文家家境殷实、衣食无忧，按照"忠厚传家久，诗书济世长"的祖训，文古范和文古瑜兄弟二人皆接受了良好的传统教育，并受到当时大环境的影响，对民主革命思潮和新式文化思想有所涉猎，兄弟二人形成了豁达宽容的心胸和开明爽朗的性格。

待之适婚年龄，文古瑜娶苗姓女子为妻，并育有三男一女四个孩子，老大文圣纲，老二文圣常，老三文圣纪，四女文群英。文圣常的大伯文古范亦育有三个儿子，分别为文圣尹、文圣周、文圣和。在六兄弟中，文圣常排行老四，至今家乡的子侄还习惯地称呼他为"四爹"。

文圣常自小好静、不喜动，在他身上少有同龄儿童的活泼、调皮。母亲做针线活时，他就乖乖地坐在旁边，没有什么玩具可玩，母亲就给他一块碎布头，穿上针线，末端不系疙瘩，文圣常会自己在那儿反复地穿过来、穿过去地玩很久，直到三岁时都不怎么讲话，家里人一度怀疑他是个哑巴，甚至担心他长大了不能像正常人一样生活。

在文圣常的记忆中，从未见过祖父文希闵，更多的是从父辈的讲述中了解祖父的仁厚宽怀、振兴家业。对于祖母，他也只是有少许的印象。在文圣常成长、成才的道路上，父亲文古瑜、母亲文苗氏和伯父文古范无疑是他文化启蒙的引路人和启发者，文氏大家族倡导的"耕读传家""诗书济世""仁义礼智信"等思想使年幼的文圣常认识到读书的重要性，令他自小就对学习产生了浓厚兴趣。在子女教育方面，文古瑜秉承其父文希闵的传统，时常叮嘱文圣常兄妹老老实实做人、勤勤恳恳做事，要与人为善，兄弟姊妹之间要互相团结。从文圣常两三岁起，文古瑜就教他学习《三字经》《百家姓》，为他讲解其中的哲理故事，尽管有些故事听不懂，文圣常依然很认真地跟着父亲背诵、学习。

文圣常的母亲文苗氏贤惠善良、淳朴仁厚、勤俭持家，虽然识字不多，但也积极鼓励子女读书学习、追求上进。文圣常依然记得有时母亲给父亲写信，遇到不会写的字，就从《三字经》《百家姓》中找出相应的字来对一对，再写上去，文圣常也会在一旁帮着母亲出谋划策。由于父亲工作繁忙，家里主要由母亲操持家务、照顾孩子，所以母亲对文圣常的成长影响很深，他对母亲也是十分的依恋。长大后，文圣常在外漂泊求学、工作，亦对母亲十分思念，但身不由己，不能回乡探望，以致母亲去世，他也没能见上最后一面。多年后，每每念及母亲，文圣常都心有愧疚。2000年11月，年近80岁的他返回故乡为父母扫墓、祭拜双亲，并作诗一首表达对母亲的思念之情：

扫母墓

2001年5月上旬，去年返乡，半年后追忆，六月下旬志

残阳映泪母墓荒，

纸灰解意飞苍茫。

隔世传音路迢迢，

哀情婉告盼儿娘。

归卧不眠往事展，

不堪满目尽凄凉。

夜深惊觉昏灯闪，

愿是妈来共哭殇。

此外，文圣常对母亲的感恩之情以及成年后未能尽孝的愧疚之意，在他2005年3月10日写给侄子文纪武的信中也有所阐述："你能理解，我十分怀念你奶奶，正是她的茹苦含辛抚养了我，她的一系列优良品格塑造了我。我没能奉养她，是我终身痛苦的事。我远在异乡，连亲近她的墓地的机会也没有，幸有你的关照，减轻了我的精神重负。"[①]

砖桥镇有一个著名的红色旅游景点——王大湾会议旧址纪念馆，该会址的前身便是文氏祠堂所在地。1947年"王大湾会议"召开时的文氏祠堂还是一座古色古香的大院落，前厅后堂与东西厢房组成一座四合院，这也是文氏子孙曾经接受启蒙教育的地方。文圣常的大伯文古范早年毕业于河南鹿邑的一所师范类学校，以教书为业，后来，应文氏家族的请求回乡

---

① 文圣常给文纪武的信，2005年3月10日。资料存于采集工程数据库。

兴学办教育，并在族人的帮衬下于文氏祠堂内创建了私塾教育，专心为文氏子孙后代传授文化知识。文圣常五六岁的时候，便在这里跟着文古范学习《论语》之类的儒家经典，接受启蒙教育。随着岁月更替、时代变迁，文古范发现单纯的私塾教育已不能适应时代的发展变化，而且教育的规模也应加大，他倡导全民教育，而不是仅有几个人的私塾教育，加之当时国家也提倡在教育模式上借鉴西方经验，于是，他着手创办了砖桥镇完全小学。

文圣常的父亲文古瑜不仅饱读诗书，而且小楷字写得漂亮，当时正值文圣常的姑父在光山县任教育局局长，文古瑜就在教育局谋得一个从事会议记录、起草讲稿、回复信函之类的文书工作。待到文圣常6岁时，文古瑜把他送到了县城的国立光山县第一完全小学（今光山县第一高级中学）读书。

回忆起当年读小学的情景，文圣常仍记得几位老师的教导。四年级时有一位教地理的甘老师，课讲得很棒，地图也画得惟妙惟肖，是光山县的教学标兵。他上课从来不照本宣科地讲解，而是旁征博引，把课讲得活灵活现，潜移默化中让学生学到知识，并逐步培养学生的爱国意识。甘老师

图1-2　王大湾会议会址纪念馆

在课堂上讲述中国东北地区时，提到刚刚发生不久的"九一八事变"的情景，"当讲到日军占领沈阳这一段内容时，他在地图上标出了沈阳的位置，当时我们班的同学们都流下了眼泪……"[①] 还有一位古今贯通的语文老师，无论是以孔孟之道为代表的旧学，还是以科学、民主为内容的新学，他都懂一些，而且教学严格，对学生认真负责，学生的作文他也会逐一进行指导修改，文圣常就是在他的引导下认识到了学好语文的重要性，这也为他日后一直重视语文学习打下了坚实的基础。当时的音乐老师虽然没有接受过正规的专业训练，只懂一点简谱，但是老师每天带领学生唱爱国歌曲、革命歌曲，以及学生们爱听的各类童谣、民歌等。因为年代久远，文圣常已记不起这些老师的准确姓名，但老师们朝气蓬勃而富有青春活力的形象令他难忘。在他们的教育和感染下，文圣常和其他同学的爱国情怀潜滋暗长，同时也让他懂得唯有学好知识，才能为国家做贡献、让祖国更强大。

流 亡 之 路

在距离文圣常老家砖桥镇 50 千米的潢川县，有一所历史悠久的学校——河南省潢川高级中学，这所位于大别山下、淮河岸畔的百年名校在革命战争年代曾享有"豫南文化和革命的摇篮"的盛誉。1933—1936 年，文圣常就是在这所学校的前身——河南省立潢川初级中学度过了他的初中时代。

河南省潢川高级中学的前身，最早可追溯至清光绪三十年十一月二十七日（公历 1905 年 1 月 2 日）创立的官立光州中学堂，这也是豫南地区创办最早的一所公立中学。抗日战争爆发之前的潢川初级中学，在河南乃至邻近的安徽、湖北等省份也享有盛名。除了豫东南地区的学生外，皖

---

① 文圣常访谈，2015 年 9 月 25 日，青岛。资料存于采集工程数据库。

西、鄂北的学生也慕名而来，每年前来赴考的考生逾千人，但是录取的新生只有两个班约 100 人，不及报考人数的 1/10。当时学校的教师皆择优录取，不乏清华大学、北京大学、武汉大学等国内知名院校的优秀毕业生，卓越的师资配之优秀的学生，使该校的教育质量一直高于本省同级中学，在全省统一会考中，学生成绩始终名列前茅。

1933 年 9 月，文圣常有幸成为潢川初级中学新录取的 100 名新生中的一员。据文圣常回忆，当时砖桥镇的经济发展比较落后，以致教育教学水平也不高，连一所初级中学都没有，学生只能跑到 50 千米外的潢川县去读初中。由于交通不便，他只能步行前往，父亲帮他把学习用品和衣服、被褥等行李打成一个包袱，由他背着去河南省立潢川初级中学报到。因为离家太远，只得住校，待到放假的时候再走回家去。

文圣常在 90 多岁高龄时依然担任《中国海洋大学学报（英文版）》的主编，并坚持亲自修改审阅待出版的稿件，除了其渊博的海洋专业知识外，也离不开他对英语这门语言的热爱与熟练掌握程度。而这一点不得不从他初中时期的一位英语教师说起。因为之前没有学过音标，在初中一年级时，文圣常学英文就采用很原始的办法——老师教英文单词，学生就用汉语注明发音，如 book，就写上"布克"，以致学生的英语发音都不太标准。初中二年级时，学校来了一位从武汉大学毕业的蔡大钧老师，不仅英文讲得好，而且发音标准。为了纠正学生的发音，蔡大钧先教大家熟悉音标，一个发音、一个发音地纠正，慢慢地，文圣常喜欢上了英语，发音也变得标准起来。

为了鼓励学生好好学习，潢川初级中学设立了奖学金，分为甲、乙、丙三等，文圣常因为成绩不错，每次都能拿到有十几块钱的乙等奖学金，当时一个月的伙食费才一块钱，靠着这些钱，文圣常解决了自己的吃饭问题，并实现了生活上的部分独立。

1936 年正值年少的文圣常初中毕业了，并以优异的成绩考取了湖北省立宜昌中学。此时，文圣常的哥哥文圣纲也考上了高中，面对兄弟俩的学费开支，文家显得捉襟见肘。当时，文古瑜已经不在县城上班，而是在砖桥乡公所里担任文书类的工作，薪俸不是很高，加之社会动荡、家里仅有的几亩田地收成欠佳，文家无力同时供应两人读书。鉴于文圣常的成绩更优秀，大哥文圣纲主动提出把读高中的机会留给弟弟，自己去读免费的师范类学校。于是，父亲把家里多年攒下的积蓄，加上从文氏祠堂公田收入中得到的部分资助，共计三十多块银圆，交给了文圣常用作学费和路费，供他前往宜昌中学读书。文圣纲则在同学的引荐下去了新乡战地师范学院读书，毕业后先后在家乡的砖桥镇完全小学和后来浙江省安吉县梅溪镇的晓墅中心小学任教，1960 年因洪水，在途经桥梁时不慎落水而亡。如今，每当想起大哥对自己的爱护之情，文圣常都满含感激，2001 年他赋诗一首，表达了对哥哥的思念与感恩：

怀纲哥离世四十年

2001 年 7 月 21 日

纲哥坎坷流他乡，

夜里桥高落水亡。

但怨路滑致悲剧，

我哥有志来自伤。

兄让弟学自辍读，

校门送肉嘱将养。

亲情远胜三春晖，

侥度余生不能忘。

　　当时之所以报考湖北省立宜昌中学（今湖北省宜昌市第一中学），主要出于两方面的考虑：一是担心日军打到河南来，为了安全起见，父母希望他去外地读书；二是当时湖北省的高中教育水平比光山县高一些。

　　文圣常入学报到的 1936 年秋，正值湖北省立宜昌中学设置普通高中班的第三年，当时学校的校风以严谨著称，实行半军事化管理，管理人员也比较稳定。同时为了统一学制、整理班次，使同一届学生做到同进同出，校长计划"在本年度（1936 年）第二学期起统筹初中男 6 班，春秋始业；

高中 3 班，初中女 3 班，均秋季始业，恢复 6 年三三制完全中学编制。"①

　　1937 年 7 月 7 日，抗日战争全面爆发，此时全国上下人心惶惶，宜昌中学的师生亦不例外。刚刚读了一年高中的文圣常每天提心吊胆，无法集中精力学习。1938 年年初，他办理了休学手续后，匆匆赶回砖桥镇老家，准备和家人一起逃难。在家乡住了一段时间后，经亲戚引荐，他在光山县白雀园镇的白雀园国民小学（今光山县白雀园镇第一完全小学）谋得了一个教书的差事。在白雀园国民小学，文圣常负责除了体育、音乐之外所有课程的教学。据文圣常的同族弟弟文圣朝介绍，当时文圣常个子不高，上课时需要踩着凳子在黑板上写字，碰巧有村民路过看见了，误以为是调皮捣蛋的学生，就说"小学生，老师马上就来了"，所以那时大家都习惯称他"文小先生"。

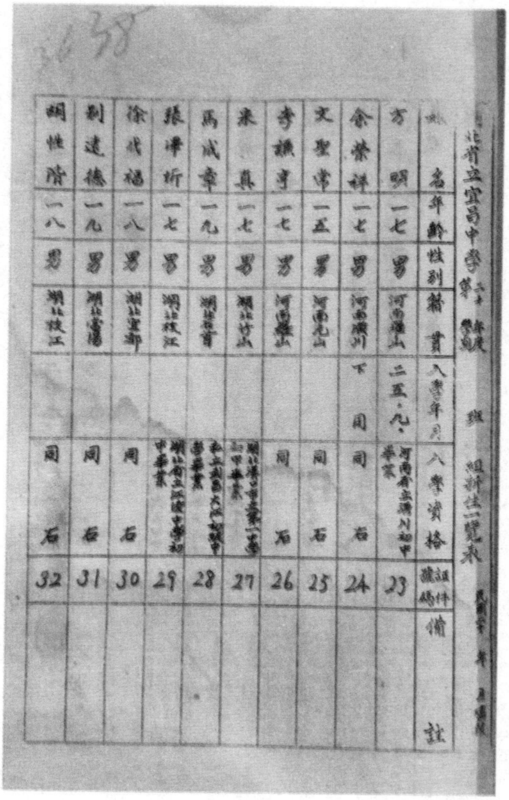

　　1938 年 10 月，日军占领光山县，父母觉得孩子在家越来越危险，文圣常也有继续求学的念头，就决定重回宜昌中学读高中。听说学校已经迁到武汉，文圣常就只身一人辗转奔赴武汉。抵达武汉后，当地人告诉他，为避战乱，学校已经迁到相对安全的恩施县，文圣常又马不停蹄地赶往恩施。

图 1-3　文圣常就读湖北省立宜昌中学时的新生一览表

　　① 宜昌市第一中学志编委会：《宜昌市第一中学志》。宜昌：三峡电子音像出版社，2010 年，第 331 页。

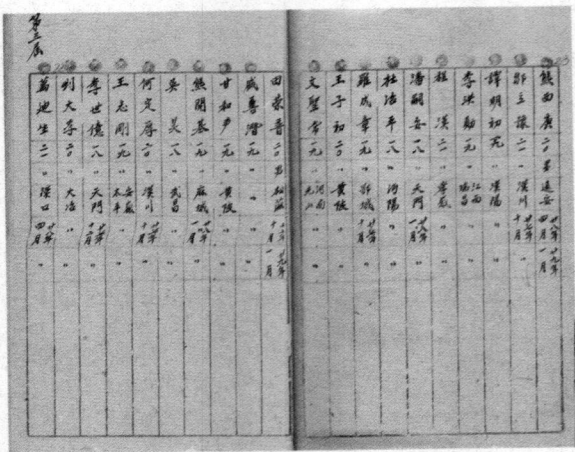

图 1-4　湖北省立联合中学恩施分校毕业生名册

彼时，面对日军侵华不断加剧的形势，湖北省政府决定把全省的中学合并，组建新的湖北省立联合中学，其下设 22 所分校。文圣常先前就读的湖北省立宜昌中学，按照迁移计划并入恩施高中。据时任校长郑万选[①]回忆："因为战事吃紧，他以武昌中学、武昌高中、江陵高中、宜昌高中等 4 校（实有 53 校）为联中均县武当山高中分校的组织基础，接收这四校的教师和学生以及图书仪器等，取道宜昌徒步沿 700 里施宜官道前往巴东。就这样，宜昌中学作为'联中'的一分子迁到了恩施。"[②] 1938 年年底，文圣常到达恩施学校所在地，登记后进入湖北省立联合中学恩施分校就读，得以继续他的高中学业。1939 年年初，恩施分校迁往金子坝，借用当地的民宅作教室和宿舍，继续办学。据恩施高中发展简史记载："当时全校分为 3 个大队：一大队由高中三年级、高中二年级（下）各班组成，住高家大屋；二大队由高中一年级、高中二年级（上）各班组成，住李家大屋；三大队由初中部各班组成，住杜家大屋。"[③] 文圣常正是住在高家大屋，并于 1940 年 1 月毕业。

在那战火纷飞的岁月里，相对偏僻的恩施县对于高中毕业的文圣常来说，既没有升学的机会，也没有适合的工作。于是，他和另外两名同学决定一起结伴步行前往重庆。从湖北步行到四川，中间要翻越很多山，当时

---

① 郑万选（1897–1991），字莅夫，湖北大冶人，武昌高师毕业。1928 年 4–9 月，1938 年 9 月–1942 年 8 月，曾两度任宜昌中学校长。主持校务期间，为学校的延续和发展做出了突出贡献。
② 千年文脉 百年一中——湖北省宜昌市第一中学百年校庆画册，第 36 页。
③ 湖北省恩施高中七十年发展简史（一）。

山里的土匪比较多，而且杀人抢劫的事情时有发生。有一次，要翻越的山实在太高了，当晚只能在半山腰的旅店过夜，出于安全考虑，他们把仅有的一点路费藏在书本里，幸运的是没有遇见匪盗。就这样，一路上跋山涉水、走走停停，历时一个多月，于当年 2 月抵达了

图 1-5 湖北省立联合中学恩施分校授予文圣常的毕业证

重庆。此时的文圣常已经由一个勤奋刻苦的光山少年成长为独立、上进、爱国的进步青年，开始在美丽富饶的巴蜀大地上，书写人生中新的篇章。

第二章
巴蜀求学

因四川居于西南腹地，相对安宁，1937 年年底，国民党政府开始迁往重庆，许多大学、企业也纷纷西迁。1938 年年初，地处武汉珞珈山的武汉大学便是在这一高校迁徙大潮中迁往四川乐山的。1940 年年初，高中毕业后的文圣常与两名同学一起前往四川讨生活，在机缘巧合中，热爱学习、追求上进的他与这所高等学府在乐山相遇，并有幸成为抗战年代的一名武大学子。

因有中学时代颠沛流离的苦难经历，加之目睹了日军侵华、山河破碎的惨痛景象，大学时代的文圣常更加刻苦学习、发奋读书，希望有朝一日学有所成报效祖国、建设美好家园。

奔 赴 山 城

"山城"是人们对重庆这座城市的美称，因其地形奇特、多山而得名，穿行其中，山即是城，城即是山。1939 年 1 月 23 日，国民党政府教育部在重庆雷公咀设立筹备处，决定创设国立中央技艺专科学校，培养各类专业技术人才，以应国家与社会之需，并交由著名学者、国民党政府经济部

委员刘贻燕 ① 负责。经多方协调、查勘后，刘贻燕报请国民党政府教育部把校址设在四川乐山江云寺。并于 1939 年 2 与 21 日在报纸上刊登招生信息，4 月 25 日便撤销筹备处，正式成立国立中央技艺专科学校，刘贻燕任校长。该校"以教授应用科学，养成专门技术人才，发展生产事业为宗旨"，高中毕业生可以报考，第一届录取学生 230 人，实际到校 215 人，1939 年 4 月 24 日正式开课。设皮革、农产制造、造纸、染织、蚕丝 5 科，第一届学生学制两年，其后多为三年。因国立中央技艺专科学校成立于春季，故在招生方面既有春季招生，也有秋季招生，分设乐山、成都、重庆、汉中、桂林、贵阳等 6 个考区。

　　1940 年年初，文圣常一行抵达重庆时，各学校尚在寒假中，他们原计划报考大学的愿望只好暂时搁置。正当他们行走街头、一筹莫展的时候，发现当地邮政局在招工，便报名参加了川康藏邮电训练班的招工考试。在那个兵荒马乱的年代，能在邮政局谋一份工作是很不错的，而且十分稳定。参加选拔考试的时候，文圣常和另外两名同学在同一考场，文圣常坐在中间，两名同学分坐在他的两侧。"他俩工作能力都比我强得多，但是我读书不错，最后我们 3 个人都被录取了。"② 之后，文圣常等人便开始接受邮电训练班的专业知识培训。可是，他们的心中始终涌动着考上大学、学习知识、拯救国家于危难的激情与宏愿，于是三人又从邮电训练班退出，并租下民房专心筹备考大学。同年 3 月，文圣常等人在报纸上看到了四川乐山国立中央技艺专科学校的春季招生公告，遂决定报考。三人均被录取，并一致选择了农产制造科。虽然国立中央技艺专科学校刚刚成立，但是在师资方面毫不逊色。受战争影响，当时国内的许多人才都云集四川，为该校选聘名师提供了便利。"技专教师，阵容整齐，学术水平颇高。据 1942 年的统计：在校学生仅 206 人，但有专职教授 14 名，副教授 4 名，讲师 8 名，助教 8 名。专任教师中法国留学 6 名，留美 3 名，留比 2 名，留德 1 名，留日

---

　　① 刘贻燕（1884−1966），字式庵，怀宁县石牌人。早年在英国留学，获格拉斯哥大学工科学士学位。回国后，于 1923 年创办安徽工业专门学校，任校长，后在北京任农业大学、北京大学教授。1939 年任重庆国民政府经济部委员，并负责中央技艺专科学校筹备建设事宜，1939 年 4 月−1941 年 12 月任该校校长。

　　② 文圣常访谈，2015 年 9 月 25 日，青岛。资料存于采集工程数据库。

11 名。另有兼任教授若干名。"① 由此可见，文圣常考入的这所以培养高级专业技术人才为宗旨的学校的师资力量尚佳，学生在这里读书学习是有保障的。

1940 年 4 月，文圣常以第二届学生的身份进入国立中央技艺专科学校就读。随着学习的深入，他发现自己的兴趣不在农产制造专业，勉强学习了 3 个月，待到暑假便退学了。此时，正值武汉大学由湖北迁往乐山，并与一同迁往西南地区避难的中央大学、西南联合大学进行联合招生。闻此消息，文圣常内心深处又有了新的方向，决定报考武汉大学。

烽火西迁路

全国抗战时期，日军在中华大地进行了惨绝人寰的烧杀抢掠，就连大学这样的非军事机构也成为其轰炸和打击的目标。一开始，当日本侵略者轰炸南开大学、中央大学时，中国政府、爱国人士和新闻媒体均以为是误炸，只是对此野蛮行径发表愤怒的抗议和声讨。但随着战事的推进，人们很快明白这"不是误炸，而是有意为之，借以打击你的士气，最大限度地制造恐慌情绪"② 。据《抗战中的中国文化教育》一书记载："在此次战争中，蒙受损失最大者为高等教育机关，即所谓专科以上学校。敌人轰炸破坏，亦以高等教育机关为主要之目标。"③ 全国抗战后的一年时间里，中华大地上的一百余所高校有 90 多所遭到了不同程度的毁坏，其中有 10 所被完全破坏、25 所因战争而陷于停顿。与战争前相比，教职员工减少了17%，学生减少了一半。高等教育机关直接财产损失包括房屋建筑、图书资料、实验仪器设备等高达 3360 余万元。"惟是我国高等教育机关之损失，

---

① 见国立中央技艺专科学校、乐山技艺专科学校 1987 年 6 月《校友录》第 3 页。

② 陈平原：《抗战烽火中的中国大学》。北京：北京大学出版社，2015 年，第 21 页。

③ 延安时事问题研究会：《抗战中的中国文化教育》。上海：上海人民出版社，1961 年，第28 页。

实不容徒以财产之损失以为估计，此项教育机关，关系我国文化之发展，此项之损失，实为中华文化之浩劫。"①

面对日军狂轰滥炸的野蛮行径，1937 年 8 月 19 日，国民党政府教育部签发了《战区内学校处置办法》。该办法规定，战区教育主管部门可结合战争形势的变化，对学校采取如下举措：

一、于其辖境内或辖境外比较安全之地区，择定若干原有学校，即速尽量扩充或布置简单临时校舍，以为必要时收容战区学生授课之用，不得延误。

二、受外敌轻微袭击时仍应力持镇定，维持课务，必要时得为短期休课。

三、于战时发生或迫近时，量予迁移。其方式得以各校为单位，或混合各校各年级学生统筹支配暂时归并，或暂时附设于他校。

四、暂时停闭。②

日军为了打通津浦线，于 1938 年 5 月 19 日攻占徐州，作为中国中部地区重要城市的武汉变得岌岌可危，随时有可能成为日军进犯的目标。在上海、南京均已失守的情形下，对于国民党政府来说，武汉无疑是极为重要的政治、军事和文化中心，既关系到整个抗战局面，也关系着人心、士气，所以中国军队必定死守武汉，与日军在此展开一场大战已成必然。

在战争一触即发的危急时刻，武汉三镇皆人心惶惶，黎民百姓纷纷逃难，迁往西部大后方。与此同时，位于珞珈山下已走过 40 余载风雨岁月的国立武汉大学也面临着迁校的重大抉择。

1937 年 7 月全国抗战前，国立武汉大学已发展成为一所涵盖文、理、法、农、工 5 大学院，15 个系和 2 个研究所的综合性大学。学校教职员工已达 200 余人，在校生 700 余人，各类图书资料和实验仪器设备价值达 130

---

① 延安时事问题研究会：《抗战中的中国文化教育》。上海：上海人民出版社，1961 年，第 32 页。

② 薛毅：《王世杰传》。武汉：武汉大学出版社，2010 年，第 64 页。

余万元。全国抗战之时，正值国立武汉大学的事业发展逐渐步入正轨，并呈现蒸蒸日上的势头之际。一时间，国土沦陷、生灵涂炭，武汉亦陷入危险境地。面对此种局面，国立武汉大学领导层指派时任法学院院长的杨端六[①]和工学院院长、建筑设备委员会委员长邵逸周[②]前往四川考察迁校地址。

在当时的情况下，国内高校迁徙的去处主要有三个地方，分别是四川、云南和广西。这三个省份因为地处祖国的西南方，受战火影响较小，相对安宁、平和，适于开展教学、科研等工作。国立武汉大学属于搬迁比较晚的大学，待到1938年时，经过综合考虑，一致认为四川是比较理想的迁校之所。杨端六、邵逸周两位教授在勘查中，从搬迁的交通问题出发，认为新校址最好临水、在长江边上，走水路便可以实现人员和物资的运送。当时，长江边的重庆、泸州、宜宾等重要城市已经挤满了前来避难的人员、机构，没有多余的地方供国立武汉大学充当新校址。于是，两位教授选择沿着岷江继续北上，最终在岷江边一个名为乐山的小城驻足停留。

武大西迁至乐山后，学校总部设在了当地的文庙，并且文学院、法学院、图书馆也均设于此，时称"第一校舍"；工学院和用于学生实习的工厂等驻扎在高西门外的三育学校，时称"第二校舍"；理学院设在高西门外的李公祠，称作"第三校舍"；同年8月，农学院并入中央大学。这样在乐山时期，武大共有4个学院及15个学系，教职员工和学生的宿舍分散在城内外各地。

在动乱的战争年代，乐山这一相对安宁的小县城以宽阔的胸怀接纳了远道而来的武汉大学，而武汉大学的到来也使得这所小城更加热闹非凡，特别是诸多知名教授、青年学生的涌入给这所城市平添了许多人文气息和青春活力。教学之余，他们穿行在乐山的大街小巷，不失为一道独特的风景。在当时的诸多武大学子看来：

---

① 杨端六（1885-1966），原名杨勉，湖南长沙人。著名经济学家、货币金融学专家，中国商业会计学的奠基人。1930-1966年任教于武汉大学，曾任法学院院长、教务长、教授兼经济系主任、文科研究所经济学部主任。

② 邵逸周（1891-1976），安徽休宁人。著名工程师、矿冶学家。1930-1942年任国立武汉大学工学院院长，在其领导下，武大工学院在短短数年间迅速发展成为一个规模宏大、学科齐全、师资雄厚的工科基地。

在民族危亡的极端苦难中，能在四川乐山这个山清水秀的小县城读大学极为难得。一所著名大学在一个几万人的县城，充分利用了当地的文庙作为校本部及文学院、法学院的教学地址，利用城郊一片建筑作为理学院、工学院的教学地址，利用教会的一些设施作为女生宿舍，利用龙神祠等作为男生宿舍，还修建了一些简易的教室和宿舍。教师们则分散租用民房，共度战争岁月。对比小说《围城》描述的抗战时期某大学学生及教授们逃难的狼狈情景，武大的师生就太幸运了。[①]

文学院的苏雪林教授认为："虽不如珞珈山原来校舍之壮丽，也颇有气派。"[②] 在文学院任教的著名作家叶圣陶也认为："以视重庆之中大与复旦，宽舒多矣。"[③]

乐 山 求 学

自1938年迁至乐山，到1946年重返珞珈山，武汉大学在这个偏远小城度过了八年的光阴。在战火纷飞的八年时间里，武汉大学砥砺前行、弦歌不辍，吸引了一大批名师硕儒前来执教，天南海北的学子云集于此学知识、受教育，一批批中华俊才从这里走出，奔赴到建设国家、救亡图存的伟大事业中。

在当时的情况下，尽管办学艰难，但武汉大学在招生和人才培养方面依然坚持"注重学风、

图2-1　1940年文圣常就读武汉大学时的学籍照片

---

①　万典武：缅怀恩师杨端六教授。见：《珞珈岁月》。2003年，第157页。

②　苏雪林：《浮生九四——雪林回忆录》。台北：台湾三民书局，1993年，第121页。

③　叶圣陶：嘉沪通信第一号。见：叶圣陶著，《我与四川》。成都：四川人民出版社，1984年，第80页。

质量为先”的原则。因为招生关系到优秀生源的选拔，所以从学校到院系自上而下都十分重视，学校还专门成立了招考委员会负责此项工作。那时，每到招考季，往往实行多所大学联合招生。据文圣常回忆，1940 年 7 月，他报考之时，就是中央大学、西南联大、武汉大学和浙江大学联合招生。因为他正好在乐山，与武汉大学有距离上的优势，凭借近水楼台之便，文圣常报考了武汉大学。

当时的武汉大学设有文、法、理、工 4 个学院，共有 15 个系，文圣常从未来方便就业考虑，第一志愿填报了工学院的机械工程学系。工学院是当时武汉大学师生人数最多的学院，因为恰逢战争年代，土木工程、机械工程类人才奇缺，所以报考这两个系的人数较多。当时的考试分三天举行，科目包含公民、国文、英文、数学（高等代数、解析几何、三角）、物理、化学、中外史地、生物等。文圣常凭着中学时代打下的坚实知识基础，最终顺利考入武汉大学，成为当年工学院招收的 196 名新生中的一员。

武汉大学工学院创建于 1928 年，1933 年设立机械工程学系，开创了我国早期的机械工程教育，成为当时中国最强的机械工程学科之一。

文圣常入学的 1940 年，工学院设在乐山高西门外的西湖塘三育学校（今乐山师范学院所在地）内。关于三育学校的历史，乐山当地知名文史学者温吉言 ① 在其撰写的《乐山斑竹湾寻古》一文中曾引述刘君照先生的回忆文章：“武大工学院所在的三育中学，是由加拿大多伦多城基督教会传教士孔镜明、白思仁经

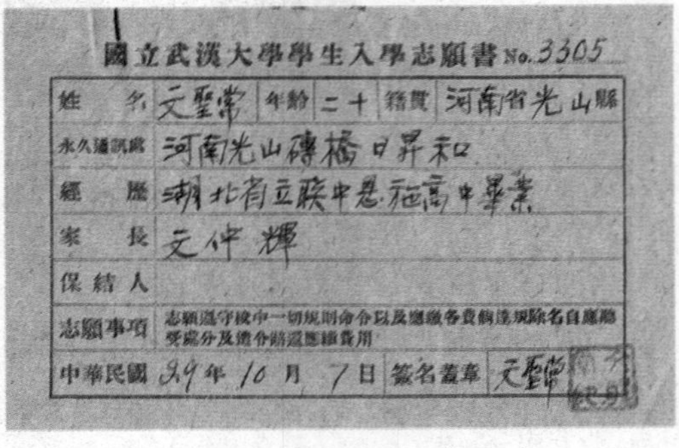

國立武漢大學學生入學志願書 No. 3305

姓名	文聖常	年齡	二十	籍貫	河南省光山縣
永久通訊處	河南光山磚橋日昇和				
經歷	湖北省立聯中恩施高中畢業				
家長	文仲輝				
保結人					
志願事項	志願遵守校中一切規則命令以及應繳各費倘違規除名自應聽受處分及遵令繳還應繳費用				
中華民國	29 年 10 月 7 日	簽名蓋章	文聖常		

图 2-2 1940 年文圣常就读武汉大学时的入学志愿书

① 温吉言（1942– ），曾用名海啸、西溶，生于乐山市五通桥区西坝镇。爱好文学，乐于读书和写作，对乐山文史颇有研究。2010 年，他将自己十余年来发表的作品结集成自选文集《岁月留痕》。

教会批准并拨款，于1916年在西湖塘创办的，占地约30余亩，建有传教士住宿楼两幢，教学楼1幢，学生宿舍、食堂、运动场等设施。校内林木繁茂，风景秀丽。该校首任校长是毕业于华西大学教育系的戴鸿儒。1925年，三育中学因经费问题而停办。1938年武大西迁来乐后，工学院租用三育中学校址办学。抗战胜利后，工学院将三育中学及在其中修的宿舍一并归还了教会，其他遗留的校产，按照国民政府的规定，应移交给国立中央技专……后来，省乐师将武大所建的电机楼更名为'奠基楼'，矿冶楼更名为'旷怡楼'，将传教士的两幢木楼分别命名为'梅庄''松柏楼'。"[1]

图2-3 20世纪40年代，武汉大学工学院在乐山时的院址

虽然处在乱世，物资短缺、经费极度困难，但以王星拱校长为首的武汉大学领导层顶住压力潜心办学。王星拱不顾疾病缠身，四处奔走，秉承"自由讲学""学术无禁区"的办学思想，广揽人才、延聘名师，为学校事

---

① 温吉言：乐山斑竹湾寻古。见：温吉言著，《岁月留痕》（内部资料）。2010年，第241-242页。

业发展殚精竭虑。朱光潜[①]、苏雪林、叶圣陶[②]、刘永济[③]……当时的武汉大学可谓人才济济、盛极一时，就连清华大学教授曾秉钧也由衷感叹："就教师质量而言，清华不如武大。"[④]

文圣常当时就读的工学院聚集了多位知名专家学者，如工学院院长邵逸周、机械工程系主任郭霖[⑤]、钢铁冶金学家邵象华[⑥]、结构力学专家俞忽[⑦]、电机工程师赵师梅[⑧]等。

作为机械工程系的学生，大家对系主任郭霖的印象是极为深刻的。郭霖不仅亲自主讲很多课程，还经常系务缠身，为整个机械工程系的发展谋划考虑。曾有人专门撰文描绘对他的印象："身材瘦小，留着一撮小胡子，头戴礼帽，常穿燕尾服，手中不时挥动着斯蒂克，总是精神抖擞，一副英

---

① 朱光潜（1897-1986），字孟实，安徽桐城人。著名美学家、文艺理论家、翻译家，我国现代美学的开拓者和奠基者之一。1917-1918 年就读于国立武昌高等师范学校国文史地部，1939-1946 年任教于国立武汉大学外文系。

② 叶圣陶（1894-1988），原名叶绍钧，江苏苏州人。著名作家、编辑家、出版家、教育家和社会活动家，中国第一位童话作家，新文学运动的先驱者之一。1938-1940 年任教于国立武汉大学中文系。

③ 刘永济（1887-1966），字弘度，湖南新宁人。著名古典文学专家、词人、书法家。1931-1966 年任教于武汉大学中文系，1956 年被评为国家一级教授。在屈赋和《文心雕龙》研究方面成就突出。

④ 张在军：《当乐山遇上珞珈山：老武大西迁往事》。南京：江苏凤凰文艺出版社，2015 年，第 50 页。

⑤ 郭霖（1894-1942），湖北当阳人。早年毕业于唐山工学院。1921 年赴英国格拉斯哥大学学习机械造船，1924 年获海军建筑学学士学位，后入该校研究院任潜艇研究员。1929 年 8 月-1942 年 2 月在国立武汉大学工学院任教。其中，1934 年 10 月至病逝期间担任机械工程系系主任。

⑥ 邵象华（1913-2012），浙江杭州人。钢铁冶金学家、钢铁工程技术专家。1932 年毕业于浙江大学，1937 年获英国伦敦大学冶金硕士学位。1939-1941 年任教于国立武汉大学工学院，并参与筹建矿冶工程系。1955 年选聘为中国科学院学部委员（院士），1995 年当选中国工程院院士。

⑦ 俞忽（1894-1959），安徽婺源（今属江西）人。著名土木学家。1931-1952 年任教国立武汉大学土木工程系，1956 年被评为国家一级教授。致力于结构力学的教学与研究，主要研究成果在钢架、拱桥、悬桥、拱等结构的强度和振动分析方面，对这一学科的创新与发展做出了重大贡献。

⑧ 赵师梅（1894-1984），湖北巴东人。著名电机工程师。1930 年任国立武汉大学电机系教授、系主任，讲授电工学、热力发动机、高等数学等课程。1939 年担任武大训导长。1953 年院系调整，任华中工学院电机系教授。1958 年任武汉工学院教授兼电机系主任。

国绅士风度。"[1] 郭霖学识渊博，既有雄厚的理论知识积淀，又精通实践操作。他的课通俗易懂，深受广大学生喜爱，由他主讲的材料力学课一度被称为工学院的"王牌课"。据上过他课的学生朱开诚回忆："他备课极其认真，我们看到他反复修改的讲稿，深切地体会到他严格认真的教学作风。"就是这样一位深受学生喜爱的好老师，因为长期过度劳累，加之当时生活艰苦，积劳成疾，于 1942 年 2 月 20 日晚因患黄疸肝炎和肝硬化，在乐山永远地离开了他挚爱的教育事业，终年 48 岁。武汉大学为郭霖举行了追悼会，学生朱开诚撰写挽联："满腹经纶，宏图未展；遍山桃李，化雨长沾。"郭霖去世后，根据他临终前的举荐，武大又聘请张宝龄[2] 担任机械工程系系主任。时至今日，年近百岁的文圣常依然记得张宝龄教授为人治学的点滴："尽管张教授的住所距离上课的教室很远，但他从不迟到和缺课，理论和实践都很丰富，待人也比较和气，深受学生的喜爱。"[3] 此外，还有教授《热工学》的笪远伦[4] 教授，虽然年龄很大，但是坚持给学生主讲每一堂课，对学生也是严格要求，没有丝毫松懈。

正是在这些名师大家的悉心教导下，文圣常渐渐喜欢上了机械工程这一专业。同时，他安静沉稳的性格使他即使生逢乱世，依然可以潜心读书，不为外界所干扰。凭着刻苦与执着，文圣常在大学期间打下了坚实的数理基础，并养成了扎实的专业技能。他现在还可以与青年教师谈论汽车的驱动原理、运行系统等，这些都是在乐山求学时从汽车工程、机车工程等课堂上学到的。虽然他后来改行从事了海洋科学研究，但是机械学方面的知识却未曾忘记。

大学期间，文圣常不仅掌握了深厚的机械专业知识，还在武汉大学这所学科门类齐全的综合性大学里受到了诸如文学、哲学等人文学科的滋

---

① 萧正：悼念郭霖教授。见：陈明章，《学府纪闻：国立武汉大学》。台北：南京出版有限公司，1981 年，第 181 页。

② 张宝龄（1897-1961），字仲康，原籍江西南昌。肄业于上海圣约翰大学，后赴美留学，在麻省理工学院学习造船专业。抗战初期，在昆明机械厂任厂长兼总工程师。

③ 文圣常访谈，2017 年 9 月 16 日，青岛。资料存于采集工程数据库。

④ 笪远伦，字经甫，江苏丹徒人。早年毕业于美国麻省理工学院，获机械科学学士学位。回国后在武汉大学任教，还曾任清华大学工程系主任兼教授。

养，逐渐成长为一个集科学精神和人文素养于一体的青年才俊。同时，受舍友岳从风影响，文圣常也喜欢阅读新闻、文艺、哲学、逻辑学之类的书籍，对于世界经典名著，他通常直接读原著或者英译本。对于这段经历，文圣常觉得颇有"无心插柳柳成荫"的意味。

> 和我同寝室有一位土木系的同学，他喜欢读一些文学、历史等方面的课外读物。我受他的影响，也读了一些课外书籍，其中包括文学、艺术、哲学、历史等。没怎么选择，碰到什么书就读什么书，当时还想借这个机会学习英语，所以读外文书的习惯那时候就养成了。①

在乐山办学的八年，是武汉大学发展史上最为艰难的时期。在躲避日军轰炸、延续文化的同时，师生们的生活也面临着极大的挑战。特别是1939 年 8 月 19 日，日军对乐山进行惨绝人寰的大轰炸之后，乐山城三分之二尽毁，商业区几乎夷为平地。武汉大学亦有 5 名学生、2 名工友、1 名职员和 7 名教职工家属共计 15 人遇难。随之而来的便是缺医少药、物价飞涨、生活水平急剧下降。

谈起当年生活的艰难，王星拱校长的次子王焕晰记忆犹新："我记得都靠每月的一袋平价米生活，米中有老鼠屎、沙粒，霉变成灰色，难以入口。我家在门前篱笆外种菜养猪，母亲还打猪草，日子过得艰难辛苦。"②当时居住在陕西街的苏雪林教授也在房前屋后的空地上种菜养鸡，过自给自足的生活。在生活窘迫的日子里，为了养家糊口，许多教师不得不在教学之余从事各种"副业"，一是将家中值钱的东西典当、变卖；二是做点小生意，如靠一技之长写字、作画等赚点费用；三是兼职代课，换点课时费以贴补家用。

教师们的日子如此窘迫，可以想象当时学生们的生活也好不到哪儿去。当时，武汉大学对于像文圣常这种受战争影响毫无经济来源的学生是

---

① 文圣常访谈，2015 年 9 月 25 日，青岛。资料存于采集工程数据库。
② 王焕晰：忆先父王星拱。《武大校友月刊》，2008 年第 9 期。

有所照顾的，他们入学后可以申请贷金。据1941级学生王滋源撰写的回忆性文章记载：

> 抗战时期的武大，学生来自全国各地，不少人是从沦陷区来的，没有经济来源，学校为此有贷金证的颁发。贷金分四种：战区甲、战区乙、非战区甲、非战区乙。一般来自沦陷区的学生都可领到前两种贷金。前者除了吃饭，还可以领一点生活补贴；后者只管吃饭。贷金由学生申请，贷金评审委员会评定，训导处审批。新生一入学，报到、安排好住处之后，第一件事便是填表申请贷金。特别是（对）来自沦陷区的学生是有求必应，这似乎是习以为常的例行公事了。①

但这点微薄的贷金甚至连学生正常的吃饭问题都不能解决，更别提其他方面的开支了。当时学生们吃的多为"八宝饭"，所谓八宝饭，就是一些劣质的稻米，有的米粒发了霉，里面夹杂着稻壳、沙粒和小石子等，更有甚者还有老鼠屎，实在是令学生难以下咽，更别提给正处在青年时期的他们增加营养了。

在这种艰苦的生活条件下，很多学生营养不良。据和文圣常同一年考入武汉大学工学院的高峻岭回忆：

> 我们在附近的大食堂里吃饭。由于物价飞涨，学校发给的贷金只够维持每天的二饭一粥，小菜必须自备。我因家乡沦陷，经济来源断绝，无钱买菜，只得买瓶酱油充当小菜下饭，可以填饱肚子。日子一久，由于长期缺乏营养，两条腿发肿了，心脏也不太好。因为学校医务条件差，缺乏有效治疗，医生叫我用米糠冲开水喝。一个多月后，病情有了好转，勉强可以坚持上课。②

---

① 王滋源：回忆赵师梅的故事令人感动。《珞珈》，1992年。

② 高峻岭：艰苦的乐山学习生活。见：武汉大学校友总会编，《武大校友通讯》。武汉：武汉大学出版社，2002年第1辑，第240页。

为了填饱肚子、继续学业，许多学生迫不得已设法在校外谋份差事，当时称之为"兼差"。有的在城乡小学兼职代课，有的在印刷厂打零工，有的在《乐山县报》当夜班校对、编辑等。当时，文圣常就和几位同学一起在一个名为"育英"的补习夜校兼差，主要给高中生讲授英语、会计等课程，为他们考大学做辅导。文圣常每周都会抽出一个晚上去讲数学课，他同宿舍的舍友庞德身是化学系出身，就主讲化学课。一个月下来，每人可以赚几块钱，以用作生活和学习之需。

当时不仅吃不好，住宿条件也比较差。武大学生在乐山是分散居住的，共设立了七处宿舍，其中第一至第六宿舍为男生宿舍，第七宿舍为女生宿舍。按照学校的规章制度，"新生入学后，男生通通要住进第一宿舍去接受一年的军事训练，然后才分别搬到二、三、五或四、六宿舍去"[1]。女同学则不必这么麻烦，大学四年一直住在位于白塔街的第七宿舍，但是要随着年级的上升逐渐从低楼层搬到高楼层居住。

当时宿舍床位比较紧张，宿舍内空间狭窄、拥挤不堪、光线不足，有人比喻说，学生进出寝室犹如是在轮船的五等舱。据当时在乐山读书的武大校友回忆：

> 文、法、农三个学院的宿舍都没设桌凳供学生自修之用，到学习时只好各寻方便。有的在床上把被子叠起做书桌；有的用箱子背；有的在膝上放一块板子搁书写字；有的在过道灯光下走来走去地阅读，花样百出。工学院则另有自修室，四人共用一大餐桌。这是因为工学院学生做作业要放置一公尺的绘图板，所以得以享受这点特殊照顾。[2]

---

① 张在军：《当乐山遇上珞珈山：老武大西迁往事》。南京：江苏凤凰文艺出版社，2015年，第230页。

② 徐博泉：抗战时期乐山武汉大学师生生活一瞥。见：中国人民政治协商会议乐山市委员会文史资料委员会编，《乐山文史资料》第3辑。

据 1940 年考入武大工学院的俞大光 [1] 回忆："工学院是在高西门外的'三育学校'上课,男生分别住在观斗山(三宿舍)、露济寺(四宿舍)和新建的斑竹湾宿舍(六宿舍),由同学们自愿组合登记住入。" [2] 当时文圣常就居住在第六宿舍,舍友有岳从风、庞德身、吴业慈、斐大钊等 10 人左右。

当时学生宿舍的卫生状况也是令人堪忧的,每逢夏季,不仅会遭受蚊虫的叮咬,还时常遭到"坦克"(臭虫)、"大炮"(跳蚤)的攻击,同学们往往苦不堪言。在艰苦的环境里,武大学子们发明了灭虫的好方法,先用热水烫杀,然后再用竹签剔除。同学们没有因此而耽误学业,依然晨起读书、熬夜做功课。在大多数人看来,虽条件艰苦,但生逢乱世,还能在这方相对安全的土地上读书识字、学习科学文化知识,是十分幸运的,更应该值得珍惜和努力。武大师生们依然怀揣乐观豁达的心态,积极生活,憧憬着美好的未来。外文系教授钱歌川 [3] 在《偷青节》一文中记载了当时师生们的精神面貌:"我们的事业并不因艰难而停顿,就像自然的风景不因世乱而改观一样。而且生活之苦,也没有使我们忘记山水之美。乐山的凌云、乌尤、竹林、汉墓,还是时常有我们的足迹。" [4] 中文系的叶圣陶、苏雪林等教授也时常携亲朋好友游历山川、走访民俗。

武大学子有时候也会像老师们一样寄情山水,陶冶情怀。由于经费短缺,学生们的文体娱乐活动并不丰富,郊游是深受大家喜爱的一种社交活动。

　　一年中,任何一个风和日丽之日,便有人郊游,男同学常有一人

① 俞大光(1921-2017),生于辽宁省营口市。理论电工和电子工程专家,中国核武器引爆控制系统和遥测系统的开拓者之一。1944 年毕业于武汉大学工学院电机系,后留校任教。1995 年当选中国工程院院士。

② 俞大光:怀念挚友包克纲同志。《北京珞珈》,1996 年第 1 期,第 59-60 页。

③ 钱歌川(1903-1990),原名慕祖,笔名歌川、味橄等,湖南湘潭人。著名散文家、翻译家。1939 年回国后任武汉大学、东吴大学等大学教授。1947 年春,前往台北创办台湾大学文学院并任院长。

④ 钱歌川:偷青节。见:钱歌川著,《钱歌川文集》第一卷。沈阳:辽宁大学出版社,1988 年,第 492 页。

漫步郊野，自有其情趣；女同学也常有一人漫步在大渡河北岸石滩上，饱览南岸竹林、茅舍、炊烟，顿来诗感。至于三五人相约而去郊游，更是屡见不鲜。他们在树荫下坐茶馆，在草地上晒太阳，谈天说地，高谈阔论，自在惬意。有的还去参观汉墓遗址，或去欣赏古老高大的银杏树（白果树），或去集镇观察风俗民情，或去寻觅小桥流水人家。①

待到时间久了，山水看遍了，他们最常去的地方便是乐山大街小巷的茶馆了。对于四川人来说，茶馆就是休闲放松的地方，但对于武汉大学的学子们来说，茶馆还是学习和文化交流的好去处。尽管当时物价飞涨，学生们都很拮据，但偶尔喝一次茶还是付得起费用的，况且也不贵，一枚铜板一位。有时，学生们发扬互帮互助精神，谁有钱谁就付，并戏称这是有茶同饮的"共产主义"。所以，当时乐山大街小巷的茶馆里时常闪现着青年学生的身影，甚至一些临近毕业的学生会专门找一家茶馆坐下来复习备考，查资料、算数据、写论文，一碗清茶便可以待上几个小时，如若暂时离开，可以把茶杯放在桌子中间位置，店家便会知晓客人是暂时离开，待会儿还要回来继续喝，这在当时被称为"一碗喝到夕阳西"②。

文圣常居住的第六宿舍设在斑竹湾，附近有一个名为斑竹湾茶座的茶馆是他们经常光顾的地方。错落有致的小竹林中，掩映着几间简陋的房子，店家在院子里摆放几张桌子、几把椅子，便是一家清静优雅的茶馆了。居住于此的理工学院的学生，时常三五成群集结于此，喝茶聊天，谈论人生理想。比文圣常晚一年毕业的土木系学生魏怀枢在其回忆性文章中，记述了临近毕业之时工学院学子来此喝茶的情景：

　　　　四年级时，虽然每天课程仍然挤得满满的，但都是应用性质的，比照二三年级轻松多了。在晴好的星期日，常约上一两同好，在宿舍

①　章心绰：武大乐山见闻。见：骆郁廷主编，《乐山的回响：武汉大学西迁乐山七十周年纪念文集》。武汉：武汉大学出版社，2008 年，第 278 页。
②　胡德民：竹枝词。《珞珈》，1994 年第 119 期。

大门对面观斗山脚下的店子称上一斤炒花生，到斑竹湾去，一面喝茶，一面剥花生，漫谈东西南北。有时约不到同好，一个人也挟本书去坐上半天，或者进城，到公园中的露天茶桌去找熟同学谈天说地。①

岁月匆匆，不知不觉间，四年的大学时光走向了尾声。1944 年夏，文圣常迎来了大学毕业。根据学校安排，"学生在毕业时，得进行毕业课程考试。课程一般含有必修课、选修课和加考课三种"②。当时文圣常所在的机械工程系必修课包含《高等机械设计及制图》《动力厂》《工业管理》三门课程，选修课包含《汽车工程》《汽轮机》两门，以及《热力工程（一）》《应用力学》《材料力学》三门加考课。其中，必修课和选修课是学生最后一个学期要学习的课程，加考课是之前已经学习过的课程。这些毕业课程的总成绩占毕业总成绩的 50%，另外 50% 为毕业论文的成绩，只有课程考试成绩和毕业论文成绩均合格，学生才能顺利毕业，授予学士学位。

尽管是在战争年代，办学条件十分艰苦，但是武汉大学教学质量却丝毫没有削减，依然保持十分严厉的教风和学风。每临考试，学生都会认真复习、积极备考。

却没有人想到如何作弊。若有人想作弊，定会被人瞧不起，这也是武大的优良传统……至于期终考试和学年考试，从来没人要求老师指出考试范围。同学们会去图书馆借来该课程的讲义和参考书，加上"课堂笔记"，三者结合，认真阅读，熟记那些必须掌握的专业知识，了解老师对某些问题的观点等，而后，加以综合分析，融会贯通。如此下了功夫准备，就一定会考得好分数。③

---

① 魏怀枢：母校生活杂忆。见：武汉大学校友总会编，《武大校友通讯》。武汉：武汉大学出版社，1997 年，第 1 辑，第 214 页。

② 涂上飙：《乐山时期的武汉大学（1938—1946）》。武汉：长江文艺出版社，2009 年，第 190 页。

③ 章心绰：武大乐山见闻。见：骆郁廷主编，《乐山的回响：武汉大学西迁乐山七十周年纪念文集》。武汉：武汉大学出版社，2008 年，第 279 页。

正是在这样一种良好学风的熏陶下，武大学子在面对毕业考试时反而变得轻松许多。他们认为，经历四年的学习，如果连基本的专业知识都答不出来，岂不令人耻笑。

凭着四年扎实的积累与学习，1944 年 7 月，文圣常顺利通过了学校规定的各科考试，并撰写提交了毕业论文《流体边界及研究的远景》，获得通过，最终成为当年机械工程系 76 名毕业生中的一员。当接过由王星拱校长亲自签发的毕业证书的那一刻起，这名 23 岁的青年学生将从此离开熟悉的乐山校园、授业的恩师、深情的朋友，在"明诚弘毅"校训精神的指引下，怀揣着武汉大学所赐予的知识与技能、理想与情怀，义无反顾地投入到救亡图存的时代洪流中。

第三章
静待时机

1943 年春，世界反法西斯战争进入新的历史转折时期，欧洲和太平洋两大战场开始进入战略反攻阶段，中国战场也开始由战略防御向战略反攻过渡。同时，由于美国的快速反击，日本在太平洋战场接连失利，海洋交通线不复存在，南洋军队补给几近中断，面临被切割的危险。为弥补海洋运输不足，日本于 1944 年开始实施"一号作战"计划，以打通中国华北、华中、华南至越南、泰国的大陆交通线为作战目标，于 4—12 月发起了贯穿中国河南、湖南和广西的大规模进攻战，史称豫湘桂战役。

文圣常从武大毕业之时，正值长衡会战接近尾声。在国难危局之下，国民党军队奋力抵抗，航空委员会下属的空军部队也纷纷投入对日空战，空军飞机毁坏无数。如此一来，飞机维修工作就显得尤为重要。文圣常所在的第八飞机修理厂承担了大量的飞机维修工作，甚至还制造了部分教练机。

沉默的飞机修理工

　　1944 年 7 月，文圣常从武汉大学机械工程系毕业之后，被前来招聘员工的国民政府航空委员会录取为技术人员，就近分配至位于成都的第八飞机修理厂担任试用技术附员，并于当年 8 月正式到厂报到入职。可以说，文圣常所任职的第八飞机修理厂与抗战年代中国空军的建设与发展是分不开的。

　　中国航空事业起步较早，但是空军建设却相对滞后。直至 1927 年 4 月，南京国民政府正式成立之后，空军的建设与发展事宜才被正式提上日程。"1928 年 2 月，南京国民政府军事委员会成立了北伐军航空司令部……除原有 2 个飞机队外，又增设了 1 个水上飞机队，辖水上飞机 2 架，刘国祯任队长，此时，飞机总数为 24 架。"[①] 1928 年 8 月 8 — 15 日，国民党在南京召开二届五中全会，通过了《整理军事案》，其中指出："在国防上，海军、空军及军港要塞之建筑，均为重要……今日之国防计划中，必须实事求是，发展海军，建设空军，俾国防计划归于完成。"[②] 1928 年 11 月，国民政府航空处改组为航空署，这标志着国民政府空军部队的正式创建。其后，航空署迁至杭州，扩编为 5 个航空队、1 个侦察队和 2 个修理厂。1932 年，缩减为 4 个航空队，并设立了 23 个航空站。1934 年 3 月，航空署迁往南昌，并改组为航空委员会。1936 年 1 月，航空委员会迁回南京。蒋介石兼任航空委员会委员长，宋美龄担任秘书长，周至柔[③] 担任参事室办公厅主任，负责航空委员会的日常运

---

　　① 姚峻主编：《中国航空史》。郑州：大象出版社，1998 年，第 63 页。

　　② 荣孟源主编，孙彩霞编辑：《中国国民党历次代表大会及中央全会资料》（上）。北京：光明日报出版社，1985 年，第 539 页。

　　③ 周至柔（1899–1986），浙江省台州市人，中华民国空军一级上将。1919 年，考入保定陆军军官学校第八期步兵科。1933 年出访欧美，考察各国航空事业。1934 年起，历任笕桥中央航校校长、中华民国航空委员会主任、中华民国空军作战前敌总指挥部总指挥、中央执行委员、空军总司令等职。

转工作。

宋美龄担任秘书长之后，对当时的空军建设主要做了如下几点：一是积极筹措经费购买飞机器械，并选拔人员赴意大利等国学习飞机制造技术，加紧地勤人员的训练；二是聘请美国飞行员陈纳德 [①] 等人担任中国空军的顾问，帮助训练空军人才，打击日本侵略者；三是主动撰写各类文章、时评，给广大空军战士鼓舞士气、增强斗志。由于宋美龄的奔走与苦心经营，抗战时期的中国空军事业不仅得以维系，而且取得了一定的发展成就，在抗击日军侵略方面发挥了十分重要的作用。

当然，国民政府空军不断扩充、发展壮大的同时，也间接促进了中国航空工业的发展，特别是战争中时常出现飞机损毁的状况，这就需要配套一定的飞机修理厂，对发生损坏或出现故障的飞机及时进行修理维护，使之重新翱翔蓝天，守卫祖国领空。在第一届第四次国民参政会空军报告书中曾提及创建飞机修理厂的重要性："飞机之制造与修理，同为空军之原动力，二者之重要性，无相轩轾……修理工业为空军本身之业务，且为培养空军战斗力之最重要工作。" [②]

"附员不是正式职工，属于辅佐人员。等到试用期满，觉得还可以的，才能转成正式员工。" [③] 根据岗位分工，文圣常的任务是飞机修理，但却被安排统计每月全厂完成的修理任务，填写报表。所以他的工作并不繁重，而且有很多的空闲时间，这为他进一步读书学习提供了机会。没有工作时，他偶尔去附近的集市走一走、散散心，更多的时候是一个人静静地看书、学习，特别是对于英语的补习。多年后，回忆起这段日子，他说，在战火纷飞的年代里，在走出大学校门之后，很幸运还能有那么一段相对

---

① 克莱尔·李·陈纳德（1893–1958），美国陆军航空队少将、飞行员。1936年，中华民国空军毛邦初上校邀请他到杭州笕桥的中央航空学校担任飞行教官。之后，宋美龄又任命陈纳德为中国空军顾问，帮助建立中国空军。他组建的中美混合飞行联队被誉为"飞虎队"，在抗日战争期间骁勇善战，给敌机以沉重打击。

② 中国第二历史档案馆：《抗日战争正面战场》（下）。南京：凤凰出版传媒集团·凤凰出版社，2005年，第1914页。

③ 文圣常访谈，2015年9月25日，青岛。资料存于采集工程数据库。

安静的时光用来学习，"很多课外书都是在那时候读的"①。

当时厂里的上下级关系明确、等级森严，由于都是学机械出身、同为附员，文圣常与中央大学毕业的谢焕章关系比较密切，两人十分谈得来，谢焕章对文圣常也有一定影响，因为"他比较喜欢科学，喜欢发明，特别是喜欢一些新的东西"②。当他人疲于应付日常的飞机维修工作，感叹生不逢时、时局动荡、前途渺茫时，文圣常却充分利用业余时间潜心学习、开阔视野、拓展知识面，特别是他在武汉大学期间打下的良好英语基础使他在遇到出国培训人员选拔时，又一次抓住了人生的机遇。

南京国民政府自成立起，就比较重视教育事业发展，特别是出国留学人才的培养。

1933 年 4 月，南京国民政府教育部还颁布了专门的《国外留学章程》。抗日战争全面爆发后，又对公费出国留学的科目进行适当调整，以军事和国防迫切需要为首选，并对留学资格审查、费用支出、学习年限等进行严格限制。抗战后期，伴随着太平洋战争爆发、美军加入战斗，中华民国政府看到了抗战胜利的曙光，在出国留学人才选派方面做了适度调整，"1943 年 4 月，国民政府出台《留学教育方案》，对于留学生的派遣从抗战初期的限制逐渐转向宽松，留学人数在 1944 年前后重新达到高峰"③。在航空领域，重庆国民政府为了应对战后的恢复重建与长远发展，成立了航空工业计划室，并积极开展飞行及机械人员的选拔派出工作。当时，航空委员会派遣飞行人员留学欧美各国计划共分为六项：

①研究高等司令部勤务：作战指挥、组织、动员；②研究地面组织：站场勤务、补给系统；③研究驱逐：驱逐战术空中战斗及射击、部队训练、设备、组织、经费；④研究轰炸：轰炸战术、轰炸飞行训练、海洋、长途、盲目、夜间飞行、轰炸训练、部队编制、装备、部

① 文圣常访谈，2015 年 9 月 25 日，青岛。资料存于采集工程数据库。
② 同①。
③ 赵惠霞，禹薇：抗战时期国民政府航空委员会在陕西招考留美空军研究.《渭南师范学院学报》，2017 年第 14 期，第 17 页。

队勤务、空中勤务教育、投弹、通信、航行、轰炸教育、对空通讯联络；⑤研究侦察；⑥研究飞行教育：空中一般教育、术科教授法、学校教育与部队教育之联系。①

此外，航空委员会还制订了机械人员出国留学计划，并划分为高级和中级两类。高级机械人员主要以大学航空工程系毕业者为选拔对象，赴欧美主要学习飞行结构、发动机、热处理、军械、航空设备及高空设备、航空器材等；中级机械人员以接受过中级技术教育者为选拔对象，派往国外主要学习螺旋桨、电气设备、仪表、飞机、发动机和军械等。

1945 年 2 月，工作满半年的文圣常通过了试用期考察，成为正式员工，并被调到航空委员会下属的第十一飞机修理厂担任考工股员。

第十一飞机修理厂创建于 1938 年 5 月，是为了应对当时空军部队西移、集中在成都进行军事训练，其维修养护任务日益增多而设立的。厂址选在成都北门外的昭觉寺。就在接到去第十一飞机修理厂报到调令的同时，文圣常接到了选拔地勤技术人员（机械士）前往美国培训的复试通知，于是，他先赴重庆参加复试（主要是英语口试），并办理各种出国所需要的手续。两个月后，他才到第十一飞机修理厂报到上岗，主要职责是统计工人的出勤天数和工时等，但由于他参加了出国培训考试，属于待命出国人员，厂里没有过多地给他安排实际性工作。待到年底录取结果公布，得知自己成功入选赴美进修人员行列后，身在成都的文圣常，每天除了做好自己的工作以外，就是抓紧一切时间看书学习，特别是英语的练习。他深知这次出国机会来之不易，而且责任重大，战后国家重建需要先进的航空技术支撑，他唯有打牢外语知识基础，才能更好地领会和掌握国外的先进技术和发展理念，进而为祖国的重建、航空事业的强盛以及"航空救国"贡献智慧和力量。

---

① 王建明：《留学生与近代中国军事航空研究》。天津：南开大学，2012 年，第 54 页。

"荒唐"的选择

　　1945 年 8 月 15 日，在成都凤凰山机场等待启程赴美的文圣常听到日本侵略者投降的消息，和全国人民一样沉浸在无比的喜悦之中。多年后，忆及当时的情景，文圣常写道："多年战乱，人人盼望胜利。从广播听到日本无条件投降，举国狂欢，我和全厂每个员工一样，兴奋到极点。"作为一名战争的亲历者，他自少年时代便遭受战乱之苦，一路流亡求学，目睹了山河破碎、家园被毁、同胞遇难，在对日本侵略者恨之入骨的同时，更加激发了他的爱国之心和报国之志。无论是乐山时期的艰苦求学，还是参加工作后在航空委员会飞机修理厂的尽职工作，以及积极申请赴美留学，作为一名爱国青年，他始终希望尽己所能，学好科学文化知识，熟练掌握先进的航空机械技术，为抗战服务、为战后美好家园的重建服务、为祖国未来的发展与强盛服务。

　　抗战胜利之初，重庆国民政府一方面忙着战略转移、运送物资，另一方面加紧抢夺胜利果实。所以，一时间，飞机、汽车、轮船等交通运输工具显得尤为紧张，迟迟派不出飞机送文圣常等人出国，以至于文圣常在成都附近的多个机场兜兜转转等了近半年时间也没有成行。

　　1945 年年底，文圣常接到上级指令，由航路改水路去美国。1946 年 2 月，文圣常终于登上了开往美国的运兵船。

　　船驶出长江口之后，便进入了东海。初次见到大海，文圣常十分兴奋，"虽然在内地看不到海，但是从一些书或图片上看到过，对海洋非常向往"①。这一点在其后来撰写的文章中也可得到佐证：

　　　　自小学起，我一直在内地读书，从未见过大海。通过小说、诗画、游记，我对海有了感情，多么盼望能站在海边远望伸展到天际的

---

① 文圣常访谈，2014 年 7 月 3 日，青岛。资料存于采集工程数据库。

蓝色海水和逐波嬉水的海鸥。在想象中，大海能给我的满足几乎可跟工程师桂冠相比，甚至更多些。 ①

　　船离开码头后，我一直留在甲板，期待那个由江进入大海的时刻。实际上，混浊的江水是逐渐变浅黄、浅绿、浅蓝、深蓝的。就是这样，我第一次见到思慕已久的大海。 ②

源于这份对海洋的热爱与向往，面对船舶的摇摆与颠簸，尽管晕船，但他依然喜欢站在甲板上看风景，感受大海的辽阔与壮美。怀着初见大海的愉悦与激动，文圣常发现了一个令他惊讶的现象：

　　海上的风浪很大，我们坐的船比较大，一万多吨，但是一万多吨的船在海上就像一片树叶一样漂浮。我注意到船这样摆动是因为浪大。我是学机械的，本身就对力学方面的事感兴趣，当时就觉得海浪可以把船抛来抛去，它的能量一定很大，如果能把这些能量利用起来，一定是件非常有意义的工作。 ③

在之后的航程里，甚至到了美国之后，文圣常一直在思索这个问题：如何把海浪蕴含的能量收集起来加以利用呢？对于人类社会来说，海浪首先是一种自然灾害甚至是灾难，但换个角度思考，这滚滚的波涛又何尝不是一种取之不尽、用之不竭的能量来源。文圣常"懂得动力机械，也熟悉各种能量间的转换，几乎在赴美的旅途中他已构思出海洋能量利用的蓝图，决心设计出一种利用海浪能量的装置去叩开海洋世界的大门" ④ 。也正是这次乘船的意外发现成为他学术生涯中的一大转折点。从此，这位生长于内陆、求学于西南的青年人开始与海洋结缘，这也成为他日后在我国海

---

　　① 文圣常：执著的追求。见：孙殿义，卢盛魁主编：《院士成才启示录》（上册）。广州：广东科技出版社，2003 年，第 291 页。

　　② 同①。

　　③ 文圣常访谈，2014 年 7 月 3 日，青岛。资料存于采集工程数据库。

　　④ 刘安国：海浪谱华章——记文圣常院士从事海洋科教事业 50 年。《青岛海洋大学报》，2001 年 11 月 1 日。

浪研究领域开拓创新、屡有建树的开端和源头。多年后，回忆起当初在脑海中闪现出的开发利用海浪能的想法，他甚至觉得有些幼稚和荒唐："因此萌发了一个幼稚而冒险的念头：我要对海浪能量利用问题进行探索。我毕生工作的大拐弯，也就从这里开始了。"[1]

图 3-1　1946 年文圣常在美国学习时翻译的《原子轰击与原子弹》一书

经过 40 多天的海上漂泊，文圣常一行在美国旧金山靠岸，然后辗转抵达位于美国得克萨斯州圣安东尼奥市的凯利（Kelly）机场的航空机械学校。根据南京国民政府航空委员会与美方协商确定的培训课程，文圣常等主要学习飞机的地面修理知识，其中飞机液压系统[2] 占大部分。美国航空机械学校的老师们对待学生都很和气，和一般民众一样平易近人，而且乐于助人、工作勤奋、注重诚实，给中国学员留下了深刻印象。同文圣常一起在该所学校学习的有吴云书[3]、刘侯周等 16 人。一向安静沉稳的文圣常抓住这难得的学习机会加紧充电，几乎把业余时间都花费在运用美国丰富而便捷的图书资料，系统地进行资料查阅、数据整理和学习，不断提升自己的英语读写水平和科学知识，特别是一直萦绕在他心头的对海浪知识的探求。这一点在与他一同前往美国的刘侯周那里得到了印证："他在美国主要

---

① 文圣常：执著的追求。见：孙殿义，卢盛魁主编：《院士成才启示录》（上册）。广州：广东科技出版社，2003 年，第 292 页。

② 飞机液压系统是指飞机上以油液为工作介质，靠油压驱动执行机构完成特定操纵动作的整套装置。

③ 吴云书（1918-2014），陕西省高陵县人，生于湖北省上津县。1942 年毕业于西北工学院航空系。1943 年 2 月-1948 年 8 月任国民政府空军机械官，期间赴美学习，1947 年回国。1948 年 9 月-1952 年 7 月任西北工学院航空系教授。1952 年 8 月作为西北工学院领队，率航空系师资与全国其他七院校航空合并，组建了北京航空学院（今北京航空航天大学）。

是学习，我们曾与他一起到芝加哥等地方玩过，他与别人不很密切，后来知道他翻译了一本书。"[1] 刘侯周所提及的那本书便是文圣常利用在美国学习时的业余时间翻译的《原子轰击与原子弹》。

在美国航空机械学校培训期间，文圣常谨记为祖国航空事业发展而学习的责任，首先搞好自己的主业，认真听取外国专家与老师的讲解与指导，悉心领会飞机运行原理，掌握飞机维修与养护技术，对于飞机液压系统、活塞式航空发动机更是勤于钻研，甚至达到了精通的程度。如今90多岁的他在和周围的人聊天时，还会说："你要是跟我谈汽车，我还真可以跟你谈一谈，特别是液压系统。"[2] 这份自信，正是源于他在美国培训期间踏实努力的学习与钻研。一天，他无意中读到了加拿大女王大学物理系教授 John K.Robertson 的著作 *Atomic Artillery and the Atomic Bomb*（《原子轰击与原子弹》），被这本书的内容以及作者通俗易懂、富有内涵的语言深深吸引。捧着这本书，咀嚼着其中的细节与知识点，文圣常联想到刚刚结束的第二次世界大战，正是因为1945年8月杜鲁门总统令美军在日本广岛和长崎投下了原子弹，才加快了世界反法西斯战争和中国抗日战争胜利的进程。从这一方面讲，原子弹对于第二次世界大战的结束以及中国抗日战争的胜利是有功的。正因如此，当时的社会各界都对这一新式武器充满了兴趣，穿行于街头巷尾，时常能听见上至白发苍苍的老人、下至光屁股的儿童在谈论原子弹的事情。但是，人们的这种谈论只是一种茶余饭后的消遣，大多源于他人的只言片语或道听途说，毫无科学依据，有的甚至把原子弹的威力吹得神乎其神，有的则把它描绘成了一个谈之色变的"恶魔"。

加拿大学者 John K.Robertson 撰写的这本书正好从科学的角度，对物质的构成原理以及元素、化合物、原子、分子等知识点，尤其是放射性元素的形成、核裂变的机理与过程、原子弹的研制与爆炸等进行了浅显而又通俗的讲解。作者善于从最普通的生活现象切入，循序渐进，引导读者发现和思考蕴含其中的科学问题，进而释疑解惑，并最终使其真相大白。通过阅读该书，文圣常不仅解开了心中关于原子弹的许多谜团，而且深深觉

---

[1]　文圣常人事档案，存于中国海洋大学。

[2]　文圣常访谈，2015年9月25日，青岛。资料存于采集工程数据库。

得这是一本不可多得的科普书籍。正如 John K.Robertson 在书的序言中说的那样：

> 在全部科学发现史中，第一颗原子弹的宣布也许是最惊人的一幕。那是一桩轰动全球的新闻，报纸为它写了连篇累牍的文章。更具意义的，原子弹的军事重要性固没被忽视，这种最新科学应用的未来发展，尤其引起人们的关怀。锁在原子核里的能，第一次被大规模地释放出来，这表示一个新时代诞生了，人类所需要的能不必再完全依靠煤和水力。可是，这种发现又引起另外一个反应：有人以为，人类可能因滥用自己的发明而毁灭自己和地球上的一切。
>
> 无怪一般人都想知道一点使用原子弹的原理和报纸所预测的新时代究竟是怎样的。这本小册子即以通俗的文字，回答一些许多人提出的问题。它是著者 1937 年出版的原子轰击（Atomic Artillery）的增订，目的在"用门外汉也能了解的言语，解释近代物理学在某些方面的有趣发展"。

John K.Robertson 的这本科普读物之所以吸引文圣常，还在于它不仅仅是阐明一些物理学的科学现象与常识，还从社会学、政治学、伦理学等角度引导读者去思考和探究科技进步过程中产生的诸多新问题，如我们能控制并利用原子能使其适于有益的商业用途吗？人类将被自己的创造毁灭吗？[①] 让读者在深思熟虑之后，结合自己的知识储备和人生阅历，得出理性的判断与答案，避免"谈原子弹色变""核技术恐怖论""人类自掘坟墓说"等惶恐思想在社会大众中蔓延传播，使人们更加科学、理性、平和地看待原子科学技术的发展与进步。在该书结尾的"将来"篇章中，作者独特而富有哲理的观点更是令文圣常深感赞同：

> 在最近的将来，原子弹问题更为重要。它掀起许多政治和伦理问

---

① John K.Robertson 著，文圣常译：《原子轰击与原子弹》。上海：世界书局，1947 年，第 143 页。

题，后者对于任何注意人类福利的人是极重要的。那不是本书范围以内的事，不过著者深愿这恶魔性的工具能立刻产生一种避免人类灭亡的世界观。杜鲁门总统在他的生命末尾曾如此希望着："余将进一步考虑，并贡献意见于国会，如何使原子能变为一种维持世界和平的有力工具。"

还有，原子弹虽像一个恶魔，但它的使用正是几世纪来一种发展的登峰造极。科学家发现新真理。科学有时被用来达到善的、有时恶的目的。科学家对于滥用他的发现所引起的结果负有责任吗？关于这个问题，著者几年前曾说过下面的话。

事实是这样的，当人类取食知识之果的时候，他于善恶之间有个选择。但人类曾滥用科学知识，所以我们如责备那些基本真理的发现者，自然是不公平的。罪恶是人类缺乏善意的结果，并非科学本身有什么过错。在创世纪中，当兰姆克（Lamech）杀死那个青年的时候，无疑地他选择顺手抓到的第一个工具，负责这种屠杀的，是那没加控制的怒气而非工具，我们不能因为那个工具能杀人而否认它的益处。不，科学不能因为它的罪恶应用而受责备，错误在于人类缺乏良善的精神。科学家和其他方面的工作者是一样的，没有更多或更少的罪过。为了达到善战胜恶的进步，我们必须在人与人间、国与国间培植更多的善意，而非更少的科学。

科学家应当拒绝为原子弹工作吗？有的拒绝过。那是一个旧的基本伦理问题，读者自己去回答吧。

仔细阅读完这本书，掩卷而思，文圣常在感动于作者渊博的学识和流畅的语言的同时，联想到在中国大地上，由于军阀割据、外敌入侵、连年战争，同胞们对于原子弹的知识知之甚少，将来中国要想发展这一领域的技术，就必须对民众进行这方面知识的普及与推广。他觉得把这本书介绍到中国很有必要，于是在内心深处产生了一个大胆的想法：亲自翻译这本书并把它引入国内。他在该书的《译者序》中写道：

原子弹的使用，将人类文明带入一个新的时代。做个现代国民，似乎应具一些原子方面的常识。所以在美国，除了广泛的通俗读物，电影、广播中也有讲述原子的节目。这本小书的译出，对读物贫乏的祖国的读者，谅不无些微帮助吧。

为此，他制订了严格的翻译计划：

1946 年 4 月 27 日购于美国圣安尼托城，5 月 12 日至 8 月 20 日译完初稿（101 天），8 月 20 日至 9 月 7 日抄完初稿（共 19 天），9 月 8 日至 9 月 29 日一校完毕（共 22 天），9 月 30 日至 10 月 13 日二校完毕（共 14 天）。[①]

最终，在持之以恒的努力下，文圣常历时 156 天圆满完成了该书的翻译工作。1947 年年初，他回国之后，为了让国民早些了解原子弹方面的知识，他积极奔走联系出版。在当时的情况下，出版书籍一般都要有熟人推荐，还要请知名人士帮着撰写序言，这些对于 25 岁的文圣常来说实现起来比较困难。于是，文圣常毛遂自荐，主动找到上海的世界书局，把书稿交给对方，问有没有兴趣出版。出乎意料的是，"过了几天，出版社回信说准备接收这份书稿。那时候我无权无势，没有什么后台，靠自己就把这个书稿出版了。那时候的书稿都是自己手抄的，还好，出版社一个字都没修改。这件事对我之后的工作有一定帮助，让我比较认真、比较自信，凡事都亲自动手。"[②] 就这样，一个未曾接受过专业物理学知识训练的年轻人，怀着强烈的责任心，在异国他乡牺牲掉自己的休息时间，以常人难以想象的毅力和恒心完成了这本书的翻译工作，并于 1947 年 6 月正式出版，为国人了解原子物理知识开启了一扇窗。

前文提到，在美国期间，文圣常除了完成规定的飞机修理学习课程外，也比较关心脑海中刚刚萌生的开发利用海浪能的问题，即使在翻译《原子轰击与原子弹》的间歇，他也从未放弃搜集查阅这方面的资料。他在阅读中发现，记录海浪灾害和能量利用的资料早已有之。

---

① 刘安国：海浪谱华章——记文圣常院士从事海洋科教事业 50 年。《青岛海洋大学报》，2001 年 11 月 1 日。
② 文圣常访谈，2015 年 9 月 25 日，青岛。资料存于采集工程数据库。

1894 年在西班牙的巴利布市附近，海浪冲走了重达 1700 吨的大岩块；在美国太平洋沿岸的哥伦比亚河口，重 64 公斤的石头被海浪抛到 40 米高处；1929 年仅北大西洋和北海海域，就因风暴和大浪损失船舶 600 艘以上；2400 吨级的"杜坎"号巨轮被大浪打翻；11000 吨的浮动船坞在荷兰岸边遭灭顶之灾；5600 吨的"沃卢姆尼亚"号、8000 吨的"阿瓦"号在风暴中被海浪拦腰斩断……海浪使船舶颠簸，还可引起船的共振。曾有这样的记载：一艘俄国船在途经中国东海时，由于船舶共振，一位船长被舱壁碰破头而死亡。即使在港内，海浪也可引起破坏性的副振动，例如，美国加利福尼亚州的长滩港曾几次因南太平洋传来的低频长波透过防波堤的石缝，在港内造成水面的激荡，从而使停泊在港内的船只遭到严重损坏。海浪对海岸的侵蚀也十分惊人，美国俄亥俄州的湖岸每年约后退 6 米，荷兰海岸的所受侵蚀则更惨重，国家每年将相当大的一部分开支用于保护海岸，英国则设置专门的研究机构来研究如何防止海岸的侵蚀[1]。

通过对这些与海浪灾害有关的资料的阅读，文圣常意识到海浪的确蕴含着巨大能量，但对于如何有效地开发利用，前人涉猎的也很少，基本属于空白。怀着这份浓厚的兴趣，文圣常一边收集阅读相关资料，一边结合自己的机械工程学科特长进行思考，他甚至在脑海中谋划设计出了一种简单的对波浪能进行开发利用的装置，梦想着一旦回国就开始付诸实施，在中国的海浪研究领域开拓出一片崭新的天地。

---

[1] 刘安国：海浪谱华章——记文圣常院士从事海洋科教事业 50 年。《青岛海洋大学报》，2001 年 11 月 1 日。

第四章
向海而生

　　时间总是过得匆匆，不知不觉间，文圣常在美国航空机械学校进修的时间已近一年，回国的日子终于来临了。1947年2月，带着新学到的航空机械技术和开展海浪研究的梦想，文圣常与同伴一起告别在美的老师和朋友，踏上了回国的航程。再一次站在行经太平洋的轮船上，望着蔚蓝的大海，与一年前相比，他对海洋的情感已由初见时的陌生、激动、向往变成了平和、亲切和期待。此次回国，他不仅要参与到国家的航空事业发展中去，还想去开始另一段有些"幼稚"和"荒唐"的冒险，希望在海浪研究领域有所突破。

去 意 已 决

　　重返祖国，文圣常发现国内形势有了新的变化，他在回国前便已勾画好的美丽蓝图实现起来面临着极大的困难与阻力。当时正值国民党空军加紧对共产党领导的解放军进行攻击之时。作为一个学成归来的爱国青年，文圣常对国民党当局的做法十分不解，也有些反感与不满，他不明白，好不容易赶走了日本侵略者，为何还要挑起内战，中国人去打中国人，继续置黎民百姓于水深火热之中，使大家期盼的战后安定幸福生活成为泡影。每每想到这些，胸怀报国之志的他就陷入深深的苦闷与彷徨之中。

除了这份不解与疑惑，文圣常还对当时国民党空军中存在的走私香烟、金条等贪污腐化行径和懒散懈怠、不作为的工作作风心生厌恶。于是，在上海处理完《原子轰击与原子弹》一书的

图4-1　1947年的文圣常

出版事宜后，他并未按照规定到空军司令部下属的空运第一大队103中队报到，而是找借口继续滞留上海江湾机场，协助当地的飞机修理队接收飞机。但是，根据当时国民党空军的规定，如若迟迟不去报到，是要受到严厉处罚的，有可能会被判刑。无奈之下，1947年5月，文圣常前往驻守北京的空运第一大队103中队报到。

这一时期，面对其不断恶化的战争形势，国民党军队内部自上而下人心涣散，大家都在为自己今后的生活寻找出路和退路，并想尽一切办法搜集钱财，有的准备撤退台湾，有的准备出国，有的悄悄投靠了共产党领导的人民军队。文圣常隶属的空运第一大队103中队亦不例外，且等级森严、官僚主义作风横行。当时他作为机务员，受一个机械长的管辖。文圣常对他不专心钻研航空维修业务，时常搞一些溜须拍马、巴结上级的宴会或文娱活动的做法十分看不惯。由于每天看见国民党军队的腐化生活和不良工作作风，文圣常在内心深处愈加反对和憎恶国民党反动派打内战的做法，也更加认同中国共产党为人民谋幸福的政策主张。所以，他也不情愿把自己的聪明才智和航空机械维修技能用在为国民党军队效力上，于是萌生了彻底离开国民党空军的念头。他设想着找一个相对清静安宁的场所，最好是学校，既可以潜心教书，又能从事一直令他牵肠挂肚的海浪研究工作。

　　波浪利用的念头的确是幼稚的，因为我并不理解海上严酷的条件下工作难度的分量；这念头也的确是冒险的，因为我舍弃唾手可得的

工程师职位而去追寻一个可能成为笑柄的目标。但决心还是暗暗地下定了，并构想出实现目标的方案：先谋求一个有较多自由支配时间的"职业"，然后利用业余时间从事所倾心的研究作为"事业"。[①]

1947 年 10 月，去意已决的文圣常最终选择离开了国民党空运第一大队 103 中队，去寻找新的落脚点，开启人生的新航程。

痴 迷 波 浪

1947 年秋，26 岁的文圣常毅然离开了国民党的空军部队。在那兵荒马乱的战争年代，对于刚刚回国的他来说举目无亲、人地生疏、毫无依靠，离开部队，他该何去何从呢？又该去投奔谁呢？经过一番思索，他想到了自己的母校——武汉大学。

抗战胜利后，西迁乐山的武汉大学便开始筹备迁回武昌珞珈山。1945 年 9 月 1 日，国立武汉大学复校委员会正式成立，开始着手复校工作。1946 年 3 月 10 日，第一批货物由乐山启运。同年 10 月 31 日，"先期抵达珞珈山的师生在珞珈山礼堂举行了开学典礼，复员工作遂告结束"[②]。文圣常设法与武汉大学的机械系主任刘颖[③] 教授取得联系，并向其表达了想去学校教书的愿望，刘颖十分支持文圣常的志向和选择，并为其写了推荐信，推荐他前往位于重庆的国立中央工业专科学校任教。

---

① 文圣常：执著的追求。见：孙殿义，卢盛魁主编：《院士成才启示录》（上册）。广州：广东科技出版社，2003 年，第 292 页。

② 谢红星：《武汉大学校史新编（1893—2013）》。武汉：武汉大学出版社，2013 年，第 102 页。

③ 刘颖（1913-1984），山东禹城人。内燃机专家，研制成功我国第一台 20 匹马力的风冷柴油机。1935 年毕业于北洋工学院机械工程系。1940 年获美国密歇根大学机械工程和航空工程硕士学位。同年回国，曾任武汉大学教授、机械工程系主任。新中国成立后，历任华中工学院教授、副教务长、副院长，国务院学位委员会第一届学科评议组成员，中国内燃机学会第一届副理事长。

对于文圣常来说，四川是一个再熟悉不过的地方，无论是最初和同学流亡至重庆，还是后来在乐山读大学以及毕业后分配至位于成都的飞机修理厂工作，他在这个素有"天府之国"之誉的地方生活了6年之久。那里的一草一木、一山一水以及风俗人情、衣食住行，他是如此地熟悉和习惯，这次重返重庆对于他来说如同漂泊的游子重回故乡一样。同时，对于前往中央工业专科学校担任教师一职，他也是满怀期待。首先，他沉静内敛的性格适合做一名教师；其次，他在高中尚未毕业时就有在家乡小学当老师的经历；另外，工作后他目睹了国民党空军的涣散与腐化，也就更加怀念和向往校园里的那份宁静、平和与简单，所以收到刘颖教授的举荐后，他便马不停蹄地赶往重庆报到。1947年秋天，文圣常抵达位于重庆的中央工校，并在航空机械科担任讲师，主要讲述飞机学和汽车学方面课程。其间，受重庆大学邀请，他还兼职为该校学生讲授航空发动机方面的课程，以弥补该校师资匮乏的缺憾。

至此，文圣常彻底摆脱了"政治"的束缚，得以在动荡的社会中暂时安定下来，潜心教书育人。静下来的日子里，他开始系统思考一年多来一直萦绕在他脑海中的海浪能利用问题，并开始着手设计制造相关设备进行试验。他的科学研究之路也由此慢慢展开。

大学期间，文圣常就读于机械工程学科，对于各类机械工具、仪器设

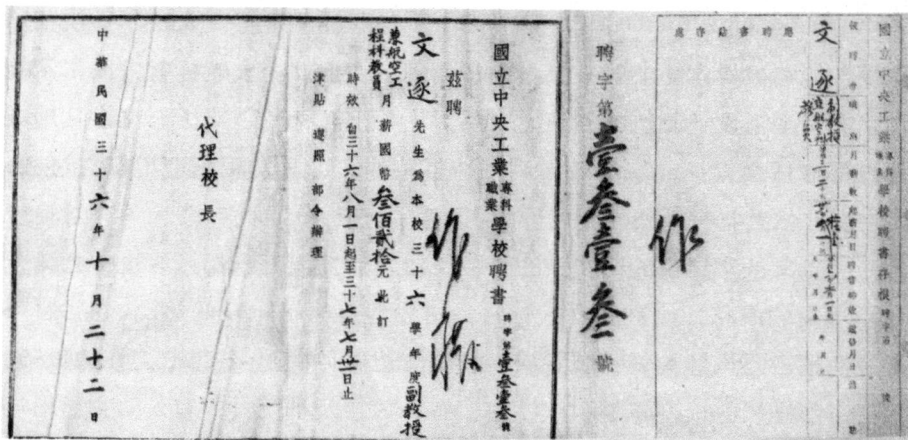

图4-2　1947年10月，文圣常受聘于中央工业专科学校的聘书

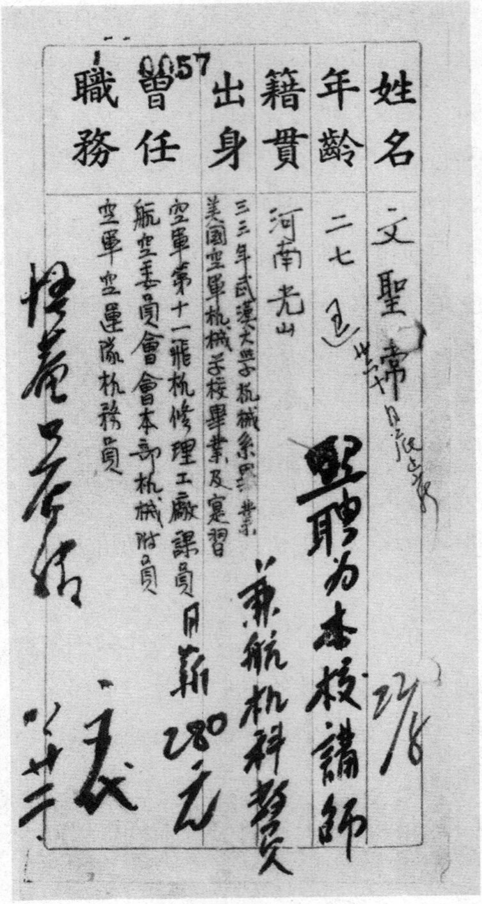
0057

姓名	文聖常
年齡	二七
籍貫	河南光山
出身	三三年武漢大學機械系畢業 美國空軍機械學校畢業及實習
曾任	空軍第十一飛機修理工廠課員 航空委員會本部機械附員
職務	空軍空運隊機務員

聘為本校講師 兼航機科教員

月薪280元

图 4-3　文圣常在中央工业专科学校的履历表

备的工作原理了然于心，加上毕业后又在飞机修理厂工作，还有美国进修的经验，所以他的动手实践能力特别强。根据观察和思考，结合前期对相关海浪知识资料的查阅，他很快便设计制造出一种利用海浪能量的动力装置。该装置利用海浪的垂直运动压缩空气透平，进而获得电力输出，依靠这一电力来源带动航标灯发亮、闪烁，达到在海面上为过往船只导航的目的。航标灯是安装在航标上的警示灯，以其灯光示警，保证船舶在夜间安全航行。陆地灯塔上的航标灯用电由陆地电力供给，而海上灯塔的航标灯用电在当时是没有办法的，陆电送不上去，海电没有。所以，那时的海上航标是没有航标灯的。海上航标只有白天发挥导航警示作用，能够被操作船舶的人员看到；而到了晚上，海上航标就失去了示警作用。文圣常设计制造的波浪发电装置为海上航标安装航标灯且像陆地航标灯那样昼夜发挥导航示警作用创造了条件，这一发明创造不仅在过去，即使现在依然具有重要的应用价值。

当时文圣常居住的宿舍就在嘉陵江边，他发现每当船只经过都会激起几厘米高的浪花，而且历时几分钟，这为他提供了比较简单的试验条件，于是他把自己设计的试验装置放在嘉陵江边进行检验。“每次去江边试验，那套奇形怪状的模型总是引人注目，有人猜它是种玩具，有人猜它是滑翔机之类的东西，而我自己似乎是拿着堂·吉诃德的长矛和盾牌向风车挑战。"① 结合试验效果，他又把利用波浪的方案调整为通过浮子来驱动小水泵。但毕竟嘉陵江不比浩瀚的大海，风、浪、流的条件都不一样，试验一直没有达到理想效果。于是，他萌生了前往海边做试验的念头。

文圣常对于海浪能量开发利用的探究，完全是在他教学之余进行的，没有影响其正常教学工作的开展，而且他还因为在教学中的出色表现受到了学校师生的认可与赞扬。初到中央工校时，他被聘为讲师，两个月后，校方鉴于他工作认真、教学有方，决定留他长期任教，故又改聘为副教授。因为从讲师到副教授所用时间太短，学校就建议他改名为"文逐"，先行换发副教授聘书，直到 1948 年暑假才又改回原名。

1949 年 11 月 30 日，西南重镇重庆获得解放。1950 年 3 月 2 日，在当时的西南军政委员会文教部的领导下成立了中央工校临时校务委员会，随后在 4 月 29 日召开的中央工校临时校务委员会第十一次会议上"宣布奉部令将中央工校改名为国立西南工业专科学校，旋即成立了西南工专校务委员会"。② 1950 年秋，该校职业部并入专科部，师资班并入重庆大学。在其本部仅保留了五年制的专科，包含机械、土木、化工、电机、航空和建筑等 6 科。面对新生的中国以及西南工业专科学校新颖的办学体制和机制，文圣常沉浸在高兴与激动中，每天都劲头十足地投入教学工作，为新中国的建设与发展培养急需的航空专业人才。

以前，在国民党的统治之下，不具备开展科学研究的各种条件。如今重庆解放了，人民当家作主，文圣常关于海浪研究的想法具备了变为现实的可能性。前期在嘉陵江的试验因为浪花太小未能达到理想效果，于是他就想去海边继续试验。他向学校的军管会申请调往华东地区工作，军管会十分支持科研，并给他写了推荐信，介绍他与上海的华东文教委员会联系。1950 年年底，文圣常谢绝了西南工业专科学校的挽留，在嘉陵江畔与前来送行的师生挥手告别。回忆起当时的选择，他在后来的文章中写道：

---

① 文圣常：执著的追求。见：孙殿义，卢盛魁主编：《院士成才启示录》（上册）。广州：广东科技出版社，2003 年，第 292 页。

② 重庆国立中央工校校友会编印：《中央工校校史资料》。1996 年，第 31 页。

我带着介绍信搭船东下。在船上，我一直陷入沉思，感到自己的前途似乎系在一张申请调动工作的介绍信上，它是那样单薄；前途又似乎堕入上船时碰到的浓雾，一切是那样的不明朗。走回头路吧，也许像逆三峡激流一样的艰险，更不必说无颜面对码头上师生们的热情相送，因此只能义无反顾了。我的精神支柱是堂·吉诃德的心态？还是青年人可贵的勇气？①

抵达上海后，他在海边进行了相关试验，但依然没有达到预期效果。于是，华东文教委员会的同志又帮他与青岛观象台联系，并写信推荐他前往那边工作。但因为当时上海到青岛的道路还没有完全畅通，跨地区、跨部门调动工作手续繁杂，以至于迟迟得不到青岛的回复。文圣常积攒了几

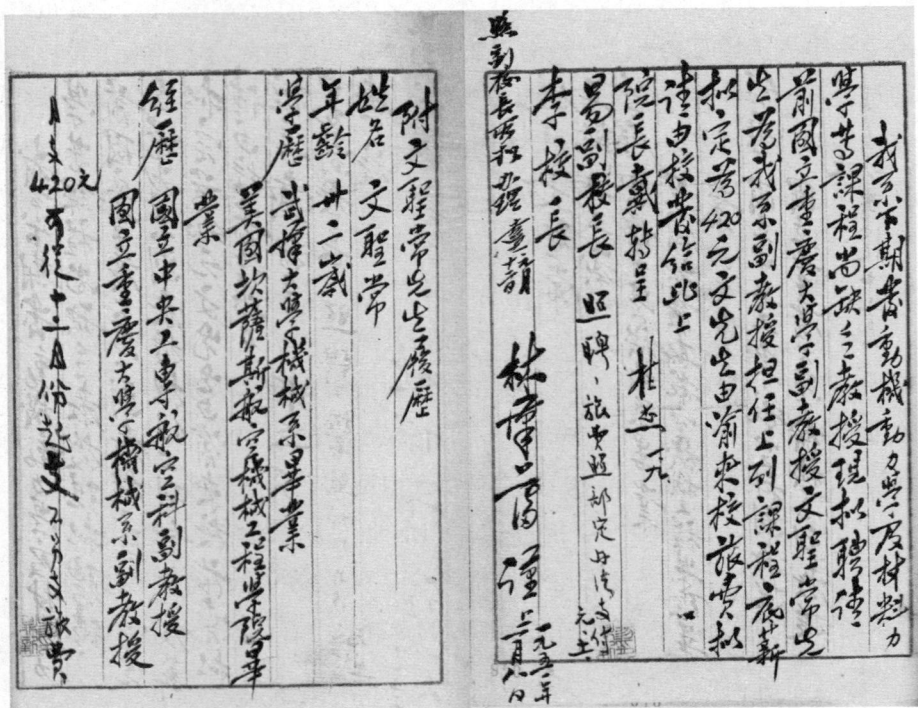

图 4-4　1951 年年初，文圣常受聘湖南大学的聘任申请书

①　文圣常：执著的追求。见：孙殿义，卢盛魁主编：《院士成才启示录》（上册）。广州：广东科技出版社，2003 年，第 292 页。

年的生活费很快用完，面对生活压力，他不得不临时接受同学陈道南[1] 的建议，先去湖南大学任教，然后再从容地与青岛方面联系。

1951 年 1 月，文圣常受聘于湖南大学机械系，担任副教授，主要讲授发动机动力学、材料力学等课程。教学之余，他依然放不下波浪能开发利用的试验，一边搜集阅读各类文献资料，一边寻找机会进行试验。8 月，文圣常应邀去北京参加一场教材讨论会，想到北京距离北戴河不是很远，就决定带着他设计的那套设备去北戴河海边检验一番。一路上，为了自己挚爱的海浪科研事业，他不辞辛苦地把试验装置从长沙携带到北京，路上甚至遇到了许多令人尴尬的情况。

携带的那个浮子外壳是白铁皮包的，局部涂有红漆。这个外形奇特而又娇嫩的东西，上下车需要手提。当时北京车站很注意治安保卫，旅客下车厢后排队出站，警卫人员注视可疑的迹象。我提的"怪物"自然引起注意，可能被误解为定时炸弹之类的危险物品，因此我被叫出队伍、接受检查。他们看过证件，认为我的解释可信，所以放行了。[2]

北戴河试验让文圣常获得了一些成果，也验证了他之前的一些想法。

初 到 青 岛

1951 年夏，文圣常曾向湖南大学递交辞呈，他在辞呈中表示，此次离职主要还是为了继续从事海浪研究。机械系领导极力挽留，甚至给了他一年假期让他从事海浪研究。同年 8 月，从北戴河试验回来后，经友人介绍，

----

① 陈道南（1916-？）杨岗乡皂岭村人。1943 年国立武汉大学机械系毕业，次年留美。回国后在重庆、湖南等大学任教。后任中国机械工程学会全国物科搬运学会理事、北京钢铁学院教授等。著有《起重运输机械》等著作。

② 文圣常：执着的追求。见：孙殿义，卢盛魁主编：《院士成才启示录》（上册）。广州：广东科技出版社，2003 年，第 293 页。

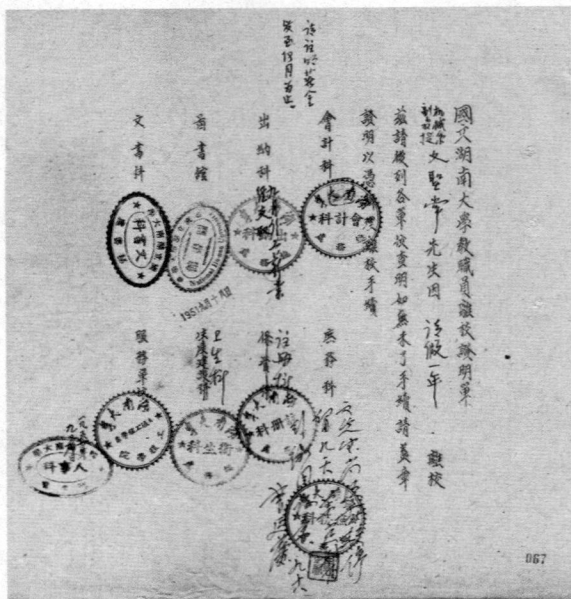

图 4-5 1951 年 9 月，文圣常从湖南大学离职的证明单

他又前往位于桂林的广西大学机械系执教，并被聘为教授。

文圣常抵达广西大学后，依然潜心于海浪研究工作，并设法与青岛观象台联系。几经周转，1952 年夏，他终于和青岛观象台的高哲生教授联系上了，对方邀约他到青岛见面。于是，当年 9 月，文圣常怀着对海浪研究的热爱和对青岛的向往，从广西途经衡阳、南昌、九江、南京，最终抵达青岛，当然还有与他形影不离的那套试验装置。他与高哲生一见如故，双方对海洋科学的热爱使他们分外亲切。高哲生是山东大学动物学系的教授，考虑到当时赫崇本[①] 教授正在为山东大学物理海洋学科的发展招揽人才，他就把文圣常引荐给了赫崇本。听闻文圣常醉心于海洋科学研究，特别是对海浪学这一分支尤为痴迷，5 年来持之以恒、从未放弃，并且还设计制造了开发利用海浪能的试验模型，赫崇本对他既敬佩又欣赏，于是真诚地邀请他到山东大学工作，参加新建海洋学系，为新中国的海洋科学研究事业贡献智慧和力量。收到赫崇本教授的真诚邀请之后，文圣常甚是高兴，多年来寻找一个合适的单位潜心开展海浪学研究的愿望终于要实现了。

山东大学位于青岛市鱼山路 5 号，与海相邻，出校门不远便是汇泉湾。

① 赫崇本（1908-1985），满族，辽宁凤城人。海洋学家，中国物理海洋学奠基人之一。1932 年毕业于清华大学物理系。曾在清华大学、西南联合大学任教。1948 年获美国加利福尼亚理工学院哲学博士学位。新中国成立后，历任山东大学教授、海洋学系主任，山东海洋学院教授、教务长、副院长，国务院学位委员会第一届学科评议组成员，中国海洋湖沼学会第一至第四届副理事长。

长途跋涉来到青岛，大海又近在咫尺，文圣常岂能错过这难得的试验场。于是，他又提着试验装置来到汇泉湾畔去验证海浪能开发利用的原理。

文圣常的首次青岛之行是短暂的，对这座海滨城市的了解也只是浮光掠影，甚至对这片海域的认识也只是刚刚开了个头，但是这短短的几天对他来说却是意义非凡。用他的话说："青岛之行的收获大大超过我的预期。"[1] 赫崇本教授建议他先回到广西大学，然后由山东大学出面办理调职手续。文圣常一路满心欢喜地回到桂林，等待着山东大学的结果，谁知等来的却是让他前往在哈尔滨新成立的中国人民解放军军事工程学院（简称"哈军工"）报到的消息。

这个事还得从建立哈军工说起。1949 年年底至 1950 年年初，毛泽东访问苏联时，曾与斯大林谈起中国要办军事工程技术学院、培养军事工程技术干部的事情。斯大林也明确表示，中国的确应该办一所军事工程技术学院，苏联可以提供帮助。1952 年 7 月 8 日，以苏联空军中将瓦·依·奥列霍夫[2] 为代表的包含炮兵少将、海军少将、内燃机专家和翻译人员在内的苏联专家设计组抵达北京。随后，在 8 月 22 日，中央军委成立了军事工程学院筹备委员会。考察组经过实地考察认为，上海、南京处于台湾空军的飞行半径之内，社会环境复杂，不利于保密，不能作为办学地点；大连距离朝鲜战场太近，也不适宜作为院址。而哈尔滨远离国防前线，而且有飞机、坦克工厂等军事工业基础，还有一所哈尔滨工业大学，便于日后开展合作交流，邻近松花江，对于海军工程方面的教学科研也十分有利。所以，最终选定哈尔滨作为办学的院址。

为了尽快建立学院，军事工程学院筹备委员会报请中央批准，建议从国内高校抽调部分教师到哈尔滨担任教学任务。当时在广西大学共选拔了两名教师，一个是电机方面的，另一个就是在机械系任教的文圣常。但当

---

① 文圣常：执著的追求。见：孙殿义，卢盛魁主编：《院士成才启示录》（上册）。广州：广东科技出版社，2003 年，第 293 页。

② 瓦·依·奥列霍夫（1902–1957），苏联中将，1927 年加入苏联共产党，1949 年任列宁格勒莫惹斯基军事航空学院副院长。1952 年 7 月受苏联政府委派来华工作，是军事工程学院苏联顾问团的首席顾问，帮助制定建院方案的专家设计组组长。为勘察院址，飞遍了东北及大江南北七座城市，最后确定在哈尔滨建院。1957 年 3 月 7 日在哈尔滨辞世于工作岗位，时年 55 岁。

时文圣常已决定去山东大学任教，而且已经开始办理调动手续，接到调令后，上级的答复是"先服从国家的安排"①。就这样，文圣常根据国家安排北上哈尔滨。

经过紧锣密鼓的筹建，1953 年 9 月 1 日，中国人民解放军军事工程学院成立暨第一学期开学典礼在学院操场举行。学院机关下设科学教育部、科学研究部、技术器材部、物资保障部、政治部、干部部和行政队列部七部；两处为财务处和保密处；五个系，分别是一系空军工程系、二系炮兵工程系、三系海军工程系、四系装甲兵工程系、五系工兵工程系。文圣常隶属于一系。1953 年 9 月 4 日，第二期学员全部入校。伴随着新一期学员的到来，哈军工的教学、科研等工作逐渐步入正轨，各方面变得愈加井井有条，校园里呈现出一派忙而不乱、干劲十足的景象。但此时在空军工程系工作的文圣常却一心想着前往青岛，与山东大学的赫崇本教授等人一起创建海洋系，从事海浪方面的研究。所以，在教学之余，文圣常依然坚持不懈地与高教部、哈军工方面沟通，希望能早日去山东大学报到。经过多次沟通交涉，哈军工终于同意，但作为交换条件，山东大学要选拔两名年轻教师赴哈军工任教。

几经周折，1953 年 10 月 5 日，文圣常顺利抵达青岛，再次走进了位于鱼山路 5 号的山东大学校园，见到了分别一年有余的赫崇本教授。历经多年的联系和求索，文圣常终于实现了昔日梦想，投入了海洋的怀抱。

---

① 文圣常访谈，2014 年 7 月 3 日，青岛。资料存于采集工程数据库。

第五章
耕海踏浪

　　青岛地处山东半岛东南部的胶州湾畔，濒临黄海，是一座风景秀丽的海滨城市。中国晚清时期著名的政治家康有为称赞该城"青山绿树、碧海蓝天、不寒不暑、可舟可车、中国第一"，后人从他的评语中总结出"红瓦绿树、碧海蓝天"8个字，成为脍炙人口的青岛风貌的代名词。

　　青岛不仅自然景色优美，而且人文气息浓郁，是一座世界知名的历史文化名城。1891年（清光绪十七年）6月14日，清政府在胶澳设防，成为青岛建置的发端；1919年，中国近代史上著名的"五四运动"便是以"收回青岛"为起因发起的。20世纪二三十年代，蔡元培、胡适①、闻一多②、

---

① 胡适（1891-1962），笔名胡适，字适之，徽州绩溪人。著名思想家、文学家、哲学家。1930年8月，受国立青岛大学校长杨振声邀请到访青岛；1931年1月，胡适第二次抵达青岛，在国立青岛大学与杨振声、梁实秋等人交流探讨。1962年在台北病逝。

② 闻一多（1899-1946），本名闻家骅，字友三，生于湖北省黄冈市浠水县。中国伟大的爱国主义者，坚定的民主战士，中国民主同盟早期领导人，中国共产党的挚友，新月派代表诗人和学者。1930年秋受聘于国立青岛大学，任文学院院长兼中文系主任。

梁实秋①、沈从文②、老舍③、童第周④等一批文化科技名人皆与青岛结下了不解之缘。

当然，使青岛久负盛名的还是它临海的地理优势。青岛拥有近海海域1.2万平方千米，海岛120个，海湾49个，大陆海岸线长711千米，滩涂面积达370多平方千米。如此天然的海域优势，自然成为我国海洋科学教育和研究的发端之地，1898年创建的青岛观象台便是最好的见证，这也正是当初文圣常千方百计奔向青岛的目标之所在。

1952年暑假，文圣常第一次抵达青岛的时候，当地宜人的气候、秀美的景色、淳朴的民风和厚重的文化给他留下了深刻印象，尤其是那临海而居的地理优势正是从事海洋科学研究的绝佳之地，再没有比这合适的了。回忆起当时的选择，他说："到当时的山东大学，后来的山东海洋学院、青岛海洋大学，现在的中国海洋大学，我是心甘情愿的，后来我越来越爱青岛这个城市。"⑤

得 偿 所 愿

今天位于山东省青岛市鱼山路5号的中国海洋大学鱼山校区是我国

---

① 梁实秋（1903-1987），原名梁治华，字实秋，生于北京，浙江杭州人。散文家、学者、文学批评家、翻译家，国内第一个研究莎士比亚的权威。1930年到国立青岛大学执教，任外文系主任兼图书馆馆长。

② 沈从文（1902-1988），原名沈岳焕，湖南凤凰人。作家、历史文物研究者。1924年开始进行文学创作，撰写出版了《长河》《边城》等小说。1931-1933年在国立青岛大学、国立山东大学任教。

③ 老舍（1899-1966），满族，原名舒庆春，字舍予。中国现代小说家、作家，语言大师，新中国第一位获得"人民艺术家"称号的作家。代表作有《骆驼祥子》《四世同堂》，剧本《茶馆》等。1934-1936年秋，受聘于国立山东大学。

④ 童第周（1902-1979），著名生物学家。1930年毕业于上海复旦大学，后在比利时布鲁塞尔大学留学，获博士学位。从1934年起，先后几次在山东大学任教。新中国成立后，曾任山东大学副校长。

⑤ 文圣常访谈，2014年7月3日，青岛。资料存于采集工程数据库。

海洋科教事业的发端地之
一，其办学的源头最早可
以追溯至 1924 年创建的私
立青岛大学。

　　1924 年的中国大地正
值军阀割据混战之时，当
时的青岛由直系军阀吴佩
孚[①] 控制，青岛胶澳商埠
督办一职由直系要员高恩
洪[②] 担任。1924 年 8 月，在青岛当地开明士绅、商贾的倡议和资助下，高
恩洪以德国侵占青岛时修建的俾斯麦兵营为校址创办了私立青岛大学，并
规定"以教授高深学术，养成硕学宏材，应国家需要为宗旨"，学校设工、
商两科，学制四年。这所大学是国人在齐鲁大地上创办的第一所本科起点
的现代意义上的高等学府，校内八关山上，近可俯瞰汇泉湾和青岛湾，远
可眺望南黄海万顷波涛。学校推行董事会制，高恩洪担任首任校长，聘
请梁启超、蔡元培、张伯苓[③]、黄炎培[④] 等硕儒名流、文化志士担任名誉
董事。

　　1924 年 11 月，第二次直奉战争爆发不久，直系战败，私立青岛大学

---

　　① 吴佩孚（1874-1939），字子玉，山东蓬莱人。秀才出身，后投效北洋，袁世凯病逝之
后，北洋军阀集团分裂成直、奉、皖等派系，冯国璋、曹锟、吴佩孚是直系军阀的主要首领。
1920 年，吴佩孚在直皖战争中击败皖系，控制了北京政府，原属皖系的山东等地也被直系控制。

　　② 高恩洪（1875-1943），字定安，亦作定庵，烟台蓬莱。1922 年任北京政府交通总长，
后任教育总长。1924 年任胶澳商埠督办。他倡办私立青岛大学，并出任首任校长。第二次直奉战
争后，高恩洪退出政界，于烟台经营"烟潍路自动车公司"，任总经理。1926 年，迁居上海继续
兴办实业，为汽车公路公司负责人。1943 年病逝于北平。

　　③ 张伯苓（1876-1951），原名寿春，字伯苓，天津人。中国现代职业教育家，私立南开系
列学校创办者，被尊为"中国现代教育的一位创造者"。西方戏剧以及奥运会的最早倡导者，被
誉为"中国奥运第一人"。1948 年 6 月，出任中华民国南京国民政府考试院院长。1949 年 11 月，
张伯苓婉拒蒋介石赴台要求而留守大陆。

　　④ 黄炎培（1878-1965），号楚南，字任之，笔名抱一，江苏川沙县（今上海市）人。近现
代著名的爱国主义者、民主革命家、政治活动家和民主主义教育家，是我国近代职业教育的创始
人和理论家。他以毕生精力奉献于中国的职业教育事业。

校长高恩洪被迫去职，校董会公推山东省议长宋传典 ① 接替校长一职。因当时社会动荡、军阀混战、民不聊生，经济发展和教育事业皆受到打击，至 1928 年上半年，私立青岛大学和位于济南的省立山东大学相继停办。

1928 年 8 月，山东省教育厅厅长何思源 ② 报请南京国民政府教育部，希望在已经停办的省立山东大学的基础上筹建国立山东大学。教育部令何思源、赵太侔 ③ 、王近信 ④ 、杨振声 ⑤ 等 11 人组成国立山东大学筹备委员会，负责学校筹建事宜。

1929 年 6 月 3 日，蔡元培携家眷抵达青岛，住在私立青岛大学女生宿舍小楼。他对青岛秀丽的景色、温润的气候和相对安宁的社会环境十分欣赏，同时鉴于济南属交通要冲，是兵家必争之地，饱受战乱之祸，于是建议国民政府教育部把国立山东大学迁至青岛筹办。国民政府教育部接受了他的建议，并将国立山东大学筹备委员会改为国立青岛大学筹备委员会，积极在青岛筹办国立青岛大学。

1930 年 9 月 20 日，国立青岛大学正式成立，设文、理两所学院。杨振声担任校长。杨振声推崇蔡元培在北京大学的办学思想，倡导"兼容并包、学术自由"的办学方针。他凭借青岛的环境优势以及自己的声望和影响，聘请了许多知名学者、专家到校执教，如闻一多、梁实秋、宋

---

① 宋传典（1875-1930），又名化忠，字徽五，益都县（今青州市）人。早年就读于青州广德书院，1898 年毕业后留校任教。中华民国成立后，宋传典弃教经商，在青州城创办德昌洋行，经营花边业务，获利颇丰。1922 年山东省议会举行第三届选举，宋传典当选第三届省议会议长。

② 何思源（1896-1982），山东菏泽人，著名教育家。早年就读于北京大学，积极参加新文化运动和五四运动，为"新潮社"前期成员之一。后赴美留学，又辗转德国、法国等欧洲国家学习，于 1926 年回国。1928 年 6 月 1 日，国民党山东省政府在泰安成立，何思源任省政府委员兼教育厅厅长。

③ 赵太侔（1889-1968），原名赵海秋，曾用名赵畸，太侔为其字，山东益都（今青州市东关青龙街）人。中国戏剧家、现代教育学家。曾于 1932-1936 年、1946-1949 年两度担任国立山东大学校长。新中国成立后，在山东大学、山东海洋学院执教。

④ 王近信（1894-？），字子愚，山东菏泽人。毕业于美国芝加哥大学。1928 年 8 月担任国立山东大学筹建委员会常委。1938 年 6 月任第一届国民参政会参政员。

⑤ 杨振声（1890-1956），字今甫，亦作金甫，笔名希声，山东蓬莱（今蓬莱市）水城村人。现代著名教育家、作家。曾任国立青岛大学校长。任职期间，民主办学，广揽人才，迎来国立青岛大学第一个黄金时代。

春舫 [①] 、杜光埙 [②] 、汤腾
汉 [③] 、黄际遇 [④] 、宋君复 [⑤]
等皆在国立青岛大学讲学论
道。杨振声还希望师生之间
养成合作精神和处世艺术，
主张从严治校，实行淘汰
制。一时间，国立青岛大学
蜚声学界，在国内产生了重
大影响。

图 5-2　国立青岛大学校门

　　杨振声还积极主张利用
青岛的临海优势创办海洋学
科，开展海洋、水产科学研
究。1931 年 5 月 4 日，他在为全体师生作报告时指出：

　　　　青岛附近海边生物之种类，繁盛不亚于厦门，而天气凉热适中，
　　研究上独厦门之便。若能利用此便，创设海边生物学，不但中国研究

---

　　① 　宋春舫（1892-1938），别署春润庐主人，浙江吴兴（今湖州）人。剧作家、戏剧理论
家，是我国现代剧坛上最早研究和介绍西方戏剧及理论的一位学者。他还是中国海洋科学的先驱，
曾任青岛观象台海洋科科长，倡导建立中国海洋研究所。在他的努力下，1932 年在青岛建立青岛
水族馆。
　　② 　杜光埙（1901-1975），字毅伯，山东聊城人。1920 年赴美留学，先入芝加哥大学读政治，
后进入哥伦比亚大学主修政府与政党，获得学士及硕士学位。回国后，先在中山大学任教。1929
年，以国立青岛大学筹备委员的身份主持接收私立青岛大学校舍，并全程参与国立青岛大学的创
建。1975 年于台北病逝。
　　③ 　汤腾汉（1900-1988），生于印度尼西亚爪哇省阿拉汗，药物化学家。毕生致力于化学和
药学的教学事业与科学研究工作，培养了几代药学专门人才。1930 年，受聘为国立青岛大学教授，
任化学系主任。1951 年后，他献身军事医学领域、药物化学的研究工作，是中国军用毒剂化学检
验研究的先驱者。
　　④ 　黄际遇（1885-1945），字任初，号畴庵，生于广东澄海县澄城镇。著名数学家、教育家。
1902 年赴日本留学，回国后历任武昌师范大学、河南中州大学、中山大学、河南省教育厅厅长等
职。1930-1936 年先后任国立青岛大学理学院院长兼数学系主任、国立山东大学文理学院院长。
　　⑤ 　宋君复（1897-1977），绍兴城区小坊口人，中国近代体育史上著名的体育教育家。1916
年赴美留学，先在柯培大学学物理。毕业后，发现我国体育事业落后，又入美国麻省春田学院学
习体育。回国后，历任沪江大学、沈阳东北大学、国立青岛大学、四川大学体育系主任、教授。

海边生物学者，皆须于此求之，即使外国学者，欲知中国海边生物学之情形，亦须于青大求之。如此则青大将为海边生物学研究之中心矣……再者，理学院中，如海洋学、气象学，亦皆为其他大学所未办，我们因地理上或参考上便利，皆可渐次设立，此理学院自求树立之道也。①

1931 年"九一八事变"爆发后，国立青岛大学学生积极开展抗日救国活动。学生代表赴南京向蒋介石请愿，宣传"停止内战，一致对外"的宗旨。杨振声因学生请愿一事左右为难，故向教育部提出辞职。1932 年 9 月，国民政府行政院会议议决，将国立青岛大学更名为国立山东大学，同意杨振声辞职，委任赵太侔为国立山东大学校长。赵太侔延续杨振声的办学方针，广聘名师，充实教学队伍，发展学科，培养人才。1932 年聘请教授开设海洋知识课程，1934 年发起组建青岛海洋生物所，这些都为学校后来的海洋类专业设置和海洋特色的形成奠定了基础。无奈，好景不长，1937 年"七七事变"后，学校先后内迁至安徽安庆和四川万县，后学生转入国立中央大学和其他大学，国立山东大学停办。

抗日战争胜利后，国立山东大学于 1946 年在青岛复校，依然由赵太侔担任校长。设文学院、理学院、农学院、工学院、医学院，包含 15 个系。许多知名学者，如童第周、曾呈奎②、朱树屏③、何作霖④、王统照⑤、陆

---

① 张静：《中国海洋大学大事记》。青岛：中国海洋大学出版社，2014 年，第 11 页。

② 曾呈奎（1909–2005），号泽农，福建省厦门人。著名海洋生物学家。1946 年从美国返回国内，任国立山东大学植物系主任、教授，兼海洋研究所副所长。

③ 朱树屏（1907–1976），号叔平，字锦亭，山东昌邑人。海洋生态学家、水产学家、教育家。1947 年，国立山东大学函请他到青岛创建和主持水产系工作，借聘期 1 年；期满后，回中央研究院工作。

④ 何作霖（1900–1967），字雨民，河北省蠡县人，矿物学家。1946 年，经李四光推荐，到国立山东大学筹建地矿系，任系主任、教授。1952 年，再次应李四光的邀请回到中国科学院地质研究所工作。

⑤ 王统照（1897–1957），字剑三，笔名息庐，山东诸城人。现代作家。1946 年秋应聘担任国立山东大学教授。之后担任山东大学中文系主任。1950 年，奉调济南，任文教厅副厅长，后改任文化局局长。

侃如 ① 、冯沅君 ② 、萧涤非 ③ 等在校执教。

1947 年 2 月 19 日，国民政府教育部批准了国立山东大学关于在理学院设立海洋学系、附设海洋研究所的申请，并同意此项计划分四年完成，由教育部给予一定经费支持；同年 4 月 24 日，学校任命童第周为海洋研究所所长，曾呈奎为副所长。海洋研究所成立之初，研究领域较窄，因童第周和曾呈奎皆是从事生物学研究，所以生物学科较强，物理海洋学研究几乎无人开展。这种情况直到 1949 年 2 月，在美国留学的物理海洋学博士赫崇本归国并受聘为国立山东大学教授才有所改观。就是从那时起，在赫崇本的努力下，中国的物理海洋科教事业开始起步。

1949 年 6 月 2 日，青岛市获得解放，国立山东大学也翻开了新的篇章。青岛市新成立的军事管制委员会在接收该校时，同意把拥有一定发展基础的海洋研究工作一并保留下来。1951 年，根据中央教育部决定，华东大学迁至青岛与国立山东大学合并，合并后的学校更名为"山东大学"，由华岗 ④ 担任校长。

1952 年，教育部决定对多学科性的大学进行院系调整，把中华民国时期效仿英式、美式构建的高校体系改造成效仿苏联式的高校体系。同年 9 月，厦门大学海洋系理化组部分教师调入山东大学，与海洋研究所合并成立了海洋学系，赫崇本受聘为第一任系主任。海洋学系初建，面临着师资不足、教材不完备、仪器设备匮乏、图书资料短缺等多重困难和考验。

---

① 陆侃如（1903-1978），原名侃，又名雪成，字衍庐，祖籍江苏太仓，生于江苏海门的一个爱国士绅家庭。毕生致力于中国古代文学的研究和教学工作，著述甚丰。1947 年受聘为国立山东大学教授。1949 年青岛解放后，任山东大学校务委员会副主任兼图书馆馆长，1951 年任副校长。

② 冯沅君（1900-1974），原名冯恭兰，字德馥，笔名沅君，河南唐河县人。现代著名女作家，文学史家。与著名哲学家冯友兰和地质学家冯景兰为同胞兄妹。1929 年，在上海与陆侃如结婚，夫妇二人合著的《中国诗史》是第一部开创性的影响较大的著作。1947 年与丈夫一起到国立山东大学任教，1955 年出任山东大学副校长。

③ 萧涤非（1906-1991），江西临川人。乐府及唐诗研究的权威人士。1930 年于清华大学毕业，1933 年在清华大学研究院毕业后到国立山东大学任教。抗日战争时期去西南联大任教。1947 年回国立山东大学任教。

④ 华岗（1903-1972），又名延年、少峰，字西园，浙江衢州市龙游县人。哲学家、史学家、教育家。1930 年翻译出版了《共产党宣言》，是中国出版的《共产党宣言》的第二个全译本。1951 年春，华东大学迁到青岛并入山东大学，华岗任校长。

图 5-3　20 世纪 50 年代初的山东大学校门

1953 年 10 月，刚刚步入而立之年的文圣常怀着研究海浪的激情与梦想抵达青岛，得偿所愿，进入刚刚成立一年的山东大学海洋系。

艰 难 起 航

历经多年的求索与漂泊，文圣常终于找到了可以归属的组织和停靠的港湾，并遇到了与他志趣相投的赫崇本教授等人，他魂牵梦萦的海浪能开发利用研究终于可以心无旁骛地开展了。但是，等到真正研究起来，他才发现这条路没有之前设想得那么顺利，尚有许多困难需要克服。文圣常之前是从事机械工程教学和研究的，如今转向海洋科学这一偏理科的领域，在知识储备方面稍显不足。原来的设想是继续进行海浪能利用研究，但作为一个大学教师，首先要面对的是海洋科学和海浪学的教学工作，而这不仅需要爱好和动手能力，更需要基础理论和教材。为此，他给自己制定了严格的自学和补习计划，数学、力学、物理等方面的基础知识是他补习的重点，为此，他购买了许多书籍，既有俄文的，也有英文的，时至今天，这些书籍依然在他书房的书架上整齐地排列着。他说："那时候很年轻，一方面希望有一个职业，另一方面的确是对于自己喜欢的领域愿意付出一些努力。"[①] 所以，在那段过渡时期，他读书甚至比大学期间还要努力。

作为海上的一种动力现象，海浪很常见、很普通。但作为物理海洋学的重要学科分支，海浪学却是一门新兴学科，它真正被当作一门科学系统性地研究起源于 20 世纪 40 年代。提及现代海浪研究的兴起，这里面还蕴含着有趣的故事。

在第二次世界大战中，为缓解苏联军队对德作战的压力，1941 年 9 月，斯大林向丘吉尔提出在欧洲开辟第二战场、对德国实施战略夹击的要求。但当时英国尚没有能力组织大规模的登陆作战，只是答应先派遣小部队对欧洲大陆进行偷袭和骚扰，以达到影响和牵制德军的目的。伴随着战事推进，特别是美国的参战，盟军决定实施诺曼底登陆，在欧洲开辟第二战场。但是考虑到涉海作战需要大量的舰船运送士兵和武器，就不得不对当地的海况进行考察和掌握，特别是风浪情况的预报。自 1942 年，美国斯克里普斯海洋研究所所长 H.U. 斯韦尔德鲁普 [②] 与年仅 25 岁的 W.H. 蒙克 [③] 博士经过坚持不懈的研究探索，发明了利用天气图预报波浪的方法。此后，他们又提出了关于风、波浪、涌浪和岸浪的预报理论。1944 年 6 月

---

① 文圣常访谈，2014 年 7 月 3 日，青岛。资料存于采集工程数据库。

② H.U. 斯韦尔德鲁普（1888-1957），生于挪威松达。物理海洋学和海洋气象学巨匠，现代海洋科学的奠基人。1914 年毕业于奥斯陆大学，1920 年任卑尔根地球物理研究所教授，1928 年任美国华盛顿卡内基研究所研究人员，1936 年任加利福尼亚大学教授和斯克里普斯海洋研究所所长。他还担任过国际物理海洋学协会主席、国际极地气象学会主席、国际海洋考察理事会主席等职务，出版了《气象学家的海洋学》《海洋》等著作。

③ W.H. 蒙克（1917-2019），生于奥地利维也纳。著名海洋学家，现代海洋学的创始人。1932 年前往美国读书，1939 年在加州理工大学获得学士学位，后在加利福尼亚大学跟随 H.U. 斯韦尔德鲁普攻读博士。毕业后，在美国斯克里普斯海洋研究所工作。他率先开展了风和海洋环流之间的关系研究，创立了现在广泛使用的术语"风生环流"。揭示了西边界流强化的物理机制，奠定了海浪和潮汐的预测技术，阐明了深海大洋混合的能量来源，提出了描述海洋内波特征的普适谱等。

6 日至 7 月初，盟军取得了诺曼底登陆的胜利，使第二次世界大战的战略态势发生根本性变化。这其中一个因素就是得益于准确地运用了新兴的海浪预报理论。

图 5-4　赫崇本教授（右）与文圣常交流工作

对于如此新颖的海浪学科，当时发达国家研究得不多，在中国几乎是空白，少有人问津。直至 1953 年，地球物理学家赵九章 [①] 才在青岛的小麦岛设置了我国第一个波浪观测站。当时国内包括海浪学在内的海洋动力学的文献、资料少得可怜，加之当时英美等西方国家普遍敌视新生的中国，在科学技术领域对中国进行孤立和封锁，相关图书资料的获取十分艰难。但作为一所大学的海洋系要想顺利地办下去，承担起为国家培养海洋科研人才的重任，就必须突破这一瓶颈，编写出科学合理的教材。赫崇本从美国返回祖国时，带回来一部分海洋学的书籍资料，此外，他还通过自己的同学、朋友等社会关系尽可能多地收集涉海资料。同时，赫崇本结合在美国斯克里普斯海洋研究所跟随 H.U. 斯韦尔德鲁普教授学习的经历，根据自己的记忆和理解，把有用的理论、公式和成果写下来整理成册，供大家研究分析。

谈及海洋系初创之际，赫崇本勤勉工作、敬业奉献的事迹以及对自己的帮助和影响，文圣常说道：

当时西方国家对我们进行封锁，获取海洋科学文献资料的途径不

---

① 赵九章（1907—1968），生于河南省开封市，祖籍浙江湖州。气象学家、地球物理学家、空间物理学家。1933 年毕业于清华大学物理系，1938 年获德国柏林大学博士学位，1955 年被选聘为中国科学院学部委员（院士）。他对大气科学、地球物理学和空间科学的发展做出了重要贡献，是倡导和开拓中国地球科学数学物理化和新技术化的先驱。先后开辟了许多新研究领域，如气球探空、海浪观测、探空火箭和人造地球卫星等，并培养了一大批优秀科学家，对中国地球科学的发展产生了深远影响。

畅。赫教授刚回国不久，带回来一部分欧美国家在海洋科学研究方面的资料，而且在研究中随时把获得的资料毫无保留地交给我，给了我无私的帮助。赫教授也是研究海浪的，他比我年长，拥有在美国学习深造的经历，又有相关的工作经验，实际上他是我的老师，我这样一个刚进入海洋领域的人与他相比，只能算是一个"小学生"。但是，赫教授并没有因为我是"小学生"，就摆出老师指导学生的姿态。当时，我和赫教授，还有几位年轻的教师组成一个小组，大家集体学习、共同研讨，累积知识。赫教授并不在乎他老教授的身份，和我们这些后来的"学生"打成一片。所以说，赫崇本教授是一个真正献身于科学、献身于国家需要的人，他的人品、人格对我影响很大。[①]

当时中国和西方国家往来较少，但是和苏联等社会主义国家交往密切，所以获得苏联的科学资料相对容易一些。因为有过在哈军工工作的短暂经历，当时为了与学校的苏联专家进行交流，文圣常自学了俄语，谁知这时却派上了用场。对于俄文的海洋学资料，他完全可以阅读并理解其含义。初到青岛的两三年里，在山东大学

图 5-5　1953 年，文圣常（右二）在船厂调研

邻近四校门的那栋小楼里，文圣常和赫崇本、景振华、唐世凤[②] 等人一边

---

①　文圣常访谈，2014 年 7 月 3 日，青岛。资料存于采集工程数据库。

②　唐世凤（1903-1971），江西省泰和县人。1932 年毕业于南京中央大学生物系。1937 年考取第五届庚款留学生，赴英国利物浦大学留学，1939 年获哲学博士学位。1946 年创建了厦门大学海洋学系和厦门大学中国海洋研究所，任系主任和所长。1952 年带领厦门大学海洋系教师 2 人、学生 18 人并入山东大学，与赫崇本等人组建山东大学海洋系。自 20 世纪 30 年代起，唐世凤便致力于海洋调查及研究工作，学习并引入现代海洋科学，是我国现代海洋科教事业的奠基者之一。

收集资料，一边研讨编写教材、制定研究方向。在他们的辛勤付出下，在他们的点滴积累中，山东大学海洋系逐渐步入正轨，新中国的海洋科教事业从这里扬帆起航。

初 试 牛 刀

在搜集资料、编写教材、培养人才的同时，文圣常依然没有放下他挚爱的海浪能开发利用试验。通过对国外文献资料的阅读分析，结合他自己长期以来的试验论证，1953 年 12 月，他在《机械工程学报》发文《利用海洋动力的一个建议》，这是我国学者最早探讨海浪能量利用的学术文章。

他在文章中指出："海洋浪涛汹涌，蕴蓄着无限动力，若能加以控制，意义是非常重大的。工程史上，虽有不少这样的尝试，其中或利用潮汐，或利用波浪，但一直还没有满意的结果。"[1] 他希望对波浪性质以及可以利用的方式进行论述和评论，并提出改进意见。文圣常首先对波浪性质进行了分析，接着对当时几种常见的对波浪动能、势能利用的方式做了阐述和评论。在波浪动能的利用中，他结合自己 1948 年夏天在嘉陵江做试验的经历进行了评论。在谈及波浪势能的利用时，他指出了美国大西洋沿岸试验装置存在的缺陷：一是不能同时利用波浪的动能和势能；二是在海洋中施工比较困难；三是波浪时有时无、时强时弱，无法获得相当平均的动力供应。针对上述不足，他结合自己的理解和试验结果，从浮子的设计、利用的方法、人造水头问题、动力供给和试验情形等方面提出了改进意见和建议。在文章的结论中，他写道："海洋波浪主要起源于风，风主要为大气接受日光热能的结果，故海洋实为一大日能储积器，如能加以利用，将取之不尽、用之不竭，意义极大。"[2] 他还表示，自己提出的改进方式主要体现在：①波浪的势能与动能都能得到利用；②设备简单，在海洋中架设比

---

[1] 文圣常：利用海洋动力的一个建议。《机械工程学报》，1953 年第 1 卷第 2 期，第 146 页。
[2] 同①，第 151 页。

较方便；③初步提出了使用动力的方式。他进一步写道："利用海洋动力是个牵涉很广的问题，上面提出的建议自然是极不成熟的，可能遭到的困难也是很多的……技术上的困难应在不断的研究和试验的过程中去克服；而且，即令暂时不能大规模应用，以它来取海水晒盐应该是可能的。"[1] 因为这篇论文是文圣常在 1953 年 6 月间写就的，正式发表出来已是当年的 12 月，这半年的时间里，他又对之前的试验装置进行了改进，并绘制出新的设计图。遗憾的是，因为各种缘由未能制造出来。这些他都在该篇文章的"附记"中做了详细说明。

调 整 方 向

20 世纪 50 年代初，伴随着知识面的拓展和试验的推进，文圣常发现波浪能的开发利用要比他想象的复杂得多，从当时的工作条件考虑，研究如何在工程领域利用海浪是不现实的。至此，他开始冷静、理性地看待这一问题，"海洋中的波浪具有类似天文数字的能量，可供开发的约有 1 亿千瓦，是很诱人的。许多国家在研究，但技术上的困难使得有效的工业上的利用可能还是遥远的事。"[2]

> 以前没有深入接触海洋的时候，对大海存有一些浪漫的想法，觉得它是那么的引人入胜。但真正和大海接触时间长了之后，发现它的自然面貌其实没有那么浪漫了。平常我们在陆地上完成一件事、实现一个想法比较简单，拿到海洋上之后，就变得困难和复杂了。所以，我逐渐意识到要想真正研究海洋、适应海上环境，我还需要一个团队，海洋科研工作不是一个人关在房子里就可以开展的，可是当时不

---

① 文圣常：利用海洋动力的一个建议。《机械工程学报》，1953 年第 1 卷第 2 期，第 151 页。

② 文圣常：执着的追求。见：孙殿义，卢盛魁主编：《院士成才启示录》（上册）。广州：广东科技出版社，2003 年，第 293 页。

具备组建团队的条件。因此，我只好把研究方向进行调整，原来希望研究海浪能量的开发利用，因为海上工作的困难不好克服，我就转向了理论方面的研究工作。[①]

海浪是一种久被习知的海洋波动现象，具体来说是在风的作用下在海洋表面产生重力波的表观结果，是一种普遍存在于海洋的海水运动形式。它密切地关系着人类的许多海上活动，如船舶航行、渔业捕捞、科学调查和军事战争等。海浪看起来杂乱无章，但按照波型划分，可分为风浪、涌浪和风浪与涌浪混合在一起的混合浪；依据水深对海浪的影响大小划分，又可分为深水波、有限深度水波和浅水波。

尽管人类很早就知道海浪，但开展海浪研究却非常晚。如果要追溯海浪研究的源头，最早可追溯至 19 世纪。当时部分数学家和力学家试图运用液体波动理论解释海浪，但由于液体波动理论存在理想流体假设，其中也没有考虑风的作用，所以这一理论并不能对复杂的海浪现象进行科学合理的解释。以至于 1876 年 W.S. 瑞利指出："海浪的主要规律就是无规律"。

作为物理海洋学的重要分支学科，现代意义上的海浪研究起源于第二次世界大战期间，为满足盟军诺曼底登陆的需要而开展的海浪预报。20 世纪 40 年代，H.U. 斯韦尔德鲁普和 W.H. 蒙克通过把复杂的海浪现象看成规则的有效波[②]，把液体波动理论与风浪经验公式结合起来，建立了有效波的能量方程，达到预测海浪场时空变化的目的。在这之后，世界海浪研究进入快车道，并先后涌现出了许多的创新成果。1952 年，这一领域引入了随机海浪模型和海浪谱理论；1957 年，有学者提出了风浪生成的剪切流不稳定机制和共振不稳定机制。正是在这样的时代背景下，文圣常调整研究方向，开始了他的海浪理论研究新路。

---

① 文圣常访谈，2014 年 7 月 3 日，青岛。资料存于采集工程数据库。

② 有效波，其定性意义是表征海面显著部分波的特征，其定量意义是实际海面出现 1/3 大波的评价状态。

组团建队斗风浪

全国解放以后，特别是在山东大学海洋系和海洋研究所建立后，我国的海洋水文教育和研究形势有了很大变化。我国有了海洋水文本科教育，有了一定规模的教育和研究队伍，有了教研室和实验室，也有了自己的毕业生，我国海浪研究迎来了新的发展机遇。

作为我国海浪理论研究的开创者，文圣常深知海洋科研工作仅凭一个人单打独斗是胜任不了的，探究海浪必须有一个强大的团队。20世纪50年代，他在小试牛刀之后，积极筹划组建海浪研究团队，开始向海浪理论研究和实践应用进军。早期的海浪研究只有他和青年教师江克平等人，之后他又在山东海洋学院毕业生中精心选拔了一些热心海浪研究的优秀毕业生留校，加入到海浪学教育和研究团队中，如1959届毕业生王滋然、张大错，1960届毕业生徐德伦，1961届毕业生余宙文，1963届毕业生蒋德才等。"文化大革命"前，这支优秀精干的团队在海浪学课程教学、海浪理论研究、文氏风浪谱研究等方面做出了奠基性、开创性的工作，取得了丰硕成果。

改革开放以后，在文圣常的带领下，海浪研究团队呈现出承前启后、新老结合、梯队合理的特点，既有张大错、徐德伦、余宙文、蒋德才、孙孚等中坚力量，也有丁平兴、台伟涛、陈伯海、郭佩芳、王伟、吴克俭、管长龙、赵栋梁、孙健等优秀的青年教师陆续加入进来，此外，每年招收的博士研究生和硕士研究生也成为海浪科研的强有力支撑。文圣常带领这支特别能吃苦、特别能战斗、特别能奉献的团队在文氏理论风浪谱、海浪数值预报方法、海港水文规范海浪计算标准、海浪理论与计算的应用研究等方面开展了大量富有成效的工作，不断谱写海浪研究的新篇章。

文圣常不仅创建了一支国内外稀有的海浪研究团队，还用他独特的人格魅力和高风亮节影响着大家，天长日久形成了独特的团队文化，良好的文化又滋养着这支优秀的团队乘风破浪、开拓进取，在奋斗中不断成就新辉煌。

海浪研究团队的人员评职称等，文圣常从来不去向组织打招呼。

> 到了我们评聘职称的时候，只要是有海浪团队的老师参加，文先生几乎从不当评委。对此，我们也曾有过怨言，但也非常理解文先生，因为先生对团队的管理理念是"海阔凭鱼跃，天高任鸟飞"。这种理念也使得海浪团队的毕业生大都成长为我国不同的海洋研究与应用领域的栋梁之材。①

文氏风浪谱

作为我国海浪理论研究的开创者，20 世纪 60 年代，文圣常的研究首先从描述海浪内部结构和展示对外表现特征的海浪谱② 着手。当时，国际上存在两种比较盛行的海浪研究方法——"能量平衡法"和"谱法"，但这两种方法在研究中都存在明显的不足，即研究者主观经验推测和假设的成分较多。彼时国际上还有诺依曼（Neumann）谱、达比希尔（Darbyshire）谱和菲利普斯（Phillips）的平衡域理论，文圣常认为这些谱理论都是表征海浪充分成长状态的，是特殊状态；它们没有考虑波浪成长过程中的、更一般的、更普遍的谱型形式。于是，他把当时国际上主流的两种海浪计算方法（能量平衡法、谱法）结合起来，从能量平衡的观点出发，导出了可用以描述风浪随风时或风区成长的更一般、更普遍的普遍风浪谱，并撰写了《普遍风浪谱及其应用》一文，于 1960 年发表在《山东海洋学院学报》。

在涌浪研究中，文圣常考虑到 H.U. 斯韦尔德鲁普和 W.H. 蒙克的能量

---

① 吴克俭访谈，2020 年 12 月 17 日，青岛。资料存于采集工程数据库。

② 海浪谱描述海浪内部能量相对于频率和方向的分布，包括频谱和方向谱。

平衡或 P-N-J 谱的概念都是以半经验的方法来计算涌浪的波高和周期，他对两位学者以空气阻力来解释能量消耗而没有考虑涡动影响的做法持保留意见。于是，他基于涡动和绕射的作用提出了一种实为充分成长的涌浪谱，并考虑台风区的圆形特点，给出了对应的计算方法。基于这一研究成果，文圣常于 1960 年撰写了《涌浪谱》一文。这两篇论文还经赵九章和赫崇本两位教授联名推荐，在《中国科学》上以英文发表。其中，普

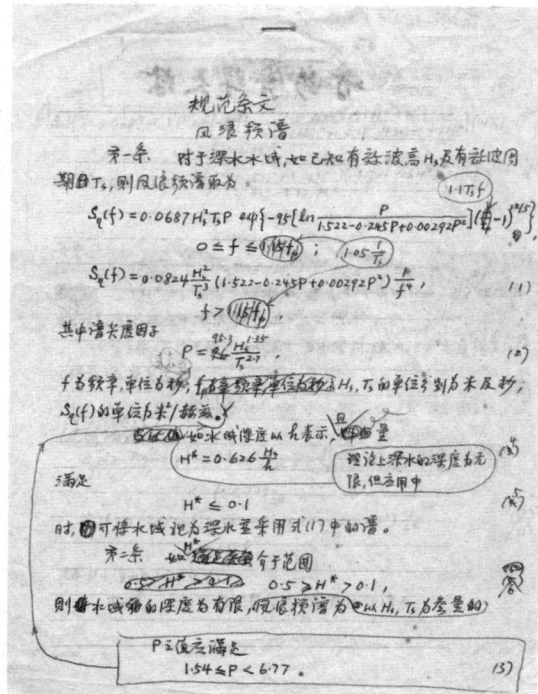

图 5-6 文圣常开展海浪研究的手稿

遍风浪谱的成果还被译成俄文，在苏联著名海洋学家克累洛夫编著的《风浪》论文集中全文刊出。他的这一创新成果在世界海洋学研究领域产生了重要影响，曾在 1960 年有关国际海洋科学进展评论中被评为重要研究成果。为铭记文圣常的卓越贡献，业内将其称为"文氏风浪谱"。

文圣常显然清楚自然界中的很多现象，诸如地球的自转、地震海啸、海洋声波、海洋潮汐、海浪……可以以谱为工具进行研究，而且十分有效。在这一研究方法上，文圣常确实是领悟比较早的。几十年后，美国物理海洋学权威 W.H. 蒙克在总结自己一生的研究时，说他一辈子的研究可以归纳为一门地球谱学，即一门收集长时间的序列并对它进行高分辨率、高可靠性的谱分析学科。几十年的研究实践证明，文圣常也是研究这门学科的先驱者，不过在其重要的分支学科海

浪学上闪烁着更多的光辉。①

青年时期的文圣常敢于向 H.U. 斯韦尔德鲁普和 W.H. 蒙克两位泰斗级人物挑战，充分显示出他不迷信权威、勇于探索、善于创新的信心和勇气。

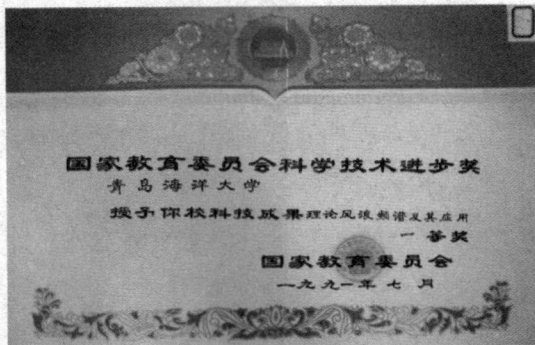

图 5-7　1991 年 7 月，理论风浪频谱及其应用获国家教委科技进步奖一等奖

人类对于自然现象的认识遵循着实践—认识—再实践—再认识、从部分认识到全面认识的规律，海浪研究亦是如此。在探究海浪的道路上，文圣常一向认为是没有尽头的，也不应该有停下来歇一歇的自我满足感，而是要乘风破浪、勇往直前。文圣常没有陶醉于 20 世纪 60 年代初的研究成果，而是选择更上一层楼。截至 20 世纪 80 年代，国际海浪学界在风浪谱理论研究中，依然是通过观测和科学家的个人经验得出有关数据和成果，这种主要依靠经验的做法具有一定的主观性和不确定性，不足以有效地反映谱的结构。为了弥补这一缺憾，文圣常在 20 世纪 50 年代末、60 年代初研究的基础上，采用解析方法导出了风浪频谱和方向谱。他首先在谱型中引入一个参量"尖度因子"，这个因子可以真实地描述风浪成长的各个阶段，并依此连同谱的零阶矩和峰频率推导出了理论形式的风浪频谱。此谱最先是在 3 个频段上给出的，以后简化为 2 个频段。这种"理论风浪频谱"既适用于深海，也适用于浅水区，不仅能够对风浪随风速、风时、风区和水域的变化进行比较系统的描述，还可以用有效的表观参量（如波高、周期等）描述谱形。文圣常提出的这一理论风浪谱，不仅与中国各海区的观测结果十分吻合，而且与 1973 年

① 刘安国：海浪谱华章——记文圣常院士从事海洋科教事业 50 年。《青岛海洋大学报》，2001 年 11 月 1 日。

K. 哈泽曼等人基于"联合北海波浪观测计划"（JONSWAP）所获得的风浪观测资料，进而提出的适用于成长状态的风浪谱——JONSWAP 谱相当接近。"20 世纪 90 年代，文圣常又进一步论证了在非常弱的假定下，只要已知两个不同成长状态的风浪频谱就可以准确地得到任意成长状态的风浪频谱，并由修正的 P—M 谱和非常年轻的风浪频谱得到可描述海浪成长全过程的深浅水风浪频谱。"[①] 此谱最终以常规可观测的有效波高、有效周期等为参量，因实用性较强，被收录进交通部 1998 年《海港水文规范》中。

　　风浪频谱是刻画海浪能量在频率域内的分布形式。无论是风浪频谱，还是深浅水风浪频谱，都是没有方向特征的。但实际上，风是有方向的，而且其大小和方向都是随时间变化的，因此风浪也随方向发生变化。那么，风浪谱也应该具有方向特征。海浪谱一般分为海浪频谱和海浪方向谱。为便于应用，20 世纪 90 年代初，文圣常又用拟合方法得到一个方向函数，将它们和上述频谱相乘即得方向谱。此等频谱和方向谱包含相同的参量，故它们在形式上和概念上都是协调的，可以解释在略小于谱峰频率处方向分布函数最窄的现象；而且该谱与风浪频谱相比较，能更细致地描述海浪的内部结构。1991 年，在奥地利维也纳召开的第 20 届国际大地测量和地球物理学联合会[②] 国际海洋物理科学协会学术会议上，该研究受到与会学者的高度评价，并由会议主持人、日本海洋学会会长鸟羽良明[③] 教授推荐到日本。此外，文圣常又基于此风浪方向谱提出了一个具有余弦形式方向分布函数的风浪方向谱，用于发展一个新的海浪数值模拟方法。当

---

① 钱伟长，孙鸿烈：《20 世纪中国知名科学家学术成就概览·地学卷·大气科学与海洋科学分册》。北京：科学出版社，2010 年，第 435 页。

② 国际大地测量和地球物理学联合会（International Union of Geodesy and Geophysics, IUGG），成立于 1919 年，是推动和协调地球的物理、化学和数学研究及其在星际空间中的环境，促进大地测量、地球物理方面需要的国际合作，为大地测量和地球物理的学术讨论及成果出版提供帮助的一个国际学术组织。每四年举行一届，由国际大地测量协会、国际水文科学协会、国际海洋物理科学协会等 7 个独立的国际组织构成。

③ 鸟羽良明（1931–），著名海洋学家。曾任日本海洋学会会长、国际物理海洋科学协会副会长等职务。最为著名的研究工作是提出关于风浪的 Toba 3/2 指数律和 Toba 谱，成为海浪是否为风浪的重要判据，并提出了大气海洋相互作用的局域平衡概念。

图 5-8　1991 年，文圣常（右）与冯士筰在奥地利参会时合影

时，在世界海洋学领域研究海浪方向谱的人比较少，所以文圣常是我国当之无愧的海浪方向谱研究的开拓者。这一系列关于风浪频谱的成果很快在我国海浪预报业务中得到应用，并于 20 世纪 90 年代初先后获得了国家教委科技进步奖一等奖和国家自然科学奖四等奖。

海浪预报方法

兴起于第二次世界大战期间的现代海浪研究，其研究目的主要是对海浪情况进行科学合理的预报，使人类的各项涉海生产活动尽可能避免遭遇海浪灾害，或者把损失降到最低。海浪学研究的内容主要是为了摸清海浪生成、成长、消衰及传播的规律，而这需要构建一定的海浪模型，通过给定的海面风场计算海浪场中各点的海浪要素，进而达到对海浪进行模拟、预报和后报的目的。

海浪研究的方法主要有两种：一是动力学的方法，一是统计学的方法。在现实操作中，一般两种方法同时运用。我国的海浪理论研究起步于新中国成立之后，确切地说是 20 世纪 50 年代。除了前述的海浪谱研究以外，文圣常最大的心愿就是把理论应用于实践，解决现实生活生产中的问题，为经济社会发展和人民群众服务，而不仅仅是把相关理论放在实验室或书本上。科学准确地预报我国海域的海浪情况无疑是当时经济社会发展和人们生产生活中最迫切需要解决的难题，鉴于此，文圣常开始了对海浪预报方法的研究。

1966 年，"文化大革命"风雨袭来，山东海洋学院正常的教学科研秩序受到破坏，大部分教授遭到批斗，文圣常所热爱的海浪研究工作也受到影响，被迫搁置。这导致他前期开展的关于海浪预报方法的研究工作没能继续深入下去，也就得不到进一步的完善和发展。但关于海浪预报方法的研究，文圣常从没有止步。

20 世纪 60—70 年代，虽然海浪预报方法研究受阻，但文圣常仍在海浪研究相关方面继续服务国家发展建设。海洋工程技术标准是进行海洋及海岸工程设计与建设不可或缺的标准和规范。由于我国海洋科学理论研究和海洋工程技术标准研究的落后，在新中国成立初期甚至更早，我国海洋工程（如石油平台等）和海岸工程（如沿海港口、码头、船坞、防波堤及滨海城市建设等）建设时所参考执行的规范资料主要来自苏联和美国，但这些规范资料并不完全符合中国海域的特点，在建造中时常出现问题，轻则延误工期，重则影响工程质量，甚至带来财产损失和人员伤亡。由于适应我国海域特点的港口工程技术施工规范迟迟不能问世，严重制约了新中国海洋工程、海岸工程和沿海城市的发展建设。急国家之所急，为把海浪理论转化为现实生产力，文圣常尝试把海浪理论中能量和谱的概念与海洋工程和海洋生产中所使用的海浪表观特征量（如波高、周期、波长等）结合起来用于指导生产实践。1965—1966 年，他主持和领导了国家科委海洋组海浪预报方法研究组的技术工作，因为开展的研究充分结合了中国海域的特点，适合我国海洋生产的实际，由他提出的海浪计算方法很快在国内得到广泛应用，在国民经济发展中产生了巨大的社会效益和经济效益。

20 世纪 70 年代末，"文化大革命"结束后，为适应我国沿海城市改革开放的需要，交通部启动了《港口工程技术规范》编写工作。文圣常在海浪理论研究与实践研究取得若干成果的基础上，接受了《港口工程技术规范》海港水文有关波浪设计参数和方法的研究任务。他组团带队、集中优势研究力量，根据海洋港口工程中海浪设计的需要，把以前取得的海浪研究成果再研究、再加工，制定出设计波浪标准及其换算推算方法、外海波浪因素计算方法、近岸波浪因素计算方法等工程设计和管理的技术标准，该项研究成果经多次改进后，作为国家级规范列入中华人民共和国交通部《港口工程技术规范》第二篇《水文》的第一册《海港水文》中，并于 1978 年 1 月出版了试行本，打破了我国在建设港口的有关规范中长期依赖苏联和美国的局面。鉴于该成果的学术水平和应用价值，1985 年该成果荣获国家科学技术进步奖二等奖。经过 10 年的试行，1988 年交通部在充分吸收各方意见的基础上，对《港口工程技术规范》做了进一步的修订完善

图 5-9　1985 年港口工程技术规范——《海港水文》获国家科技进步奖二等奖

并正式出版。1988 年 11 月，交通部水运规划设计院还专门给文圣常寄来一套样书，并附上感谢信，感谢他在该项工作中的辛勤劳动，并希望他今后在此规范的修订与完善中继续给予大力支持。

十 年 风 雨

在外人看来，文圣常的工作枯燥而单调，每天埋头于办公室或实验室，况且他性格内敛、不善言谈，给人的印象大多是沉默而安静地读书与写作，殊不知作为科学家的文圣常也和普通人一样，是热爱生活、富有人文情怀和浪漫气息的。

1953 年 10 月，文圣常初到山东大学，人生地不熟，也没成家，赫崇本教授担心他在新环境待不住。为了留住人才，也是出于对文圣常的关心与爱护，赫崇本就给当时的青年教师王景明布置了一项任务。"赫先生委托我和他多交流，说'你是学物理的，他喜欢跟学物理的人接触，你要和他做朋友，要不然他待不住，可别待不了多久就走了'。"① 王景明欣然接受了这项任务，他经常与文圣常聊天、探讨科学问题，周末两人也互相串门拜访，尽管在年龄上文圣常比王景明大 7 岁，但是毫无隔阂，日久天长两人成了十分亲密的朋友。

当时，赫崇本教授在给王景明布置任务的时候，除了让他们俩交朋友，还希望他给文圣常介绍一个对象，做到"以情留人"。王景明思前想后，觉得别的系的人他也不熟悉，就从他的母系物理系里选吧。

20 世纪 50 年代中期，山东大学图书馆前的大台阶是师生们经常露天开会的地方，被称为"广播站"。1956 年春季的一天，物理系师生聚集在台阶处开会，文圣常也应邀到场，在为数不多的女生中，大学三年级的葛管彤给他留下了深刻印象。王景明就联系葛管彤的同桌兼班长陈申祥同

---

① 王景明访谈，2015 年 1 月 20 日，青岛。资料存于采集工程数据库。

图5-10　1958年7月，文圣常与葛管彤在崂山合影

学，请他撮合两人认识。就这样，在王景明和陈申祥的介绍下，文圣常在山东大学遇到了自己挚爱一生的伴侣。

无论是当时，还是现在，文圣常与葛管彤的爱情故事都是这所校园里传颂的一段佳话。1956年春他们相识之时，文圣常是山东大学的教授，葛管彤还是一名学生。尽管两人分属不同的学科方向，但是葛管彤喜欢和文圣常聊天，听他讲一些道理和趣闻，两人十分谈得来，而且对这位当时学校里最年轻的教授十分钦佩。

1957年1月，葛管彤因为身体不好，提前肄业，告别青岛，离开了山东大学，也与文圣常暂时分开，处在热恋中的他们只能鸿雁传情。回到上海之后，葛管彤在一所中学里当数学老师。1957年6月，根据事先的约定，文圣常利用暑假前往上海看望葛管彤。两人决定一起去杭州游玩，可是葛管彤的祖母表示反对，认为两人还没有结婚就出去旅游不合适。葛管彤的父亲葛衢康 [①] 是一个比较开明的人，他主动和女儿交流，加上对文圣常的考察，觉得可以把女儿托付给文圣常。于是就对他们说："你们也确实到了结婚的年龄，要不干脆就结婚吧。"闻听此言，文圣常欣喜若狂、激动不已，葛管彤却有些不知所措，"虽然当时已经23岁了，但还是觉得结婚离我很远" [②] 。

在年龄上，文圣常比葛管彤大13岁，在旁观者看来，可能这夫妻俩的年龄差距有点大。但葛管彤却不觉得，这或许与她的家庭环境有关。1941年，葛管彤的母亲因感染肺结核不幸离世，葛衢康伤心欲绝、大病一场。

---

① 葛衢康（1911-1973），浙江海宁郭店人。少年时即爱好体育，1936年中央大学体育系毕业，终生从事体育教育事业。1956年任上海交通大学体育教研组主任，担任体育教职30多年。为我国第一批田径国家级裁判，曾任上海市田径协会副主席。

② 葛管彤访谈，2014年7月3日，青岛。资料存于采集工程数据库。

因为仅有葛管彤一个女儿，而且葛衢康才 30 岁，家人劝他再找一位伴侣。后来，葛衢康娶了一位护士为妻，两人在年龄上相差 10 岁。正是受父亲和继母的影响，葛管彤觉得她与文圣常之间的年龄差距不算什么。由于两人分属一南一北两个城市，一开始葛管彤希望文圣常调到上海工作，可是又觉得不可能，因为当时上海没有适合开展海浪研究的高校。最终，葛管彤辞掉中学教师的工作，跟着文圣常回到了青岛。

1957 年 6 月 13 日，文圣常和葛管彤正式结婚了。文圣常搬离了居住了 4 年的学校单身宿舍，住进了华山路 12 号一个 16 平方米的房子。从此，四处漂泊的文圣常终于有了自己的小家，赫崇本教授再也不用担心他待不长久了。

就在文圣常刚刚组建家庭，沉浸在新婚的幸福之中，并准备为国家的海浪研究事业和人才培养工作继续奉献智慧和力量的时候，一场史无前例的政治风雨开始席卷全国，山东大学亦未能幸免。

由于文圣常向来谨慎小心，且每天专注于科研和教学，所以在一开始

图 5-11　1957 年 10 月，文圣常与葛管彤
在青岛华山路住所合影

的"反右"运动中没有受到影响。但是他周围的许多教师被打成了"右派分子"。看着自己的同事和朋友被错划为"右派"，被迫接受劳动改造，遭受各种不公待遇，他感到十分不安，却又无能为力。紧接着 1958 年，又开展了"反浪费、反保守"运动，这一次文圣常未能幸免，受到了错误批判，与此同时，山东大学也迎来了一个发展的重大转折期。9 月，山东省委决定将山东大学的中文、历史、数学、物理、化学、生物 6 个系迁往济南，水产、海洋、地质系和附属中学留在青岛。历经一个多月的筹划和行动，10 月 24 日，山东大学主体西迁济南完成。学校主体迁往济南后，留

在青岛的海洋系、水产系、地质系、附属中学、生物系的海洋生物专业，物理系和化学系的部分教研组，以及直属教研室部分人员，共计1116人。11月初，"在山大原校址、以留在青岛的部分为基础，筹建一所面向海洋的大学"[①] 被列入山东大学党政重点工作。1959年3月30日，中共中央批准山东省委上报的《关于成立山东海洋学院的请示报告》，同意成立山东海洋学院，并列入教育部直属的重点综合性大学。这标志着学校结束了与山东大学长达30年的共同期。学院下设海洋水文气象、海洋物理、海洋化学、海洋生物和水产5个系。文圣常被任命为海洋水文气象系物理海洋教研组主任。

山东海洋学院初建，欣欣向荣，尽管当时处在"大跃进"等运动带来的"三年经济困难"时期，但一想到学校海洋、水产学科的办学特色更加鲜明，文圣常的内心还是十分喜悦和自豪的，作为物理海洋教研组的主任，他每天都精力充沛、干劲十足。更加忘我地投入工作。1960年，他发表《普遍风浪谱及其应用》和《涌浪谱》两篇有影响力的学术论文，在世界海浪科研领域提出了崭新的思路，引发强烈反响。紧接着，1962年出版《海浪原理》一书，这是国内外出版的第一本海浪理论专著，在海浪研究领域具有里程碑意义。

1963年3月，国家科学技术委员会海洋专业组在青岛召开会议，研究制定中国海洋科学十年（1963—1972年）发展规划草案。会议期间，有专家指出，为更好地统筹推动我国海洋事业发展、统一管理国家海洋工作，需要成立一个全国性的专门机构来管理全国的海洋工作。这一倡议得到与会海洋科技工作者的赞同。同年5月6日，国家科委海洋专业组组织29名专家，联名上书国家科学技术委员会并中共中央和国务院，提出：鉴于当前海洋工作中亟须解决的问题较多，海上活动安全没有保证、海洋水产资源没有充分合理利用、海底矿产资源储量和分布状况了解很少、国防建设和海上作战缺乏海洋资料等原因，建议成立国家海洋局，以加强对全国海洋工作的领导。经第二届全国人民代表大会常务委员会第124次会议批

---

① 张静:《中国海洋大学大事记》。青岛：中国海洋大学出版社，2014年，第63页。

准，国家海洋局成立，这标志着中国的海洋事业管理不再是"九龙治水"似的多头分散管理，而是进入到一个科学规划、统一管理、可持续发展的新时代。

作为 29 名专家中的一员，文圣常在 1965—1966 年主持和领导了国家科委海洋组海浪预报方法研究组的技术工作，并提出了适合中国海域特点的海浪预报方法，很快在生产实践中投入运用。

1966 年年初，"文化大革命"风雨袭扰青岛，并影响了山东海洋学院。甚至一心致力于物理海洋科教工作的赫崇本教授也被定性为"反动学术权威"，并被赶出了原来的办公室，遭受批斗，被迫进行打扫厕所、清扫马路的"劳动改造"。望着这突如其来的景象，文圣常感到疑惑不解。1967年 3 月，山东海洋学院革命委员会正式成立，学校被迫停课，昔日秩序井然的大学校园处在一片混乱之中。1969 年年底，山东海洋学院 1200 余名师生被疏散到山东省日照县（今日照市）丝山公社的四个自然村，和当地农民一起同吃同住同劳动。参加劳动期间，文圣常依然每天勤勤恳恳做好自己的本职工作，有活抢着干，不怕脏、不怕累，吃饭时连地瓜皮也一起吃掉，与当地老乡相处十分融洽。

文圣常性情温和、正直善良，为人行事十分谨慎小心，对工作也从不抱怨、发牢骚，更不在背后议论他人、评议是非。因此，在"文化大革命"中，他并没有遭受批斗和打击，但也并非一点影响没有。当时，红卫兵、造反派四处乱窜，经常打着破四旧的旗号跑到教授家里抄家，文圣常家也未能幸免。后来，为了避免这种一次又一次的搜查给家人造成伤害和影响，文圣常忍痛把自己多年来辛苦积攒的各类参考书籍整理出来，主动交给了他们，希望红卫兵不要再来打扰他的生活。

此外，由于当时全校都在搞运动，文圣常的科研工作也受到了影响。平常熟悉的办公室、实验室也不能经常去了，想找一个安静的地方看书、写文章也成为十分奢侈的事情。更多时候，他只能在家里待着，这反而使他有更多的时间陪伴家人、回归生活、关心子女并教育他们成长。

1960 年大女儿文彤、1963 年二女儿文怡的出生在文圣常繁忙的工作之余，给他和妻子增添了许多的欢乐。家庭和睦幸福，下一代健康成长，

图 5-12　1987 年 1 月，文圣常与妻子葛管彤、女儿文彤、女婿吕小乔合影

图 5-13　1993 年 5 月，文圣常与妻子葛管彤、女儿文怡、儿子文凡在青岛海洋大学鱼山校区合影

并能专注于自己挚爱的海浪科研事业，文圣常感到很知足。1968 年，文圣常与葛管彤的第三个孩子文凡出生了。因为当时正值"文化大革命"，有一些空余时间，文圣常就把心思花在陪伴家人和教育子女上。周末和节假日，他会带着孩子们去八大关骑自行车，甚至还动手给孩子们制作弓箭之类的小玩具，教孩子们学习英语。以至于后来每当谈起"文化大革命"这段时间，妻儿都说这是文圣常把时间和精力放在家庭和生活中最多的一段时光。

生活中，文圣常也不让自己停下来。1971 年，他们从华山路 12 号搬迁到福山支路 16 号，房子由原来的 16 平方米变成了 29 平方米。当时不让做科研，也不能看书，只能读《参考消息》之类的报纸。文圣常就编辑了一本海洋类业务书籍的参考书目，如果有什么问题、想找什么书，通过这个目录很快就可以找到。还有人专门向他借阅这份目录。那个年代没有天然气，也没有暖气，家家户户做饭取暖都是烧煤生炉子，但需要自己去煤场买煤，然后想办法运回家。文圣常充分发挥自己机械工程学科出身的优势，设计制造了一辆拉煤用的小车，既轻巧省力，又方便快捷，周围的邻居时常来他家借用，卖煤的老师傅们也夸他心灵手巧。

第六章
勇立潮头

1976 年 10 月，中共中央采取断然措施，一举粉碎了"四人帮"，宣告了"文化大革命"的结束。在山东海洋学院，校方在组织师生愤怒声讨"四人帮"滔天罪行的同时，也开展了对"文化大革命"期间冤假错案的平反工作，为当年遭受错误批判的干部、教师平反昭雪、恢复名誉。在 1978 年 11 月召开的全院落实政策大会上，学院领导指出："海院的广大教师和科技工作者，绝大多数是爱党爱国的。把赫崇本、方宗熙[①]、丘捷[②]、尹左芬[③]、王彬华等一大批专家、教授打成'资产阶级反动学术权威'是肆意践踏党的知识分子政策，对强加给他们的一切污蔑之词一律推倒，恢复名誉。"[④] 会议还进一步指出："迅速地把工作重点转移到社会主

---

① 方宗熙（1912-1985），又名方少青，福建云霄人。生物学家，科普作家，中国海藻遗传学奠基人。1936 年毕业于厦门大学，留校任教。1950 年获英国伦敦大学遗传学博士学位，同年回国。1953 年任教山东大学。1976 年主持研究海带单倍体遗传育种在国内首次获得成功，培育出海青一、海青二、海青三号海带新品种。著有《普通遗传学》《达尔文主义》等。

② 丘捷（1904-1973），广东梅县人。1927 年毕业于北京大学，先后工作于长春地质学院、山东大学和山东海洋学院，曾任山东海洋学院海洋地质地貌系主任。

③ 尹左芬（1913-1991），山东日照人。海洋无脊椎动物学专家，生物学家。1937 年毕业于山东大学生物学系。新中国成立后，历任山东大学讲师、副教授、水产主任，山东海洋学院教授兼水产系主任。

④ 张静：《中国海洋大学大事记》。青岛：中国海洋大学出版社，2014 年，第 107-108 页。

义现代化建设，培养德、智、体全面发展的人才上来，努力把山东海洋学院办成海洋教育的基地和海洋科研的中心，使海洋学院成为一所社会主义的新型大学。"①

走过十年风雨飘摇的山东海洋学院迎来了新生，校园里又恢复了"文化大革命"前井然的秩序，教师们干劲十足，聚焦科研教学；学生们朝气蓬勃，发奋读书，鱼山路 5 号呈现出欣欣向荣、春意盎然的景象。文圣常又可以回到他熟悉的实验室和教学楼，又可以和昔日的同事、好友一起钻研科研问题，为国家海洋事业的长远发展培养人才。尽管年近花甲，但他依然豪情满怀、信心百倍，准备站在新时代的潮头再次扬帆起航。

新型混合型海浪数值模式

1978 年 3 月 18—31 日，全国科学大会在北京召开。这次在中国科技发展史上具有里程碑意义的盛会，不仅澄清了长期束缚中国科学技术发展的重大理论是非问题，而且打破了"文化大革命"以来长期禁锢知识分子的枷锁，迎来了科学的春天。

此时的文圣常正在北京香山参加出国人员集训。这一年的 4 月 26 日，文圣常作为中国海洋科学代表团成员，赴美国进行为期一个月的考察活动。与此同时，山东海洋学院也加快海洋科学研究的步伐，先是成立了由赫崇本任所长的海洋研究所，下设 10 个研究室，文圣常担任副所长和海洋动力学研究室主任。此外，文圣常还担任海洋水文气象学系系主任一职，并当选学校学术委员会委员。同年，他所领导的海洋水文气象学系海洋动力实验室荣获全国科技大会"重大贡献先进集体"光荣称号。面对接踵而来的喜讯，文圣常觉得唯有更加努力工作，多出创新成果，才不辜负这美好时代。具体到他的研究领域，海浪预报方法的革新便是首先要解决

---

① 侍茂崇，李明春，吉国：《一代宗师——赫崇本》。青岛：中国海洋大学出版社，2014 年，第 142 页。

的难题之一。

20 世纪 80 年代，伴随着改革开放的推进和经济建设的加快，我国大陆架石油和海洋资源开发日益兴盛，资源开采、航运贸易以及国防事业等与海洋的联系更加紧密。据估算，当时我国每天有 50 艘万吨商船、上万条渔船、几十个钻井平台、几十万人在海上活动。我国在海岸带、大陆架、远洋的海洋生产和海洋活动迫切需要提供准确、及时的海洋环境预报，以保证作业活动的安全和效益。而海洋环境数值预报是海洋环境预报业务走向现代化、客观化、定量化和提高准确率的重要途径和发展方向。

在国外，专业项目（如针对某一石油钻井平台的风浪预报、某一地区的风暴潮预报等）的海洋环境数值预报开始较早，但像数值天气预报那样，开展国家级的日常性、综合性、业务性的海洋环境数值预报也仅仅始于 20 世纪 70 年代。彼时的美国提出，要在 20 世纪 80 年代使海洋环境数值预报达到 60 年代天气数值预报的水平。海洋环境数值预报的发展之所以晚于天气数值预报多年，一是因为当时除航运、捕捞以外，海洋的开发相对滞后，不可能对海洋环境数值预报提出过多需求；二是海洋环境数值预报必须建立在对海洋运动规律深入研究的基础上，而要从物理上了解海洋，则必须要有观察海洋实际变化的手段。在浮标、遥测、遥感等新技术发展之前，不可能取得所需的同步、实时、大面积的海洋状况信息。进入20 世纪 70 年代末，对于海洋环境数值预报的需求与可能都发生了明显的变化，从而促使海洋环境数值预报被提上日程。

海洋环境数值预测起步虽晚，但发展却很快。美国海军方面已开展了全球性的海浪、洋流预报，并已开始转向民用。美国国家气象中心于 1985年设立了海洋环境预报机构。法国、日本、马来西亚、新西兰、挪威、瑞典等国家也开始发布海浪业务预报。各主要海洋国家已建立或正在筹建日常的海洋数值预报业务，一些发达国家已初步形成了本国的海洋环境数值预报系统。

新中国成立以后，特别是 20 世纪 60 年代中期至 80 年代，我国国家海洋局、中科院以及涉海高校等单位在海洋调查方面开展了许多工作，对海浪、海流、海温和风暴潮的预报做了大量研究。1964 年国家海洋局成立后，在北京建立了海洋预报总台，即现在的海洋环境预报中心。其后又在青岛、上海、广州建立了三个海区预报台，调整充实了沿海观测站，同时开展了海洋观测浮标、平台的研制，初步形成了我国海洋预报系统，并对我国沿岸、近海和特定洋区开展预报服务。然而，我国海洋资料的收集、信息传递、数据编绘处理、预报发布的手段十分落后，预报方法也是经验和统计性的，预报范围和项目多属近海的专业性项目。

面对经济社会发展的迫切需求以及海洋环境数值预报的重要作用，1986 年，我国启动了"七五"国家科技攻关项目（第 76 项）"海洋环境数值预报"。这是自"六五"推出科技攻关计划以来，国家安排的首个海洋领域的科技攻关重点项目。文圣常承担了该项目的重中之重——"海浪数值预报方法研究"。

海浪预报是海洋环境预报的重要组成部分，根据 1983 年英国海洋科学研究所海洋情报与咨询服务处的统计，当时西方国家有 23 种海浪预报方法，仅美国就有 8 种，如果考虑苏联和我国使用的方法，则数量更大。自 20 世纪 60 年代末，以海浪谱、海浪生成机制以及波－波非线性相互作用等概念为基础的数值预报方法成为主流的研究与发展方向。在第一代模型中（如非耦合传播模型），大气输入的能量为源函数的主要部分。在第二代模型中，波－波间的能量传递取代大气输入，成为谱中能量分配的主要因素。此种方法分为耦合混合型（CH）及耦合离散型（CD）两类，其主要缺陷为需要预先对谱形做某些假定。针对此缺点，欧洲海浪专家提出"海浪模型计划"以发展第三代的 CD 模式。1984 年，由 7 个国家的专家组成的海浪模型计划（SWAP）组，对 9 种第二代深水海浪数值模型进行检验和对比。1985 年，由 4 个欧洲国家的专家组成浅水对比（SWIM）组，就 3 个浅水数值模型进行对比。但以上两种对比的主要目的仅仅是为寻求改进途径。

以谱传输方程为代表的海浪数值模式是基于物理过程的，根据对四波相互作用的不同考虑，学术界把海浪模式划分为三个代际，第一代，不考虑四波相互作用，或认为其作用不显著；第二代，认为四波相互作用相对重要，但在计算时需要预先指定谱的形式；第三代，认为四波互相作用起重要作用，且对谱形不加限制，直接由谱传输方程数值求解出谱值。当时西方发达国家普遍采用的海浪数值预报模式便是自 1988 年发展起来的第三代海浪模式——WAM 模式，但该模式的源函数不易精确计算，不同作者的取值可相差十几倍。同时，该模式对谱的"尾"部取为固定形式，实质上对谱形作了限制。加之该模式对计算机的性能要求较高，需用的计算机时长也很多，由于当时西方发达国家对我国进行技术封锁和设备禁运，使得该模式在我国无法推行。所以，我国的海浪学者只能自力更生开创一种契合我国发展实际的新模式。

我国学者于 20 世纪 50 年代初开始研究海浪预报方法。1965 年，国家科委海洋组汇集 7 个单位的人力成立海浪预报方法研究组，把当时的能量方法和谱方法结合起来，提出一套风浪、涌计算方法和预报手段并进行业务试报，该方法的精确度至少可与当时的国外方法相当。此法在国内应用较广，并为我国海港设计规范采用。1977 年，国家海洋局组织多单位科研人员成立了海浪会战组，提出一种海浪数值预报模式，其中仍采用 1965 年会战时提出的参数风浪谱。直至 20 世纪 80 年代中期，我国的海浪预报工作在基础理论、模式、设备手段等方面均明显落后于国际先进水平。

正是在这种形势下，文圣常毅然接受了新型海浪数值预报方法的研究工作。文圣常深刻分析了国际和国内海浪预报模式的优点与不足，并充分结合自己的研究能力、水平和试验条件制订了严格详细的研究计划，带领团队成员全身心地投入到海浪数值预报的研发中。科研面前，他们精益求精、一丝不苟，对待每一部分的计算都反复验算核实。如风浪计算公式提出后，立即用不同水深、不同风速下的模型风场进行计算，并确认计算结果与方程式中给定的风与浪关系一致（误差不超过 5%）；经反复调试，风浪谱组成波个数的选取分解前后的误差不超过 2%；设想的几种涌浪传播形式均作模型风场计算，检查计算结果是否合理准确；为了判断相关方法用于预报的能力，自行研制了风场诊断预报模式，并购买大量气象资料，在几种主要天气形势下的 11 个天气过程的风场计算海浪场，认真检查分析计算结果；为了考核方法的可靠性，重复计算 11 个天气过程的浪场。所有计算结果均绘制成几种图，供分析比较和检验。此外，他们还严格要求预报产品的业务化功能，严格按照时间及要求完成了转入 Cyber 机及连结气象场。

区别于西方海浪研究中把影响海浪成长、消衰过程的因素划分成若干份，并且每一份都需要研究者经验配合的做法，文圣常独辟蹊径，把整个过程综合起来考虑，把所有的影响因素归结为一个整体，通过观测或经验来判断。有学者说，这就好比西医和中医的差别，西医讲究"头疼医头、脚疼医脚"，划分为不同的部分解决问题；中医则把人体看作一个有机整体，注重调理，综合施治。在海浪学研究领域，文圣常这一新颖的思维方式被日本海洋学家鸟羽良明誉为"东方思想体系的结晶"。依靠这一独特的科研思维，文圣常提出了一种"新型混合型海浪数值模式"。该模式除了具有构思新颖、精度高、使用方便等特点，还存在两大优势："一是可靠性。由于以可靠的风浪成长经验关系得到源函数，取代通常逐项计算源函数，避免了复杂的、难以精确的计算手续，使模式的精度得到根本的保证。二是节约机时。由于综合性源函数避免了直接计算波－波相互作用，节省大量的计算量，在相同条件下所用机时仅约为 WAM 模式的 1/60。"[①]同时，这一模式还设定了一系列必要的参数，以确保计算的稳定。对之前经验预报中关于风浪与涌浪相互转换存在的缺陷与不足，文圣常也在该模式中做出了比较恰当的处理。

历经 5 年坚持不懈攻关，年逾花甲的文圣常带领团队在海浪数值预报领域取得了重大突破。在 1990 年 11 月 27—28 日举行的鉴定验收会上，专家组认为他们研发的模式在概念和方法上均有很大创新，在 Cyber180/840 计算机上进行 72 小时预报需要的机时远小于合同要求，一致认为该研究成果达到国际先进水平，部分内容达到国际领先水平，并被国家科委列为重大科技成果。

新型混合型海浪数值模式的提出，不仅有效克服了当时我国计算机运行水平较低的困难，而且使我国的海浪预报模式从传统的经验预报迈向了数值预报，在这一领域实现了质的飞跃。由于该模式经过大量各种天

---

① 管长龙：我国海浪理论及预报研究的回顾与展望。《青岛海洋大学学报》（自然科学版），2000 年第 30 卷第 4 期，第 550 页。

气过程的试报、预报和后报检
验，稳定性好、精确度高、适
用性强，很快便在国家和地区
性海洋预报中心投入业务化应
用。而文圣常的这一创新成果
不仅在国内得到比较广泛的应
用和好评，还在国际上引发了
强烈反响，受到苏联、韩国
专家的重视。苏联功勋科学

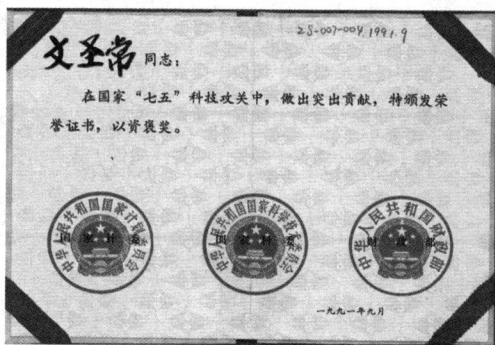

图 6-1　1991 年 9 月，文圣常获得国家"七五"
科技攻关荣誉证书

家 Davidon 评价说："此方法给予我们工作很大启发，会使我们少走弯路。"
当时，这一方法还被苏联远东水文气象研究所用于日本海风浪预报研究工
作，并计划在苏联远东水文气象预报中心应用。

20 世纪最后十年，联合国教科文组织提出了"国际减灾十年"的号
召，这与文圣常一直以来倡导的从中国海洋事业的实情出发，研究海洋灾
害、减少损失、造福人类的想法不谋而合。顺应国际趋势，为减轻和防止
海洋灾害，国家在"八五"科技攻关项目"灾害性海洋环境数值预报及近
海环境关键技术研究"中设置了核心课题"灾害性海洋环境数值预报模式
研究及业务化"，已迈入古稀之年的文圣常主持承担了这一核心课题的第
一专题"灾害性海浪客观分析、四维同化和数值预报产品的研制"。他希
望通过自己的努力，在"七五"攻关海浪数值预报研究的基础上进行预报
系统的改进和功能完善，增加业务化预报所需的海浪客观分析、四维同化
等研究内容，以提高预报精度。

研究过程中，文圣常十分注重学科间的交叉与融合，吸引不同学科、
不同方向的学者参与进来，携手把工作做好。历经 5 年矢志不移、埋头苦
干，他带领团队建立了从资料客观分析、同化、初值化到预报产品图像显
示的可供业务化海浪数值预报使用的预报系统，并对该预报系统进行了广
泛的性能检验。1995 年 11 月 19 日，在青岛举行的专题验收会上，验收组
对该专题取得的创新成果给予充分肯定：

该专题组研制的"灾害性海浪数值预报业务系统"能适应于温带气旋、寒潮大风及台风过程的海浪预报。该系统运行稳定，其预报精度比"七五"产品有所提高；并能节约计算机时，在 Cyber-855 上 72 小时预报所用机时约为 13 分钟，远少于合同限定的 CPU 时间。

该专题组承担的灾害性近岸海浪数值预报方法和微机化海浪数值预报系统已按攻关指标完成任务。

试报实践表明，研制的产品适用性强，用途广泛，受到使用单位好评。

验收组一致同意通过该专题的验收。

通过"七五""八五"科技攻关，文圣常团队使我国海浪预报工作摆脱了长期使用的经验外推方法，而进入发达国家先进海浪预报技术的行列。他研发的海浪数值预报方法陆续在国家海洋环境预报中心、青岛海洋预报台和渤海石油公司工程部进行试用，并被纳入中国远洋运输（集团）总公司的船舶防避台风决策系统，还曾为在东海作业的美国德士古石油公司进行预报服务。此外，他们还受全国水运工程标准技术委员会委托，举办有关培训班，传授此方法供近岸工程使用。1995 年，国家海洋环境预报中心先后将该海浪数值预报成果在广州、上海、青岛和海口 4 个海洋预报区台分别组装成灾害性巨浪数值预报系统，供日常业务预报使用。这些数值预报产品产生了显著的社会效益和潜在的经济效益，在我国防灾减灾中发挥了重要作用。

对于海浪数值模式的研究，文圣常并没有就此止步，而是想方设法使其不断完善，以达到适应我国海洋事业不断发展的需要。考虑到新型混合型海浪数值模式是为了弥补第三代海浪模式中存在的不足而提出的，尽管方式较为科学合理，但在处理风浪与涌浪的转换时依然具有一定的主观人为性。有鉴于此，1999 年前后，文圣常带领团队在选定风浪方向谱的基础上提出了一种构建海浪数值模式的新途径。他们所建立的模式是一个二维谱模式，该模式的后报数据与现场观测值契合较好，并且与第三代模式相比，这一新型二维谱模式更易于改进和节省时间。

1996 年左右，文圣常又承担了新的科研项目——"近岸带灾害性动力环境的数值模拟技术和优化评估技术研究"，并亲自参与该项目子课题"近岸带浪、流、水位联合计算方法研究"工作，以无须扬鞭自奋蹄的精神气概出色地完成了研究任务，并发表了多篇涉及深、浅水风浪方向谱的学术论文，提出了"浅水风浪谱""基于选定风浪方向谱的海浪模拟方法"等系列创新性理论，令人敬佩不已。

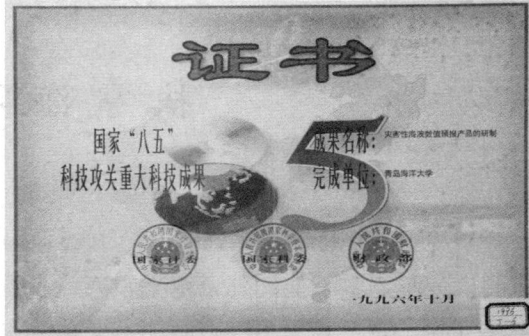

图 6-2 1996 年 10 月，文圣常研发的成果荣获国家"八五"科技攻关重大科技成果奖

基于这一系列成果的重要价值和领先水平，以及文圣常本人在"七五""八五"科技攻关中的卓越贡献，他和团队先后获得国家"七五"科技攻关集体荣誉证书、国家"七五"科技攻关重大成果奖、国家"八五"科技攻关重大成果奖、联合国技术信息促进系统中国国家分部"发明创新科技之星奖"、国家教委科技进步奖一等奖和国家科技进步奖三等奖；文圣常本人获得国家"七五"科技攻关突出贡献者、"八五"科技攻关先进个人等荣誉称号。

图 6-3 1996 年 10 月，文圣常团队获联合国技术信息促进系统中国国家分部"发明创新科技之星奖"

1993 年，文圣常当选中国科学院院士，这也是中国海洋大学历史上的第一位院士。

执 掌 海 院

1979 年 9 月，文圣常被任命为山东海洋学院副院长。任命时学校没有明确分工，鉴于他的外语水平较高，学校就把对外合作交流工作交他负责。其间，除了参加中国政府组织的海洋系统的出国科学考察，文圣常还积极与发达国家的高校和涉海科研院所联系、接洽，加强交流，促成校际合作。

1983 年 8 月 15—27 日，国际大地测量和地球物理学联合会（IUGG）第 18 届大会在德国汉堡举行，文圣常以国际海洋物理科学协会（IAPSO）分团长的身份出席会议并宣读论文。在这次大会上，作为会议承办者之一

图 6-4　20 世纪 80 年代，文圣常主持国际海洋科学教育会议

的德国汉堡大学的 Sündermann 教授与文圣常会面，双方交谈融洽，就两校合作达成了初步意向。此后，两人书信往来频繁。1985 年，文圣常邀请 Sündermann 来华讲学，Sündermann 在山东海洋学院就海洋中的物理、生物、化学过程作了一系列报告。1986 年 7—8 月，Sündermann 再次来华讲学，并开设了一门课程，双方就合作事宜进一步细化商讨。同年 11 月，在青岛召开的国际浅海动力学会议上，Sündermann 受邀进行特邀报告，并在 11 月 6 日与文圣常签署了第一份正式合作协议，这一合作受到

国家海洋局和德意志研究联合会（DFG）的支持。随后，Sündermann 访问国家海洋局，表达了德国海洋界与中国海洋界合作的愿望。在 1987 年中德政府签订的科技合作协定框架下，当年 2 月在北京召开首届中德两国政府间海洋科技合作联合委员会，自此，Sündermann 作为德方主要科学家，多次参与会议，促进了与中国的海洋科技合作。多年来，Sündermann 教授领导的汉堡大学海洋与气候中心、海洋研究所与中国海洋大学连续开展了胶州湾的环流与输运、渤海的环流与输运、渤海生态系统动力学分析和模拟研究、大气中的中尺度环流和输运、黄河水沙锐减对黄河三角洲的影响等 11 个合作项目，并将他们在欧洲北海的研究经验引入中国。其中，由 Sündermann 和冯士筰 [①] 领导的"渤海生态系统分析与模型研究（AMBIO）"在渤海进行了两次大规模联合调查，德方在人、财、物方面给予中方有力支持，研究成果在国际 SCI 源期刊 *Journal of Marine System* 出版专集，引起强烈反响，并在促进中国海洋大学生态系统动力学研究水平提升、开展跨学科研究方面发挥了极其重要的作用。在文圣常与

图 6-5　1988 年 7 月，Sündermann（左五）访问青岛海洋大学时与文圣常（右五）及学校
领导和教授合影

① 冯士筰（1937- ），天津人。中国科学院院士，物理海洋学家和环境海洋学家，中国风暴潮研究的开拓者之一，我国环境海洋学学位点的倡导者和主要创建人，中国海洋大学教授、博士生导师。1962 年毕业于清华大学工程力学数学系流体力学专业，同年到山东海洋学院（现中国海洋大学）任教。

Sündermann 开创的中德两所大学良好合作的基础上，中国海洋大学不仅科学研究硕果累累，而且人才培养收获颇丰。陆续派出近 30 名师生到德国访学或攻读学位，使他们开阔了视野、增长了才干，后来大多成长为我国海洋科教领域的领军人才和骨干力量。

2004 年 8 月 5 日，中国海洋大学和德国汉堡大学在海洋科学领域合作 20 周年庆祝活动在青岛举行。为感谢 Sündermann 教授对两校间合作与交流做出的突出贡献，中国海洋大学向他颁发了荣誉证书。为感谢 Sündermann 教授对我国建设事业的热情支持和在友好合作中所做出的贡献，2009 年 9 月，国家外国专家局授予他"中国政府友谊奖"。

今天，中国海洋大学与德国高校和科研院所的交流合作更加频繁密切，特别是在 2011 年 2 月 24 日，以协调促进中德双方海洋科学领域相关科研学术机构与企业组织间的合作与联络活动，加强中德双方在海洋科学高等教育与研究领域的合作为宗旨的"中德海洋科学中心"揭牌成立，标志着中国海洋大学和德国的合作愈加巩固且成效显著，而仔细探究这些丰硕合作成果产生的源头，则离不开 20 世纪 80 年代文圣常奠定的坚实基础。

作为学院的副院长，文圣常还负责一部分教学工作。为改革教学，他亲自搜集查阅资料，研究分析国外海洋科技教育的现状和发展趋势，整理成参考资料，供学校决策和教师教学之用。每当别人对他的辛勤付出给予赞扬和肯定时，他总是说："我没做多少工作。院里的工作，是教务处等部门同志做得多；系里的工作，是其他同志做的，是党总支保证的好。"[1] 1981 年 11 月，经国务院批准，山东海洋学院成为全国首批拥有博士和硕士授予权的 151 个单位之一，物理海洋学成为该校首个具有博士学位授予权的学科，文圣常成为该校第一位博士生导师。

这一时期，在党和国家系列开明政策的感召下，在学校事业发展的鼓舞下，特别是党组织对他的重视和信任，使文圣常在思想上逐步树立了为实现共产主义理想而努力奋斗的信心，在这一信念的指引下，他积极主动

---

[1]　林乐夫：理想与归宿——文圣常教授光荣入党记。《山东海洋学院报》，1983 年 3 月 26 日。

图 6-6　1984 年，文圣常（中）与来访的远东科学院学者合影

地向党组织靠拢，希望成为一名中国共产党党员。他在入党申请书中写道："从本质上来看，我是追求真理的；在价值标准上，我希望追求高尚的东西；在行动上，我是勤奋的，认为剥削别人的劳动是羞耻的。总之，共产主义的理想，应当也是我的理想。"[1] 1983 年 2 月 22 日，62 岁的文圣常光荣地加入了中国共产党，这位为崇高理想奋斗了多年的老知识分子终于在政治上得到了归宿。他激动地说道："我为党、为人民有效地工作的时间愈来愈少了。我要珍惜余下的时间，决心将有生之年奉献给党和人民的事业。"[2]

文圣常的勤勉工作赢得了师生的认可和上级组织的肯定，1984 年 4 月，文圣常奉命担任山东海洋学院院长。这一时期，在他的带领下，山东海洋学院的对外合作交流更加频繁密切，他亲自率队前往美国、中国香港等地调研，学习办学经验，洽谈科研合作。1987 年，在他即将卸任院长

---

[1]　文圣常入党申请书。存于中国海洋大学。

[2]　林乐夫：理想与归宿——文圣常教授光荣入党记。《山东海洋学院报》，1983 年 3 月 26 日。

的最后一个月，他还密集访问了美国查尔斯顿学院、马里兰大学、德拉威尔大学、华盛顿大学、俄勒冈州立大学、美国国家地质调查局、斯坦福大学、香港中文大学等多所高校和科研机构。在查尔斯顿学院访问期间，他与海洋资源研究所签署了合作进行水产养殖研究的意向书；同马里兰大学签署了校际交流协议；在德拉威尔大学为该校师生作报告《山东海洋学院的昨天、今天和明天》；在华盛顿大学，与该校负责人深入交流，肯定了已有的双边合作，并明确了继续进行合作的项目，商定了 1988 年继续由华盛顿大学提供鱼卵的具体计划；在俄勒冈州立大学访问期间，与该校负责人就 1987 年秋季两校将要联合开展的"中美渤海中南部及黄河口海域沉积动力学合作研究"第三航次的具体实施方案进行了论证；在美国国家地质调查局访问期间，不仅聘任该局的研究员为山东海洋学院客座教授，还就旧金山湾湾流及污染防控问题进行了学术交流。由此可以看出，在推动山东海洋学院的对外合作交流方面，文圣常是本着积极、务实、高效的原则进行的，在一次行程中集中完成多项工作，既节约了时间，也为国家节省了开支。

在文圣常支持促成的与国外高校的合作项目中，与美国俄勒冈州立大学的合作是最富有成效的校际合作之一。1985 年 6 月，山东海洋学院与美国俄勒冈州立大学合作开展"渤海中南部及黄河口海域沉积动力学研究"第一次考察，历时 12 天。这次考察获取了该海域大量的水文、地质、化学、生物等基础资料和样品。在这一过程中，美方的 George Keller 教授成为山东海洋学院亲密无间的朋友，更是对文圣常为人治学的态度赞赏不已，两人长期保持书信往来，或探讨科学问题，或致以亲切问候。1987 年，美国海

图 6-7　文圣常与美国俄勒冈州立大学 George Keller 教授合影

洋学界在有关工作总结中指出，在与中国的国际合作中，与山东海洋学院的合作是最富有成效的。

此外，这一时期的山东海洋学院在科学研究、服务地方等方面也成绩卓著。"海带单倍体的应用""栉孔扇贝人

图6-8　1984年，文圣常考察黄河三角洲（左起：侯国本、任美锷、文圣常、高荣生）

工采苗研究"、海洋新药"藻酸双酯钠（PSS）"的研制等均获得重大突破；侯国本 [1] 教授牵头提交的《黄河三角洲无潮区深水港港址可行性研究报告》获国家政府部门的采纳，使东营港建设提上日程。在基础建设方面，1984年5月，学校获得了世界银行贷款支持，依靠这笔资金启动了物理海洋实验楼的建设。为建造一个高标准的风浪流实验水槽，文圣常组织专家学者多方调研、充分论证，借鉴美国、日本等发达国家的先进经验，最终建成了长达65米的水槽，成为全国之最；1985年9月10日，学校新建图书馆正式开馆。此外，学校的电教及精密仪器楼也正式开工建造，国家教委批复同意学校在徐家麦岛征地300亩，进一步扩大办学规模，并于1986年成立了分部筹建处，着手分部的征地、规划和筹建等工作。

可以说，在文圣常执掌山东海洋学院的3年时间里，山东海洋学院在治校方略、人才培养理念和国际合作交流等方面皆开展了有益的探索、改革和实践，他凭着自己新颖的思路、务实的作风、昂扬的斗志带领广大师生乘风破浪、勇往直前。

————————

　　[1]　侯国本（1918-2007），山东即墨人。水利工程和海洋工程专家。1947年毕业于西北工学院水利工程系。新中国成立后，历任山东大学、青岛工学院、西安交通大学讲师，山东海洋学院讲师、副教授、教授、河口及海岸带研究所副所长等职。为国内外水利、海岸工程和港口选址进行过多项实验和研究。

基 石 之 功

中国海洋大学的海洋科学学科源远流长，历经多年建设与发展，取得的成就令世人瞩目，如今过去的跟跑者已成为国际海洋科学的并跑者，并正努力成为海洋多尺度动力过程与气候领域的领跑者。

薪火相传，厚积薄发。今天这一成熟、完善的学科体系之所以呈现欣欣向荣的繁盛景象，离不开赫崇本、文圣常等老一辈海洋学家的奠基之功，一代代后来人，正是在他们奠定的基础之上坚守谋海济国的梦想，接续奋斗，屡攀高峰，不断书写向海图强的华美乐章。

1946 年，山东大学、厦门大学分别创立了海洋研究所。厦门大学还设立了海洋系，这是中国第一个海洋系，标志着中国海洋科学高等教育正式起航。1952 年全国高校院系调整时，厦门大学海洋系理化组 21 名师生在系主任唐世凤的带领下北上青岛，与山东大学海洋研究所合并成立山东大学海洋学系，赫崇本担任系主任，并设置物理海洋学专业。在此后近 20 年，这一直是国内唯一的一个物理海洋学专业。初创时的山东大学海洋系只有教授 2 人、助教 2 人，共 6 名职工和 10 册图书及 25 张挂图。1953 年，山东大学物理系天文气象组并入海洋学系，一方面加强了海洋动力学方面的研究，更重要的是奠定了海洋与大气学科融合的基础。

1953 年 10 月，文圣常等调入山东大学海洋学系。后经全系上下的努力，到 1958 年教师发展到 29 人，其中讲师以上职称达 12 人，图书增加到 4000 册，中外期刊 208 种，并组建了海洋调查、海洋学、动力海洋学、气象学和天气学等教研室。文圣常担任动力海洋学教研室主任。

1958 年 10 月，山东大学主体迁往济南，留在青岛的海洋系和其他部分专业于 1959 年成立了山东海洋学院，原来的物理海洋学专业更名为海洋水文学专业。而后，物理海洋专业内的气象组扩建为海洋气象专业，系名改为海洋水文气象学系，学制 4 年。1960 年，海洋水文学、海洋气象学专业开始招收研究生。

图 6-9　1989 年 4 月，物理海洋与海洋气象学系部分教师合影（二排右五为文圣常）

　　20 世纪 60 年代，正值全国开展"工业学大庆""农业学大寨"运动。在山东海洋学院，文圣常所在的动力海洋学教研室无论是学生培养还是年轻教师培养工作都堪称模范教研室，被奉为学校的"大庆教研室"。文圣常不仅以身作则地为学生讲好海浪学这门专业核心课，还与教研室的同事一起制订了严格的教学计划。据冯士筰回忆，1962 年，冯士筰初到山东海洋学院时接到的首次教学任务就是当辅导老师。

　　　当时水文与气象两个专业的流体力学课由王景明先生统一主讲，作为第一辅导老师的余宙文 ① 和作为第二辅导老师的我辅导水文班，而作为第一辅导老师的劳治声 ② 和作为第二辅导老师的方欣华辅导气

---

　　① 余宙文（1939-），广东梅县人。研究员，主要研究领域为物理海洋学。1957-1961 年在山东大学和山东海洋学院海洋系学习，1961 年毕业后留山东海洋学院海洋水文气象学系任教。1985-1988 年在美国特拉华大学进行学术访问，1989-1993 年任国家海洋局科学技术司司长，1993-1995 年任国家海洋环境预报中心主任兼国家海洋局科学技术司司长，1995-2000 年任国家海洋环境预报中心主任。

　　② 劳治声（1937-），广西合浦县人。教授，主要研究方向为物理海洋学。1955-1959 年在山东大学和山东海洋学院海洋系就读，毕业后留校任教。1963 年调任上海水产大学，"文化大革命"后调任华东师范大学河口海岸研究所。

象班。我和方欣华之所以作为第二辅导老师，一方面当然是为了加强对学生的辅导力量，另一方面又要对学生负责、保证辅导质量，同时我们自身也还应有个跟着有经验的辅导老师实习的过程。王景明先生是全校师生公认最有学问、讲课最好的老师之一，而余宙文老师乃当时全校公认最有才华的年轻教师，是重点教师中的重点，劳治声老师更是德才兼备，再加上我们两个流体力学专业毕业的年轻教师参加辅导，可见系里、教研室和文圣常先生安排的流体力学授课和辅导老师是一个多么庞大的阵容，真可谓对教学足够严肃、认真和重视了！[①]

这一时期，文圣常还与其他教师一起编写了《普通海洋学》《动力海洋学》《波浪学》和《天气学》等教材。同时，80多名师生、员工参加了历时2年的全国海洋综合调查，比较全面地了解和掌握了各种海洋环境要素的分布及其变化规律，为我国海洋科学研究和海洋开发利用提供了基础资料，成为我国海洋科学史上的一次壮举。

当时动力海洋学教研室的海浪教研组以文圣常、江克平较为年长，其余的如王滋然、张大错、徐德伦、余宙文、蒋德才等皆是刚毕业不久的年轻教师。流体力学教研组除王景明较为年长外，劳治声、李心铭、冯士筰、孙文心、方欣华、魏守林等都是年轻教师。为了使年轻教师尽快成长起来，能胜任系里的教学和研究工作，文圣常制定了周密的年轻教师培养方案，一方面通过让他们给学生担任辅导老师，查漏补缺，实现教学相长；另一方面与系里的其他几位较年长的教师一起为年轻教师授课，为他们打牢数理基础、构建起合理的知识体系。据余宙文回忆，他参加工作的前3—4年主要以这种进修为主。文圣常不仅亲自给他们讲课，还邀请系里的其他知名教授给他们讲课，并且还要进行考试。得益于这种严格的进修，动力海洋学教研室的年轻教师奠定了坚实的数理基础，后来他们大多成长为我国物理海洋学领域的领军人才或骨干力量。遗憾的是，后来受政治运动干扰，这一培养人才的方式不幸中断。

---

① 冯士筰：学为人师　行为世范。见：魏世江主编，《走进海大园·魂牵梦萦篇》。青岛：中国海洋大学出版社，2007年，第189页。

我相信，当时要是文先生的这一培养计划能够继续下去，我校的物理海洋学发展或许会提前 10 到 15 年与国际接轨，更早地跻身于世界物理海洋学科学之林，为物理海洋学的学科发展作出更大贡献。[①]

"文化大革命"期间，海洋水文气象学系的教学与科研工作均遭受冲击，直至粉碎"四人帮"之后，系里的各项工作才逐渐转入正规。

1977 年恢复高考后，海洋水文气象学系步入发展新阶段。1980 年，海洋水文学专业复名物理海洋学，系名更为物理海洋学与海洋气象学系。1981 年，经国务院批准，山东海洋学院成为全国首批具有博士和硕士学位授予权的 151 个单位之一，物理海洋学专业成为我国首批博士点，文圣常成为学院首位博士生导师。

1978 年年末，教育部提出将高校建设成培养学生和科学研究的两个中心，根据国家需求建立高校科学研究机构。1983 年 10 月，经教育部批准，山东海洋学院成立物理海洋研究所、河口海岸带研究所，文圣常兼任物理海洋研究所所长，赫崇本兼任河口海岸带研究所所长。物理海洋研究所下设海浪、浅海动力学、海—气相互作用 3 个研究室以及海洋内波、潮汐、海水混合、地球物理流体力学、大洋环流等 6 个独立的研究组。根据教学和科研分工，物理海洋研究所的人员用 2/3 的时间和精力搞科研，兼顾教学；留在系里的教师们用 2/3 的时间和精力从事教学，兼顾科研。"当时对研究所和系里人员进行了划分，并且规定过几年之后再进行轮换。人是活的，研究所和系是死的，好比铁打的营盘流水的兵。"[②]

物理海洋研究所初创之时，文圣常、张大错是海浪研究室的主要成员。作为海浪研究室的主要创建者之一，张大错既是文圣常的主要助手，也是海浪研究室的主任。随后，台伟涛、陈伯海、郭佩芳、王伟加入海浪研究室。20 世纪 90 年代以后，吴克俭、管长龙、赵栋梁、孙健等陆续加入这一海浪研究队伍中。作为重要的研究平台，1990 年，该所被国家教委和国家

---

① 冯士筰：学为人师　行为世范。见：魏世江主编，《走进海大园·魂牵梦萦篇》。青岛：中国海洋大学出版社，2007 年，第 190 页。

② 冯士筰访谈，2021 年 1 月 21 日，青岛。资料存于采集工程数据库。

科委联合授予"全国高等学校科技工作先进集体"荣誉称号，1991年又被山东省授予"科研工作先进集体"称号。在建设与发展中，物理海洋研究所逐渐成为推动山东海洋学院物理海洋学科稳步发展的重要支撑。

1984年，为支持基础研究和应用基础研究，国家计委组织依托原有基础实施了国家重点实验室建设计划，主要任务是在教育部、中科院等部门的有关大学和研究所中建设一批国家重点实验室。同年，山东大学晶体材料国家重点实验室、中山大学超快速激光光谱学国家重点实验室等10所国家重点实验室获批建设。一时之间，实验室建设成为各高校竞相角逐的热点。1984年，山东海洋学院被批准为世界银行贷款第二批项目院校，重点支持学校建设物理海洋实验室、物理海洋实验楼。1987年，山东海洋学院成立物理海洋实验室。1988年，物理海洋学专业成为首批国家级重点学科，设海洋科学博士后流动站。1989年，物理海洋实验室成为国家教委开放研究实验室。历经多年的传承与发展，1993年，青岛海洋大学成立了海洋环境学院，下设海洋学系、海洋气象学系、物理海洋研究所、海洋环境科学研究所、物理海洋实验室，冯士筰任院长，文圣常任名誉院长。

1999年，为了加强和规范对原国家教委开放研究实验室的管理，使这些实验室的名称更加科学，便于其与国际研究机构进行学术交流，教育部将青岛海洋大学物理海洋实验室等38个实验室列为首批教育部重点实验室。

图6-10　1993年4月26日，施正铿校长和文圣常名誉院长为青岛海洋大学海洋环境学院揭牌

时光荏苒，物换星移。历经一代代人的努力与付出，中国海洋大学的海洋科学学科在历次全国学科评估中均位列全国第一，根据2019年软科世界一流学科排名，中国海洋大学海洋科学学科位列全球高校第6；物理海洋学领域的

创新成果见诸 *Science*、*Nature* 等国际著名期刊的频率持续攀升，物理海洋学科已跻身国际前沿，并带动了学校其他学科的进步与发展。海洋与大气学院、物理海洋教育部重点实验室无论是为国家培养海洋事业的领军人才和骨干力量，还是立足国际前沿，围绕科技发展动态和国家重大战略需求开展海洋动力过程的演变机理及其气候效应的基础研究，均是当之无愧的佼佼者。

饮水思源，缘木思本。今天，人们在赞叹中国海洋大学海洋科学学科骄人成绩和繁盛发展局面的同时，亦对文圣常的奠基之功念念不忘。

著书立言以济世

"浩海求索、立言济世"是文圣常给中国海洋大学海洋与大气学院题写的院训，用这 8 个字来形容文圣常在我国乃至世界海浪研究领域走过的曲折历程、作出的卓越贡献也是十分恰当的。

20 世纪 50 年代末，经过一段时间的潜心研究和积累，文圣常对于海浪有了更加深入的了解和掌握。作为一个在第二次世界大战期间刚刚兴起的学科，海浪科学虽然很年轻，但是却密切关系着人类的社会活动，远洋运输、港口建设、海洋石油开采、海洋环境监测等都离不开海浪这一要素。但是，当时国际上对于海浪的研究却是分散的，而且有时不同的科研人员提出的理论甚至是矛盾的。为了使刚刚起步的中国海浪研究成系统、有规律的发展，为了给国内学者查阅文献提供便利和指导，文圣常结合多年来在山东大学、山东海洋学院给学生讲授波浪学、海浪原理及预报的讲义，撰写了《海浪原理》一书，并于 1962 年由山东人民出版社正式出版。他在该书的序言中写道：

> 海浪的研究，在过去不到二十年的时间内，已取得显著的进展，海浪理论的应用范围也日益扩大。但虽已发表了广泛的有关海浪的文

献，迄今尚无较全面地阐明其原理的专书。本书的目的即在于较系统地讨论海浪理论的发展。全书共分为九章：前三章说明研究海浪所需的液体波动理论的基础知识；其次三章分别讨论海浪要素的分布规律、海浪谱及海浪的能量来源与消耗；最后三章叙述风浪的成长、涌的传播及近岸波的变化。对这些问题已提出的理论很多，处理的方式各异；本书在取材与说明的方式等方面，可能过多地反映了作者个人的看法①。

在书中，文圣常系统而详细地介绍了海浪学的有关概念、计算方法和最新的研究进展情况，成为我国海洋学界开展科学研究和人才培养工作的重要指导用书。香港及国外华人学者对此书的水平及出版表示惊讶，最早开展海浪研究的美国的同类型著作出版于 1965 年，所以，文圣常的《海浪原理》当之无愧地成为世界上第一本海浪理论专著。

"文化大革命"期间，我国的海浪研究几乎停滞不前，但是西方发达国家则不然，陆续涌现出一大批新理论、新算法。为了使中国的海浪研究跟上世界步伐，不被西方国家落下，做到知己知彼，进而奋起直追，自 20 世纪 80 年代初，文圣常和他的同事余宙文开始搜集整理国内外关于海浪研究的相关资料。

　　文先生是一个非常认真、实事求是的人。编这本书的时候，他把能找到的有关海浪方面的材料都收集到了，把当时世界上关于海浪学的前沿状况全面、详细地融合到里面去。那时候真的是夏天酷暑、冬天严寒，尽管条件很差，但文先生依然潜心于资料的收集整理，许多草图都是一笔一笔地去画，再交给专业的绘图人员。②

回忆起当年与文圣常一起编书的经历，余宙文印象尤为深刻。

历经四年孜孜不倦地整理与编写，凝结着文圣常智慧和心血的海浪

---

① 文圣常：《海浪原理》。济南：山东人民出版社，1962 年，第 1 页。
② 余宙文访谈，2021 年 1 月 22 日，青岛。资料存于采集工程数据库。

学巨著《海浪理论与计算原理》于1984年由科学出版社出版。他在该书的序言中简要记述了编著这本书的初衷：

　　海浪研究的内容大致可分为理论和应用问题两部分。对于多数读者，接触此处所涉及文献的困难，除文献数量大和分散外，还表现为不易建立系统的概念。本书的目的即在于较系统地阐述海浪理论的发展和有关应用问题中涉及的计算原理 [1] 。

《海浪理论与计算原理》是"海洋湖沼科学理论丛书"的第一部，以独创的研究体系和近 100 万字的篇幅介评了当时海浪研究的系统成果，尤其在气－海界面两侧流场结构的章节内容安排上，可谓匠心独具。该书前三章侧重介绍液体波动的基本理论知识，一方面可直接用来近似地说明某些海浪现象，另一方面也为后面章节深入讨论海浪本身做好铺垫。第四章把海浪看作一个随机过程，采用谱的概念描

图 6-11　1984 年出版的《海浪理论与计算原理》

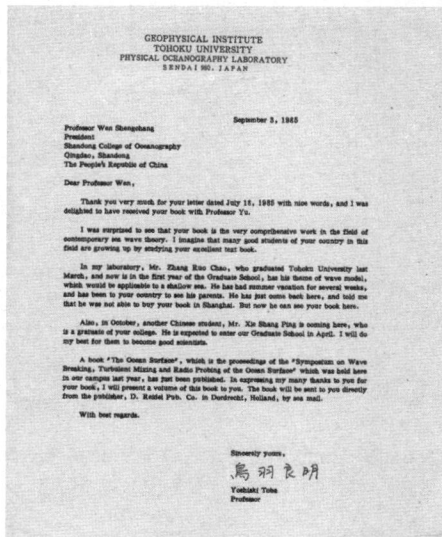

图 6-12　1985 年，日本海洋学家鸟羽良明给文圣常写信，高度评价他主编的《海浪理论与计算原理》

————————

[1]　文圣常，余宙文：《海浪理论与计算原理》。北京：科学出版社，1984 年，第 7 页。

述海浪的内部结构和外观上的统计特征。第五章着重探讨风和海浪的关系，运用流体动力学探讨风浪生成成长机制和采用理论的或者半理论的方法根据风计算海浪的原理。第六章讨论在地形影响下海浪于近岸发生的变化，包括以谱的观点说明折射、绕射、破碎以及海浪产生的近岸流系。在这部鸿篇巨制里，所引用的参考文献达 500 余篇，其中近 400 篇是 20 世纪 70 年代之后世界海浪学研究的最新成果。

当时我国正值改革开放初期，沿海城市发展日新月异，各类涉海工程和活动密集开展，该书的出版恰逢其时，为各类海洋工程实践和海洋环境预报提供了一定的理论与技术指导。同时，也成为广大海洋科技工作者和高校师生进行研究与学习的重要参考书。该书出版一年内即重印，仍供不应求。

台湾成功大学汤麟武教授曾将日本海洋学家光易恒[①] 教授所著的《海浪》一书译成中文在台湾出版，1992 年此书再版时，汤麟武做了部分增补，以反映当时国际海浪研究的最新进展，其中认为《海浪理论与计算原理》一书较汤麟武本人的《海浪》一书及"台湾出版的相关著作详尽而深入"，

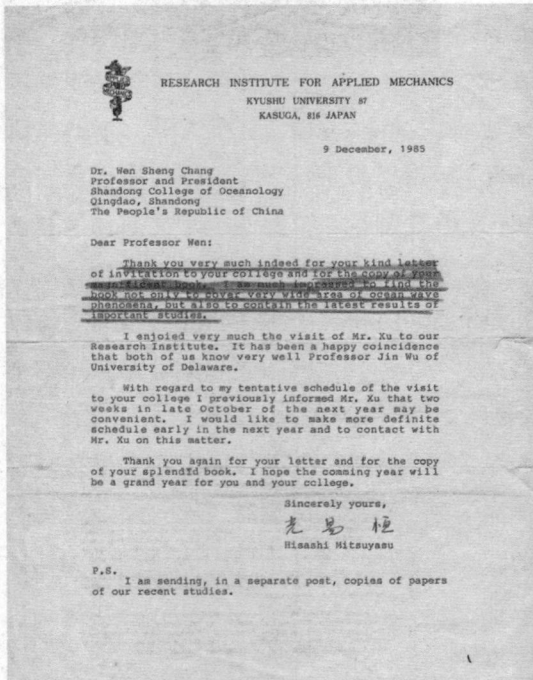

图 6-13　1985 年，日本海洋学家光易恒给文圣常写信，对《海浪理论与计算原理》表示赞赏

---

① 光易恒（1929-），著名海洋学家。1961 年获广岛大学理学博士学位，1962 年 2 月—1964 年 2 月为美国得克萨斯农工大学客座研究员，1965 年和 1969 年分别为九州大学应用力学研究所副教授和教授。曾于 1988 年获美国气象学会颁发的 Sverdrup 金奖，1993 年获日本海洋学会奖。最重要的工作是对风浪波高与周期对风区的依赖关系进行了详细研究，研制了苜蓿叶式波浪浮标，可对海浪方向谱进行更为准确的观测。

并深有感慨地指出"在台湾的有关人士，自译者起均应痛切反省"。作为继《海浪原理》之后，我国物理海洋学领域的又一精品力作，《海浪理论与计算原理》被人们誉为"海浪圣经"，先后荣获山东省科技进步奖一等奖、国家教委科技进步奖二等奖，直到今

图 6-14　1987 年 7 月，《海浪理论与计算原理》获国家教委科技进步奖二等奖

天仍然是海浪研究的经典著作。

迄今为止，国际上共有五大海浪名著，分别是于 1965 年出版，由美国学者 Kinsman 撰写的《风浪》；1976 年出版，由日本学者富永政英撰写的《海洋波动》；1978 年出版，由加拿大学者 LeBlond 和 MySak 撰写的《大洋波动》，以及文圣常的两本著作《海浪原理》和《海浪理论与计算原理》。他的这两本著作在国际上产生了强烈反响，不少旅美学者纷纷订购，并带到国外，作为研究生培养的参考书目。

作为一名大学教授，在开展海浪研究、不断推出创新理论成果的同时，文圣常也积极研究和推动教学改革与创新工作，陆续编写了《海浪学》《液体波动原理》《图解与近似计算》《海洋近岸工程》等教材，并积极参与学校的教学活动，为本科生、研究生授课，为国家和社会培养了大批优秀的海洋人才。

数十年来，文圣常始终秉承一颗立言济世的心，在我国海浪研究领域辛勤耕耘、不懈求索，攻克了一个又一个难题，攀上了一座又一座高峰，使我国的海浪研究始终引领时代潮流，并且做到了理论和实践相统一，极大地推动了我国海洋科技人才培养工作的进步和海洋事业的发展。

奖学金与教学楼

在中国海洋大学有一个令广大学子梦寐以求、使获得者引以为傲的顶级奖学金叫"文苑奖学金"。时至今天，该奖学金已经设立了 21 年，它的设立过程与文圣常密不可分。

"文苑奖学金"被中国海洋大学校长于志刚 ① 称之为"万字号"奖学金，即指全校一万余名本科生中每年仅有 3 人获此殊荣，所以这一奖项是极其珍贵的，在中国海大求学期间，只有足够优秀的学生才能获得这一奖项。而关于这一奖学金的来历，还要从 2000 年谈起。

2000 年 9 月 23 日，2000 年度何梁何利基金奖评选结果揭晓，文圣常获科学与技术进步奖，奖金为 20 万元港币。面对这一奖励，文圣常觉得自己为国家、为社会做的贡献还不够，即便取得了一些科研成果，也是大家一起协同努力的结果。既然荣誉给了他，也无法再改变，但是奖金不能收，于是，他决定把 20 万元港币全部捐给国家的教育事业，其中的 10 万元港币捐献给海洋大学，设立奖学金，用以奖励品学兼优、富有创造精神和实践能力的本科生，每年评选 3 人。关于奖学金的命名，学校建议以捐助者的名字命名，文圣常坚辞不就，最后采取了折中的办法，以他的姓开头定名为"文苑奖学金"。2000 年 12 月 28 日，中国海洋大学第一届"文苑奖学金"颁奖仪式举行。

为了使这一奖学金持久地流传下去，2006 年，文圣常给学校领导写信，表示想从自己的工资收入中拿出一部分补充到"文苑奖学金"，学校层面婉拒了他的提议。2006 年 11 月 16 日下午，中国海洋大学第七届"文苑奖学金"颁奖仪式如期举行，文圣常穿着夹克衫，随手拎着一个黑色塑

---

① 于志刚（1962-），山东莱阳人。化学海洋学家，主要从事海洋生物地球化学、海洋环境科学研究。1985 年毕业于清华大学，1988 年在南京化工学院获硕士学位，1999 年在青岛海洋大学获博士学位。1988 年在中国海洋大学任教至今，先后任校长助理、副校长、党委书记等职，2014 年 6 月起担任校长。

图 6-15　2008 年 11 月 27 日，文圣常（前排左三）参加第九届"文苑奖学金"颁奖仪式时与相关人员合影（刘邦华　摄）

料袋走进了颁奖现场。因为平时每当有人提出帮他拎包的时候，他都拒绝，所以这次谁也没太在意他拿的是什么。颁奖仪式结束后，文圣常拦住了时任校长吴德星[①] 和副校长于志刚，打开了那个黑色的塑料袋，里面放着 10 万元现金。他说，自己算了一笔账，以每年评选 3 名获奖学生、每人 5000 元奖金计，之前捐的那 10 万元港币基本用完了，所以他又从自己的工资里取了 10 万元，希望学校收下，作为后续的奖学金。此情此景令在场的每一个人都为之动容，校长说："即使钱用完了，这项奖学金我们也会一直评下去，不可能钱用完了，我们就不评了，这是一种精神的传承。"[②]但文圣常执意要求学校收下这 10 万元，学校最终尊重了他的意见。感动于文圣常院士高尚的品格、无私的奉献精神，当年的获奖学生之一张潇源同学从奖学金中拿出 2000 元在他所就读的环境科学与工程学院设立了"传承奖学金"，希望把以文圣常为代表的老一辈科学家追求真理、崇德守朴、

---

①　吴德星（1952-），山东无棣人。物理海洋学家，2019 年当选国际欧亚科学院院士，主要从事海洋环流动力学理论、数值模式与数据分析、船基海洋观测平台技术研究。1971 年进入山东海洋学院学习，1974 年大学毕业并留校任教，1983 年获海洋气象专业硕士学位，1992 年获物理海洋理学博士学位。2005-2014 年任中国海洋大学校长。

②　鞠红梅访谈，2017 年 9 月 15 日，青岛。资料存于采集工程数据库。

爱国爱校的精神永远传递下去。

2009 年 5 月 27 日，青岛市科学技术奖励大会召开，文圣常获得青岛市历史上首个科学技术最高奖，以奖励他数十年来在我国海浪研究中做出的卓越贡献。奖励中所获得的 50 万元奖金，他又全部捐给了学校。同年 12 月 18 日，他在写给海洋环境学院领导的信中表示："一方面我的科研成果水平不高；另一方面这些成果是通过集体力量取得的，特别是它们对青岛当前迅猛发展的建设并无直接的贡献。因此，我决定将奖金全部捐献给学校。"[1]　其中的 20 万元捐给了"文苑奖学金"，另外 30 万元依照《中国海洋大学本科生研究发展计划实施办法》的有关规定，捐供本科生研究发展使用，并希望不要提他的名字。2018 年 11 月 1 日，文圣常再次向学校捐赠 20 万元，用于发放"文苑奖学金"。面对他的善举，学校领导表示，学校现在有钱，"文苑奖学金"也会一直发放下去，但文圣常却说："我只是想表达我对学校和奖学金的热爱之情。"

多年来，该奖学金一直代表着本科生在中国海洋大学学习期间取得的

图 6-16　2009 年 5 月 27 日，文圣常获得青岛市科学技术最高奖

---

[1]　文圣常写给海洋环境学院领导的信，2009 年 12 月 18 日。资料存于采集工程数据库。

图 6-17 2009 年 5 月 28 日，学校党委书记于志刚（左）、校长吴德星（右）祝贺文圣常荣获青岛市科学技术最高奖（刘邦华 摄）

最高奖励，截至目前已颁发了 21 届，共有 63 人获奖。每年的颁奖典礼，文圣常都会参加（从 2017 年起，因行动不便不再出席），给获奖学生颁奖，听他们介绍在海大学习的收获和成长的感悟。文圣常也会以自己求学、开展科研的经历勉励大家好好学习、不断创新，成为对国家和社会有用的人。在奖学金的颁发中，他曾多次当面或者写信给学校相关部门，希望不要再提这个奖学金是他倡导设立的。他说，从班级到院系再到各个职能部处以及学校领导在奖学金设立和评选过程中都付出了大量的时间和精力，这项奖学金只是学校培养人才的一个手段，不是他一个人所能倡导设立的。出于对文圣常的尊重，也为了对他的善举表示感谢，以往奖学金颁发仪式上都会安排获奖学生代表向他献花，文圣常觉得不合适，就给学校有关部门写信说，以后不要再献花了，他担心这样安排会冲淡获奖同学的荣誉感，即使献花，也应该是献给获奖学生。从那之后，这个环节就被取消了。在信中他还提议，今后奖学金的评选不必再征求他的意见，"事实上，你们做了大量细致的工作，我一定会尊重你们的意见，也不可能再提出其他意见。可否以后不要再在会前征求我的意见；如有需要我配合的事，电

图 6-18　2019 年 12 月 9 日，"文苑奖学金"设立 20 周年座谈会暨第二十届"文苑奖学金"颁奖仪式

话通知就够了。"　①

在中国海洋大学，文圣常这种淡泊名利、不计个人得失的品行早已成为佳话、广为流传，并在日积月累中演绎成一种精神和文化，激励着每一位中国海大人奋力前行。正如于志刚在 2020 年 12 月 17 日举行的第 21 届"文苑奖学金"颁奖仪式上所言：

> 文先生是中国海洋大学的一座精神灯塔。文先生功高却不自居、德高却不自显，具有淡泊名利、崇德守朴的高尚品德，秉承治学严谨、勇攀高峰的科学精神，坚持勤恳敬业、持之以恒的执着追求……这些宝贵的精神财富才是"文苑奖学金"的要义和精华所在。希望获奖者和我们全体海大人都要用心体悟文先生的精神风范，从中不断受到启发、鼓舞，把这一宝贵的精神财富一代一代传承下去。

2012 年 11 月 16 日晚，在河南省光山县文化中心举办的首届"感动光

---

①　文圣常写给中国海洋大学学生工作处负责同志的信，2012 年 11 月 23 日。资料存于采集工程数据库。

山人物"颁奖晚会上，出生于该县砖桥镇、任职于中国海洋大学的中国科学院院士文圣常荣膺首位"十大情系光山人物"。主持人在宣读的颁奖词中这样描述：

作为一个学者、教授，文圣常一生的研究成果和获得的殊荣不胜枚举。作为一个光山人，2000年获得了"何梁何利基金科学与技术进步奖"，获得奖金20万港币。获奖后，他一分不留，将20万港币全部捐给了祖国的教育事业，其中10万元港币捐给了家乡的学校。文老，是学界泰斗，是大别山骄子，是我们光山人的骄傲。他对家乡殷殷情、拳拳心，怎能不让家乡人民为之感动？

颁奖词中提到了文圣常2000年所获"何梁何利基金科学与技术进步奖"奖金的另外一半的用途，即捐给他家乡的砖桥镇初级中学，用以建设教学楼。

受战乱影响，文圣常自中学时代（1940年年初）便离开家乡，在外流亡求学，直至1947年从美国进修回国后才回了一次家，此后再没有回到故土。但他一直未曾将家乡遗忘，盼望着有朝一日再回去看看，却迟迟不能成行，一方面是因为工作繁忙，实在抽不开身；另一方面他觉得自己很早就离开了家乡，也没有取得太大的成就，不能给家乡人民做贡献，感

图6-19　文圣常捐资修建的砖桥镇初级中学海洋希望教学楼

到惭愧。这一点在他 2000 年 9 月 26 日写给侄子文纪武的信中可以看出端倪：

> 多年来，你建议我回故乡看看，事实上这也是我长时期（以）来的愿望，但繁重的工作任务，一直让我不能成行。还有一个很大的思想障碍：我在异乡忙忙碌碌几十年，但我远不是有影响的官员，也不是富有的企业家，因此回到故乡，感到十分惭愧。这种想法也阻碍我下成行的决心。①

1946 年 6 月，当时在紧邻文圣常老家河南省光山县的湖北省孝感市大悟县宣化店镇，人民解放军打响了中原突围的第一枪，解放战争的序幕由此正式拉开。光山县因地处交战核心区，国共两党军队时常处于拉锯状态，学校长期处于停课之中。从子女平安成长和长远发展考虑，父亲文古瑜建议三子文圣纪和女儿文群英前往重庆，投奔他们的二哥文圣常，继续求学。1949 年春，文圣纪和文群英抵达重庆。文圣纪在文圣常的辅导下，准备考高中，然后升大学。不久，重庆迎来解放，文圣纪便进入了当时西南军政大学的政治学习班，后来分配至炮兵当测量员。后因身体不好便退役了，又回到文圣常身边，但却迟迟找不到工作，日久天长，郁郁寡欢、情绪低落，产生了悲观厌世的想法。一天，他给文圣常留了一封信，说要去投江。文圣常和亲朋好友四处寻找，甚至在报纸上刊登寻人启事也杳无音信。时至今天，也未寻着。每当忆及此事，文圣常都为没有照顾好弟弟而感到内疚和抱歉。2001 年 7 月，文圣常还专门作诗一首，表达对弟弟的思念之情：

哭纪弟离世五十二年

2001 年 7 月 14 日

朝见纪弟瘦影去，

---

① 文圣常写给侄子文纪武的信，2000 年 9 月 26 日。资料存于采集工程数据库。

图 6-20　文圣常（中）与妹妹文群英、妹夫崔孝秉合影

夜归惊捧绝命书。

急奔江畔徒呼唤，

云黑流急弟永殁。

遗言泣诉念骨肉，

纸短字嫩催人哭。

未尽兄责护手足，

纪弟纪弟可宽恕？

　　当时，文圣纪和文圣常一起住在学校的宿舍里，妹妹文群英暂住别处。文圣常兄妹 4 人，3 个男孩儿，只有 1 个妹妹，所以哥哥们对这一妹妹都疼爱有加，文圣常亦不例外。文群英出生于 1932 年，比文圣常小 11 岁，17 岁的她到达重庆时，对哥哥亦是十分依赖。时至今天，提起自己的二哥，这位年近 90 岁的老人依然念念不忘文圣常对她的关爱与培养之情。"我在家乡读高中，只上了一个学期，从那以后，哥哥养着我，从高中一

直到大学。哥哥不但培养了他的孩子，还培养了自己的妹妹。"①

2000 年，他与妹妹文群英达成共识，决定一起回家乡看看。11 月 1 日，在他 79 岁生日这一天，他踏上了开往河南的火车，历经长途跋涉，于 2 日清晨终于回到了那片令他魂牵梦萦的土地。半个多世纪过去了，伴随着时代发展，家乡变了些许模样，但乡音未改、乡情仍在，亲朋好友相见，忆及陈年旧事，相拥而笑、握手言欢。在 2001 年新修订的《文氏宗谱——圣常公传》里详细记载了文圣常这次回乡探亲与族人促膝长谈的情景：

> 此次荣归故里的圣常公，不辞一路风尘与官方应酬的劳顿，会见与探视了诸多家族亲人。在会见中，兄台给余的印象是平易、谦虚、健谈、风趣而机敏。在会见仪式上，精神矍铄的圣常公致词云："一个人要热爱自己的国家、热爱立身的社会，然热爱国家、热爱社会，首先要从热爱自己的家乡、热爱自己的家族做起。如果连家乡家族都忘记了，又何谈热爱国家、热爱社会？为了事业，为了报效国家，我离别家乡六十载。然六十年来我无时无刻不在思念我的家乡，思念我的家族。今日，在座诸君全都是我的文氏族人，我的兄弟、侄儿。此时此刻，这么多文姓共聚一堂、共叙天伦，终于了却我六十年的心愿，何其乐也。"

故乡是生他养他的地方，这里是他的根、是他的源，承载了他童年的记忆、成长的欢乐，蕴含着无论何时都无法割舍的情缘。于是，他决定把所获"何梁何利基金科学与技术进步奖"奖金的另外一半捐献给家乡。在与光山县领导的交谈中，他表示：几十年来总想报效家乡，但一生教书，没有积蓄，这次将获得的何梁何利奖的一半奖金捐给家乡，多少也算是尽点对家乡的报答之情。当地政府用这笔善款在砖桥镇初级中学建造了一座四层教学楼，楼宇落成之后，为表纪念，本想用文圣常的名字命名，但被他婉言谢绝。因建筑的设计风格形似起伏的波浪，最后将其命名为"海洋希望教学楼"，借此寓意这栋地处中原地带的教学楼与文圣常的渊源。

---

① 文群英访谈，2015 年 1 月 11 日，北京。资料存于采集工程数据库。

文圣常对于故乡的牵挂、关心远不止于此。2011年12月8日上午，在砖桥镇初级中学，一场名为"文圣常院士捐赠图书仪式"的慈善活动正在举行。这批海洋科普图书是文圣常于当年11月专门邮寄过来的，他希望地处中原的家乡

图6-21　2011年12月8日，砖桥镇初级中学举行文圣常院士捐赠图书仪式

学子从小了解海洋知识、培养海洋意识，树立为国家海洋事业发展作贡献的梦想和信念。其间，砖桥镇初级中学的学生李赛洋给文圣常写信，对他成才报国、心系家乡的事迹表达崇敬与感激之情，表示一定以他为榜样，努力学习，将来成为对国家和社会有用的人，造福于民，回报家乡。文圣常在回信中这样写道：

李赛洋同学：

　　你好！

　　非常感谢你热情洋溢的来信，它使我立刻想起一群在教室里专注听课的孩子们，下课后嬉闹奔到操场，唱呀、跳呀，这是一群多么朝气蓬勃代表祖国未来的孩子！

　　十年前我访问过你们的学校，这次它已有很大发展，学习成绩在全县突出。这是同学们刻苦学习的结果，是老师辛勤教导的结果。七八十年前我在光山县城读小学，在潢川读初中。砖桥出去读书或者工作的人，表现总是那么出色。我深为故乡和像他们那样优秀的少年群体感到骄傲！

　　约半月前，光山县委文书记和几位领导同志，包括砖桥党委李书记，还有我的侄儿，莅临青岛祝贺我的生日。我非常感谢和激动，多年来我没有在异乡一次见到这么多的乡亲，听到我自己还保留一部分

的乡音。但是我很惭愧，我并没对家乡做什么事，虽然这和我从事的专业的特殊性有些关系。我已高龄，能做的事越来越少了，但对力所能及事，我将努力做好，来报答乡亲们的浓情厚谊。

我拟捐赠一部分图书给你校图书馆。书是我校出版社出版的书，它们主要面向海洋科学技术，但也出版一些其他领域各层次的书。我们选择了一些你们可能有兴趣的书赠你们，书已寄出，将请李书记转交。

再一次感谢你的来信。请向同学们和老师问好。祝进步和愉快！

文圣常

2011.11.13

一直以来，文圣常始终坚持心系科教、捐资助学，其实，他的家庭也并不富裕。在大学任教几十年，文圣常的生活一向是清苦的，直到他当选院士，生活条件才慢慢改善。他的妻子常年没有工作，在家操持家务，而且身体也不是很好；子女方面，只有在中国海洋大学工作的儿子在身边，两个女儿均在国外，家中经济条件也是一般水平，而且在经济上彼此是相互独立的，文圣常也不会寻求后辈的经济帮助。他在写给侄子的信中也一再地说，自己的捐献是很微薄的，也是力所能及的，主要是想表达一点心意，表示文家的人员是热爱故乡的，也是为了维护文家的形象。他说："在其他方面不能给族人以帮助，只能在精神层面给大家增添一份喜悦。"[1]

---

[1]　文圣常写给侄子文纪武的信，2002年1月17日。资料存于采集工程数据库。

第七章
师者如海

　　作为世界知名的物理海洋学家、我国海浪研究的开拓者之一，文圣常曾在多所高校执教，诲人不倦的他栽培桃李无数，是一位令人敬仰的教育家。自 1938 年在家乡的白雀园小学教书时算起，他的一生大部分时间都在教书育人，特别是到青岛后，更是为国家和社会培养了大批优秀的海洋人才。我国第一位在国内获得博士学位的海洋学研究生孙孚 [①]、获得具有大气科学界诺贝尔奖之誉的"罗斯贝奖"的气象学家王斌 [②] 等皆是他的学生。在育人的道路上，文圣常犹如一盏熠熠生辉的红烛，燃烧了自己，照亮了一片海洋。

　　此外，文圣常还是一位富有人文情怀的科学家，自小便打下了坚实的

---

　　① 　孙孚（1939-2004），生于山东青岛。物理海洋学家，长期从事海浪理论与应用研究，在海浪统计理论、海浪非线性与海浪谱方面取得创造性成就。1961 年毕业于山东师范大学物理系；1983 年于山东海洋学院获物理海洋专业博士学位，成为我国自己培养的第一位海洋科学博士；自 1983 年 9 月在山东海洋学院任教，曾任中国海洋大学物理海洋教育部重点实验室主任、海洋环境学院院长等职。

　　② 　王斌（1944-），生于山东青岛。美籍华人气象学家，美国夏威夷大学气象系教授。主要从事热带气象学、气候动力学及大尺度海洋－大气动力学方面研究。卡尔·古斯塔夫·罗斯贝奖章获得者。1966 年毕业于山东海洋学院海洋水文气象系；1981 年获中国科学院大气物理研究所气象学硕士，随后赴美留学；1984 年获佛罗里达州立大学地球物理流体动力学博士；1987 年任教美国夏威夷大学气象系。

中国传统文化基础，在大学期间和参加工作后一直保持着对哲学、文学、文艺学和语言学等人文社会科学的热爱，在日积月累的阅读和学习实践中拓展了知识面、开阔了视野，使他在取得重大科研成就的同时，成为一名学贯中西、文理兼备的智者。

一盏烛光映海洋

师者，所以传道授业解惑也。在文圣常数十年的执教生涯中，他育人无数，桃李遍天下。

在文圣常门下的诸学子中，他的首位博士研究生，也是我国自主培养的第一位海洋学博士孙孚是其中的优秀代表。1961年，孙孚毕业于山东师范大学物理系，后分配至一所中学任教。一次偶然的机会，他在书店读到文圣常撰写的《海浪原理》一书，被书中的内容深深吸引，后决定报考文圣常的研究生，并凭着自己的勤奋和努力最终以优异成绩考入山东海洋学院。因他在攻读硕士研究生期间学习和科研皆十分出众，根据教育部的有关规定，优秀的硕士生可以攻读博士学位，他便继续跟随文圣常攻读博士研究生，并于1983年8月博士毕业后留校任教。孙孚长期从事海浪理论与应用研究，在海浪统计理论、海浪非线性与海浪谱方面取得了系统性的、创造性的成就。孙孚具有强烈的事业心和责任感，即使重病在身，依然坚持科研和教学，甚至在病危期间仍继续关注物理海洋学科的建设与发展。他在我国物

图7-1　1986年，文圣常参加物理海洋学与海洋气象学系博士论文答辩会时与孙孚合影

理海洋学学术队伍建设中发挥了承前启后的关键性作用，为我国海洋科学的发展和人才培养做出了重要贡献。2004 年 6 月 26 日，65 岁的他因病去世。许多海洋学界的学者认为这是我国物理海洋学科建设中的重大损失。听闻自己的学生不幸离世，耄耋之年的文圣常悲痛不已、深感惋惜，忆及自己心爱的学生，文圣常在 2010 年写道：

> 孙老师通过大学本科的学习和多年的刻苦自修，从而具备了坚实的物理学和数学基础，并将这些基础学科中有关的概念和方法应用到海浪的研究，比如物理学中的射线理论、统计学中的随机过程等。由这些学科间的移植和交叉，孙老师在海浪研究中取得很高水平的成果，比如非线性海浪的统计性质和海浪谱。

谈起文圣常，除了精湛的科研水平和娓娓道来的讲课方式，学生们还对他优雅的风度、豁达的品格以及严以修身、躬亲示范的师者风范尤为深刻。现任职于华东师范大学的丁平兴教授回忆起 1975 年刚考入山东海洋学院时，文圣常给他们讲授海浪学相关课程的情景，除了对老师的仰慕之情，更对他为人儒雅、讲学严谨、一丝不苟的教学风格印象深刻。"文先生给我们上课的内容和传授的知识大都已忘却，但他的人格魅力影响至

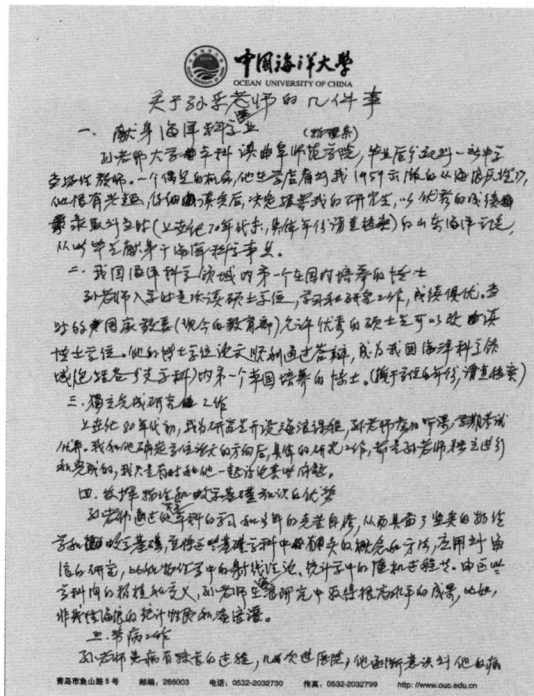

图 7-2　文圣常撰写的回忆孙孚的文章

今，在我的科学研究与人才培养生涯中，文先生始终是我学习的榜样。"[1]

　　中国海洋大学海洋与大气学院教授吴克俭是文圣常的博士研究生，他记得导师时常说的一句话就是"我要为年轻人做一个榜样"。日久天长，在导师潜移默化的带动下，学生也和他一样勤奋、努力。文圣常喜欢给学生自由发挥的空间，秉承"天高任鸟飞，海阔凭鱼跃"的人才培养理念，鼓励学生独立思考，发表自己的看法和观点，和他一起探讨问题，而不是跟着他的思路走。他说，有不同的意见是正常的。他从来不去强迫别人接受他的意见，十分尊重别人的意见，习惯于用谦和的、商量的语气与学生探讨科学问题，即使有的学生一时转不过弯来，他也不会批评他们，他相信时间会解决分歧。有时候，为学生的长远发展考虑，他也会保护自己的学生。21 世纪初，文圣常发表了关于海浪模式的文章，提出了新的观点和思路，在学术领域争论很大，学者对于这种模式是第 3 代还是 2.5 代争论很大，他尽量避免学生参与其中，受到牵连，所有的压力都由他一个人扛。

图 7-3　文圣常指导丁平兴开展科研工作

---

　　[1]　丁平兴访谈，2021 年 1 月 29 日，青岛。资料存于采集工程数据库。

中国海洋大学海洋与大气学院教授赵栋梁体会更深的是文圣常治学的严谨和精益求精。1992年4月，在一家乡镇企业工作的赵栋梁厌倦了每天和同事吃饭、打牌、看电视的日子，萌生了读博士生的想法，翻遍了《光明日报》刊登的招生简章，发现大部分都过了报名时间，只有青岛海洋大学还可以报名。学物理出身的他对于海洋科学完全没概念，不知道如何备考，就抱着试试看的心态给文圣常写了一封信。没多久，他竟然收到了回信，在信中，文圣常不仅给他讲解了物理海洋学科的情况，还建议他应该看哪些书、如何准备等。后来，他如愿考入青岛海洋大学。时间久了，在学习和科研中，他也感受到了导师的严谨与一丝不苟。有一次，赵栋梁在做一个数值模拟，在调用参数时随便选了一个，得出的结果非常好，就迫不及待地跑去告诉导师。文圣常听了之后，反问他，"既然有很多参数可以调用，你为什么只调用这一个参数，而不去试试其他的参数呢？"赵栋梁说，因为这个得出的结果好。文圣常说："那不行，你可能是偶然选对了这个参数，但是可能还有更好的参数。"[①] 后来，赵栋梁按照文圣常的建议，在允许的范围内不断调试参数，尽管花费了不少时间，却获得了比之前还要好的结果。

文圣常在计算方面的精益求精可谓到了如痴如醉的地步，有时候他会把做不完的工作带回家里继续做。为了获得一个精确的数字，反复不停地算，他的妻子葛管彤在一旁看了，就说："行了，不要再算了，

图7-4　2003年，文圣常与赵栋梁（右）、郭明克（左）合影

太苛求了，你又不是精密的仪器，我们物理实验室做实验，小数点后4位就都不要了。你搞的是大自然、海洋，还需要这么严密吗？"[②] 但是，文

---

① 赵栋梁访谈，2014年7月2日，青岛。资料存于采集工程数据库。
② 葛管彤访谈，2014年7月3日，青岛。存地同①。

圣常不听她的建议，继续埋头计算。

在培育学生方面，文圣常也会别出心裁，不走寻常路。1989年起跟随他攻读博士研究生的管长龙依然记得当时他给文圣常讲课的情景。管长龙之前是学物理出身，考入青岛海洋大学之后跟随文圣常从事海浪方面的学习和研究，存在一个从理论物理向物理海洋转换的过程。当时博士研究生的专业课程是海浪理论与计算，所用的教材是由文圣常和余宙文联合编著的《海浪理论与计算原理》。鉴于管长龙之前有过担任教师的工作经历，文圣常就采取了一个新颖的授课方式——师生换位，让学生给老师讲课。回忆起当时上课的景象，管长龙在2004年中国海洋大学建校80周年时专门写了一篇文章记述此事：

> 给导师上课开始了。地点就在文苑楼文先生的办公室，课程每周一次，在星期六下午。听众中还有物理海洋研究所海浪室其他老师。刚开始还算顺利，课程内容是比较系统和严密的液体波动，有流体力学基础的，我还不难理解与掌握，文先生也总是给予鼓励与肯定。随着课程内容的深入，自己真正感受到了是在爬隔行的那座山。由于海浪现象的复杂性，系统而严密地处理海浪问题是困难的，有时涉及的概念和方法是不协调甚至是矛盾的，要求一个初学者不仅要理解这些内容，还要清楚地讲授给他人，所遇到的困难是不难想象的。在我讲完预定的内容后，文先生就组织大家讨论，鼓励我和其他老师提出自己的看法，我的博士研究生课程变成了实实在在的讨论课。最后文先生总是条分缕析地梳理所涉及的现象、概念和内在的物理过程，指出我理解不深、甚至错误的地方。每当我能够按照自己的理解组织讲课的内容时，文先生总是给予极大的赞赏，潜移默化地使我具有独立见解和自主意识。①

在这种师生换位的讲述中，为了在讨论时不被导师问倒，管长龙在课

---

① 管长龙：回想读博的日子。见：魏世江主编，《走进海大园·魂牵梦萦篇》。青岛：中国海洋大学出版社，2007年，第192页。

图 7-5　文圣常与管长龙（左）、吴克俭（右）探讨科学问题（刘邦华　摄）

下查阅了大量文献，在了解、消化吸收前人研究之后，再变成自己的知识储备。一年下来，他从一个门外汉变成了业内人。时至今天，谈起导师的良苦用心，管长龙说，如果采用传统的教学方式——他讲我听，可能彼此都很轻松，但是自己就不会有那么大的收获。在求学阶段，导师还给他准备了另外一根"拐杖"，即补课。文圣常建议他制订一个物理海洋专业硕士研究生课程的补课计划，不仅包括海浪研究的基础课程，还有大尺度海洋环流、海洋气象类的课程，以此来开阔他的视野，拓展知识面，实现知识的交叉融合，避免他从一开始就局限于一个较窄的研究领域。

　　文先生的这一安排，使我在后来的研究工作中，尽管一直从事海浪研究，但没有"只见树木，不见森林"。文先生那时在课程安排上给自己的苦头酿就了今日的甜头，在博士研究生课程的安排上更使我苦尽甘来、受益无穷。①
　　文圣常不仅对学生的培养煞费苦心，而且在他担任动力海洋学教研室主任期间，对青年教师的培养也格外用心。"文化大革命"之前，

① 管长龙：回想读博的日子。见：魏世江主编，《走进海大园·魂牵梦萦篇》。青岛：中国海洋大学出版社，2007 年，第 191 页。

图 7-6　文圣常在"东方红 2 号"船上指导研究生

海洋水文气象学系的师资力量十分薄弱，一门普通海洋学课程都要多名老师共同讲授，被人戏称为"八仙过海"。为扭转这种局面，使青年教师尽快成长起来，他和大家商议后，决定采取"自力更生、集体成长"的方法，在教研室内部开设了不同的强化学习班，加强对青年教师的培养。据冯士筰回忆，在 1962 年他刚分配到山东海洋学院时，文圣常就给青年教师制定了一套严格的学习进修计划。为了加紧而有效地实施这一计划，除了请教研室有教学经验的老先生们亲临教学一线，为学生主讲专业和专业基础课程，如文先生亲授海浪课，景振华先生讲海流，陈宗镛[①] 先生讲潮汐，江克平先生讲波动原理，王景明先生讲流体力学。而我们这些年轻教师除一边辅导学生、一边自己学习外，还由教研室诸先生，如王先生、景先生和文先生分别为我们年轻教师主讲复变函数论、数理方法、计算数学和高级英语等基础课

①　陈宗镛（1928-2012），福建诏安县甲洲村人。潮汐学家，中国海洋大学教授。他对潮汐科学研究和我国海洋事业发展作出了突出贡献，确立了我国的水准原点，成为我国测量高度的唯一标准。其代表作《潮汐学》是我国第一部海洋潮汐专著。

程，并于期末像学生考试一样打分而严加考核，为我们进一步打下牢固的数理基础，真是煞费苦心了！①

1978 年 12 月，文圣常担任海洋水文气象学系系主任，为使教学秩序尽快恢复，他主持修订了师资培养规划：一方面让老教师发挥传、帮、带的作用；另一方面对在政治运动中荒废了学业的中青年教师，采用半脱产或出国进修的方式加以充电、补课。为了提高教师的外语水平，他还亲自登台授课。对于工农兵学员，他也让他们随班听课、集中进修。这一点，丁平兴深有体会。1978 年，他大学毕业后留校，在海洋水文气象学系当助教。文圣常要求留校当助教的工农兵学员全部随恢复高考的学生一起听课，并给学生答疑辅导、批改作业、讲授习题，涵盖了高等数学、流体力学和浪、潮、流等专业课程。"连续 3 年随 1977 级、1978 级学生的'回炉'学习，并当助教，弥补了我们数理基础、专业知识不扎实的短板，为我们后来考取研究生、继续深造创造了条件，文先生是我在大学学习工作的领路人。"② 在文圣常的辛勤付出与努力下，海洋水文气象学系的师资水平不断提升，教学质量得到保证。

有文章曾记述他治学的严谨和讲课的认真：

文教授的治学态度是很严谨的。他讲课认真负责，概念清楚，逻辑性强，辅导热情。选择科研题目时，总是从大局出发，不计较个人名利，只要对发展祖国海洋科学有利，哪怕难度再大、工作再繁忙，也在所不辞、奋力为之。他不管对自己，还是对教师、学生，要求都很严格，一篇文章、一个定义都要反复推敲修改，力求准确、精练、完美。严师出高徒，凡跟他学习的人，都逐渐养成了这种良好的学风。有一次，他的学生自以为以很认真的态度写了一篇论文，送给他审查，他不但做了较大的改动，而且连标点符号也不放过，使学生很

① 冯士筰：学为人师　行为世范。见：魏世江主编，《走进海大园·魂牵梦萦篇》。青岛：中国海洋大学出版社，2007 年，第 190 页。

② 丁平兴访谈，2021 年 1 月 29 日，青岛。资料存于采集工程数据库。

受感动。①

为人师者有三种类别，即业师、经师和人师。在文圣常的从教生涯中，三者是浑然天成、密不可分的。他既向学生传授海洋科学研究的专业知识，又引导他们触类旁通、广泛涉猎，树立对国家对社会的责任感与使命感。此外，他还以身作则、身体力行，用自己的言行举止感化、引导学生既要脚踏实地、又要志存高远，养成淡泊名利、高洁优雅的君子之风。

可能现在文先生对海洋技术的掌握不是最先进的，对科技进展的了解也不是最前沿的，但他却一直是我们做人的导师。现在他更多的是做"人师"，这种教育是潜移默化的，不是说他怎么来教导你，而是说他怎么做，被你看到了，默默地影响你。②

文圣常性格温和，温文儒雅，与人为善。在学生的印象中，他从来没有因为工作或者其他原因发过火，更多的是给学生以关爱与鼓励。现任职于国家海洋局北海预报中心的胡伟依然记得读研二的那个暑假的中午，当时实验室只有他在忙着做实验，没去吃饭，文圣常敲门进来，拿了400元钱放到他手里，温和地叮嘱："夏天天热，买些雪糕吃，你们做实验不要着急，有事可以找我。"每每忆及此事，胡伟总是感动不已，"那一刻，文先生分明是一位慈爱的父亲，对学生的关心时刻在心"。

图7-7　文圣常为毕业生拨正流苏

读研究生期间，胡伟主要从事海浪模式方面的研究工作，同时应

---

① 林乐夫：理想与归宿——文圣常教授光荣入党记。《山东海洋学院报》，1983年3月26日。
② 管长龙访谈，2014年7月4日，青岛。资料存于采集工程数据库。

图7-8 2011年10月30日，庆祝文圣常九十华诞暨从事海洋科教事业六十周年合影

（刘邦华 摄）

用文圣常提出的海浪模式和国外的模式开展预报，有时发现两种方法差异较大，令他既纠结又苦恼。文圣常认真解答他的问题，亲自推导公式，一再嘱咐他"不要迷信权威，不要迷信国外方法，用观测数据说话，不断提高预报精度"，鼓舞人心的话语令胡伟茅塞顿开。

文圣常一向是严以律己的，他不希望别人因为他是院士就把他区别对待。无论在工作中，还是生活中，他希望和各位教师、职员、群众一样平等。学生陪他去医院看病，他再三叮嘱不要称呼他"文院士"，叫他"文先生"就可以。学生吴克俭把文圣常为人为学的作风比喻为京剧流派中的"梅派"，"他非常平和、低调，但在低调中见真功夫，最后发展成桃李满天下。"文圣常低调做人、高调做事的品格不仅影响了他所在的海浪室的成员，而且在中国海洋大学乃至我国海洋界也是有口皆碑。

在数十年的从教生涯中，文圣常牢记教书育人的责任，践行良好的师德师风，成为深受学生敬仰与爱戴的品行之师、学问之师。鉴于此，党和政府授予他全国教育系统劳动模范、全国五一劳动奖章、"终身奉献海洋"纪念奖章、"九三楷模"、"感动青岛"十佳人物、山东省道德模范等诸多荣誉称号和奖励。2014年12月12日下午，北京钓鱼台国宾馆芳菲苑灯光璀璨、欢歌笑语，洋溢着一派喜庆祥和的景象，由中国互联网新闻中心（中国网）主办的 2014 年中国教育家年会暨"中国好教育"盛典正在举行。大会把本年度的特别奖——"烛光奖"授予为中国海洋科技人才培养呕心沥血、奉献一生的中国科学院院士文圣常。唐朝诗人李商隐有诗云："春蚕到死丝方尽，蜡炬成灰泪始干"，著名革命家吴玉章 [①] 也曾赋诗"春蚕到死丝方尽，人至期颐亦不休。一息尚存须努力，留作青年好范畴。"凝望文圣常的从教经历，他何尝不是一支长燃不熄的蜡烛，他的生命之光分外明亮，映照着浩瀚的海洋，也指引着一代又一代海洋学子进取的方向。

文理兼通的智者

在中国海洋学界，提起文圣常，大家了解更多的是他是我国海浪研究的开拓者，他的风浪谱理论、混合型海浪数值预报模式令人钦佩不已。殊不知，他还是一位极富人文情怀的科学家。中国工程院院士、中国海洋大学原校长管华诗 [②] 在一次大会上曾如此评价："文先生不仅学识渊博，而且为人谦逊、胸怀博大、淡泊名利，科学与人文两种精神完美结合于一身。" [③]

2004 年 10 月 11 日，在中国海洋大学建校 80 周年之际，学校成功举办了首届"科学·人文·未来"论坛，邀请 20 多位科学家和人文学者对话，共同探讨科学、人文这两条在人类文明发展进程中并行不悖的主脉的

---

① 吴玉章（1878-1966），原名永珊，字树人，四川荣县人。无产阶级革命家、教育家，马克思主义历史学家和语言文字学家，新中国教育的开拓者，中国人民大学的创始人。吴玉章历经戊戌变法、辛亥革命、讨袁战争、北伐战争、抗日战争、解放战争、新中国建设而成为跨世纪的革命老人，他为社会进步、民族解放和社会主义建设、党的事业奋斗一生。

② 管华诗（1939-），山东夏津人。中国工程院院士，水产品加工、海洋生物及海洋生物工程制品专家，我国海洋药物学的开拓者和学术带头人之一。1964 年毕业于山东海洋学院。长期从事海洋生物资源高值化利用及海洋药物的教学科研工作。曾担任山东省政协副主席、山东省科协主席、中国海洋大学校长等职。

③ 管华诗：在海洋环境学院建置 55 周年暨文圣常院士从事海洋科教 50 年庆祝大会上的讲话。《青岛海洋大学报》，2001 年 11 月 1 日。

关系，以及如何更好地服务于人类未来发展。83岁高龄的文圣常亦在邀请之列，并亲自准备了题为"一个非生物学家认识的达尔文"的演讲，从"为什么要认识他""他是一个执着、严肃追求真理的人""他是一个无私、淡泊名利的人""他是一个谦和而善良的人""他是一个向往美的人""反思"等六个部分清晰而全面地向大家展示了达尔文为人为学的高尚品格与严谨态度。在演讲的结尾，他说道：

> 达尔文强调艺术欣赏的力量，而没指出为什么有这种力量……我们要在这个科学巨人的后面看到巨大的人文力量……家庭、学校、社会自始至终都有责任来培养人们的人文素质，但更需要人们自觉地培养和发挥它的作用。达尔文是我们学习的典范。在当前，我们的科学园地正需要用人文素养来改造急功近利的土壤，然后科学才能真正开花、结果。①

他的演讲触动了听众的心灵，赢得了热烈而持久的掌声，大家对文圣常渊博的学识、高超的逻辑思考与哲学思辨能力以及深厚的人文素养表示叹服。论坛结束后，中国海洋大学海洋环境学院、海洋生命学院等单位纷纷邀请文圣常去作报告，给学院的师生们再讲一遍。

仔细探究，便会发现文圣常文学才华的显露，既不是灵光一闪时的偶然为之，也不是触景生情时的简单抒发，而是在长期有意识的学习与训练中积淀而成的。

图7-9　2006年，文圣常在物理海洋教育部重点实验室工作

---

① 文圣常：一个非生物学家认识的达尔文。见：王蒙、管华诗主编，《高山流水：〈科学·人文·未来〉论坛实录》。北京：中央编译出版社，2005年，第233-234页。

他自幼便在父亲的教导下背诵《三字经》《百家姓》等中国传统名著，稍微大些时，又在伯父开办的私塾里接受启蒙教育。小学时的语文老师因为新学、旧学皆通，培养了文圣常的文学兴趣。大学期间，受舍友的感染，他阅读了大量的文学、哲学和文艺学方面的著作。后来，为了更好地学习英语等外语，他开始阅读外文原著，莎士比亚、狄更斯、雨果、莫泊桑、罗曼·罗兰、高尔基、果戈理、普希金、屠格涅夫的著作，他皆爱不释手。为了培养自己的逻辑思维能力，他还有意识地找来柏拉图、亚里士多德、苏格拉底、黑格尔、恩格斯等哲学家的著作来读。自小有家庭的熏陶，加上后天的主动强化学习，使文圣常打下了坚实的文学功底，最终成为一个极富人文精神和思辨智慧的科学家。

有人说，阅读美国著名诗人惠特曼的诗，就像咀嚼甜蜜的糖果一样美好。阅读文圣常的文字，也有同样的感受，读者往往会被他质朴平缓的语言和娓娓道来的叙述方式所吸引，进而在内心产生深刻共鸣，甚至达到物我两忘的境地。

> 文先生的文字可谓是其质朴与自然风格的最美诠释。在文先生身边工作的十余年中，我看过他写过的许多科技报告，读后质朴与自然的感觉扑面而来。我辈学生写东西常常需要思考很长时间，而且要做很多修改。文先生的写作经常是写完后打印出来，稍做修改就可以送出去，达到了很高的境界。[1]

他那清新质朴的语言，似山间清泉缓缓流淌在人的心田，如海面微风徐徐拂过人的脸庞，使读者不知不觉间便进入了他构筑的科学世界之中。他在1962年出版的经典海浪学著作《海浪原理》中，对文字的驾驭与运用令人叹为观止。

> 海浪是种久被习知的现象，它密切地关系着许多海上的活动。这首先表现在波浪对船只的影响。由于波浪的颠簸，船身各部结构可引

---

[1] 吴克俭访谈，2014年7月2日，青岛。资料存于采集工程数据库。

起种种变形和应力，有些在第二次世界大战期间建造的船只，因对海浪情况估计不足而遭到损坏；颠簸对乘客的舒适和货品的储放是不利的；颠簸可引起船只的共振，如从前有只俄国

图7-10　文圣常在船上眺望大海

船经过中国东海的时候，由于船身的共振，船长被舱壁碰破头而死；海浪还影响船只航行的方向和速度……

阅读这样的文字，很难想到是在讲述复杂而艰涩的海浪原理知识，通俗易懂、深入浅出，更像是在娓娓道来中讲述一则则有趣的故事，使人沉迷其中、流连忘返，在潜移默化中接受科学知识的普及。

有人把文圣常身上流露出来的人文精神与科学精神交相辉映的特有气质比之为民国时期知识分子所具备的"民国范儿"。拥有"民国范儿"的人有两种特质：一是为人谦和，平易近人，拥有修身齐家治国平天下的理想与抱负；二是视野高远，知识储备丰富，古今中外兼收并蓄。

文圣常的人文素养远不止表现在他对语言的驾驭上，其实他还是一位富含才情的"诗人"，尽管他总是自嘲说"我写的诗连打油诗都算不上，顶多算是顺口溜"[①]。文圣常心思缜密、情感丰富，对生活观察细致入微，总能发现平凡岁月中别人不曾察觉的点滴和细节，进而有感而发，最终形成一篇篇华丽的佳作。经常出入他办公室的人，会发现在他办公桌的玻璃板下压着许多诗歌，这些都是他在工作中、生活中触景生情、率性而发之作。

2014年适逢中国海洋大学建校90周年，学校新闻中心的工作人员利用拍摄纪录片的间歇，请他为学校题写一两句话作为校庆寄语。考虑到已

---

①　文圣常访谈，2015年9月25日，青岛。资料存于采集工程数据库。

93 岁高龄的文圣常刚刚接受了两个小时的访谈，便提出可以把纸和笔留下，请他慢慢思考斟酌，待写好之后，改天再过来取。文圣常却说："不必了，你们跑来跑去也挺远的，稍等，我一会儿就写好。"两分钟过后，文圣常写就了那首在中国海洋大学校庆期间广为传颂的名篇：

鱼浮崂山学脉延，

师严生勤奋致远。

九十年阔搏击勇，

更爱海深洋无边。

注："鱼浮崂"分别代指中国海洋大学在办学过程中先后创建的鱼山校区、浮山校区和崂山校区。

早年，文圣常随身都会携带一个笔记本，无论在外出差，还是寻常参加各种会议，每每触景生情、有感而发时，他都会记在本子上。日积月累，他竟然创作了 120 余首诗歌。现摘录几首，以飨读者。

上班路上闻槐香

1992 年 5 月 20 日

悲切古稀何少伤，

犹把夕晖当朝阳。

春蚕有丝人间献，

残烛泪流撒余光。

愧我丝竭泪将尽，

尚慕勤蜂采蜜忙。

年年送去黄叶瘦，

岁岁迎来槐花香。

小虫的启发

1992 年 8 月 10 日

夏虫齐声闹，

节奏有知了。

嘶鸣无倦时，

焉知秋将到？

欢乐诚可慕，

无知君莫笑。

返璞有宁静，

归真无烦恼。

无愧余生

1993 年 2 月 6 日

陶翁怀才赋归词，

不敢效颦言遁世。

宜燃成灰吐丝尽，

无愧余生再奋蹄。

童趣

1993 年 6 月 26 日

昨日池底涸，

今朝雨水盈。

小儿忙结网，

盼有鱼虾临。

游秀峰返途中

1993 年 10 月 25 日

车边如花女，

稚声求买鱼。

未享弦歌乐，

但尝薪米苦。

秋风雨

1993 年 11 月 11 日

怕听风雨送春归，

也伤风雨催秋逝。

曾献人间满仓粟，

犹留黄菊霜凝时。

校友相聚西湖楼外楼

1994 年 10 月 9 日

不期相逢楼外楼，

闲话絮语几时休？

酒来互劝人微醉，

怕回胶州忆杭州。

　　除了用诗歌抒发情感以外，文圣常还时常被邀请撰写寄语或题词等，尽管他总是尽力避免，但也有实在躲避不开的，就只好为之。即使这样，他也不会随意应付，而是认真思考、仔细揣摩，然后下笔，这其中亦能彰显出他深厚的文学功底。

　　2008 年 10 月 28 日上午，题写着"浩海求索、立言济世"的中国海洋大学海洋环境学院（今海洋与大气学院）院训石揭幕，该院训便是文圣常题写的。2007 年 4 月，海洋环境学院领导就院训一事请教文圣常，希望他能给题写一个。文圣常在写给院领导的信中表达，他本不胜任此事，但是出于对学院的热爱，只好勉为其难，并认为院训的内涵和表达首先要具有个性，其次要讲求庄重典

图 7-11　2008 年 10 月 28 日，中国海洋大学海洋环境学院院训石揭幕（刘邦华　摄）

雅。最终，他题写了"浩海求索、立言济世"8个大字。

对于该院训的释义，文圣常指出，海洋环境学院主要从事海洋科学方面的研究，所以"浩海"体现其学科特色，这二字不仅昭示着广阔的海洋和繁杂的科学难题，而且"浩"字当头，读起来可以营造一种恢宏的气势。"求索"反映的是治学精神，蕴含了艰辛、深入和细致的意境，他这4个字也与中国海洋大学的校训"海纳百川、取则行远"内涵一致。"浩海"对应"海纳百川"，正是因为海洋之浩瀚，才可以容纳百川之溪流；"求索"对应的是"取则行远"，因为求索寓于大海的自然法则，其过程必然同时具有难度和广度。考虑到"浩海求索"只是表达出了海洋环境学院的学科特色和治学精神，却没有展示其社会责任，于是，文圣常又补充了"立言济世"。他指出，中国文化自古将人生追求定位为"立德、立功、立言"。"立德"是要树立"博施济众"的道德观，"立功"是要"公济于时"，"立言"是要求"理足可传"。其实质就是要树立服务社会的思想（立德）、创造各种业绩（立功）、总结经验使之代代传承下去（立言）。由于"济世"一词包含了"立德""立功"的内容，故拟题的"立言济世"中用词虽不同，但同"三立"的要求是一致的。这4个字作为一联，与前面一联的"浩海求索"的连接比较自然顺达，寓意学院将探索海洋科学的成果，最终服务于社会。

2012年，河南省光山县砖桥镇的有关负责同志代表家乡问候文圣常，感谢他多年来情系桑梓和对家乡教育事业发展的关心与支持。在交流中，谈及家乡的经济社会发展，镇上同志邀请文圣常给老家的特产——"文之勋月饼"题词，并给出了早已拟定的"月是故乡明，饼是儿时香"的字句。多年来，文圣常一直觉得自己回报家乡太少，如果能有机会为家乡发展做点事，也会尽力而为，况且

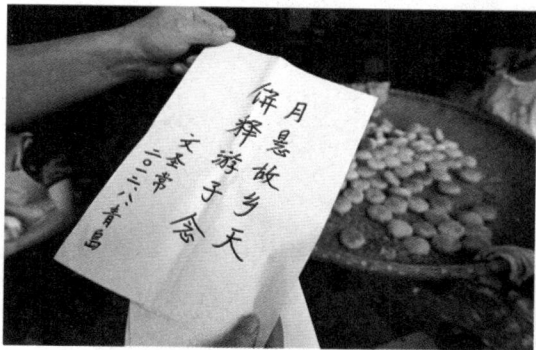

图 7-12 2012 年 8 月，文圣常为家乡特产
"文之勋月饼"题词

他对老家的"文之勋月饼"也是记忆犹新，品质确实不错，时隔多年依然是儿时的味道，给他带来了许多美好回忆。但他觉得，既然是由自己来题写，还是契合自己的情感比较合适，经过考虑，他写下了"月悬故乡天、饼释游子念"10个字，既蕴含了远方游子对故乡的眷恋之情，又契合了家乡月饼可以消解思乡之苦的意境。这10个字很快便被印在"文之勋月饼"的外包装盒上，销往各地。中秋佳节，大家在享受美味月饼的同时，也被这诗情画意的题词感动着。

文圣常还是一位文字高手，善于对一些看似普通的成语和句子进行拆分解读，使其更加通俗易懂，展现中华语言之精妙。中国海洋大学的校训是"海纳百川、取则行远"，在中国海洋大学某一年的新春团拜会上，文圣常即兴发言，对这8个字进行了拆分解读，即"海大有容、纳贤礼士、百舸扬帆、川流不息、取经求法、则明理析、行云流水、远无不及"。典雅而富有内涵的校训，经他即兴拆解，不仅妙趣横生，而且充满了哲理与韵味。时任文学与新闻传播学院党委书记的陈鷟将文圣常的这一妙解记录下来，并引用到《有心之器，其无文欤？———聊聊语言文字的功用与魅力》一文中，"经他一拆，不仅好玩，而且校训的意思更加丰满浅近，更利于我们理解和指导我们的实践了"。①

作为一位文理兼通的智者，严谨求实的科学精神和感性细腻的人文情怀在文圣常身上融会贯通、交相辉映，在岁月的更迭中，他的人格魅力历久弥新，散发出更加炫目的光辉。

永远的文主编

自20世纪40年代中期，文圣常便把海浪作为挚爱的研究对象，后几经周折，最终在20世纪50年代初抵达青岛，在鱼山路5号扎下了根，一

---

① 陈鷟：有心之器，其无文欤？——聊聊语言文字的功用与魅力。《中国海洋大学报》，2012年6月21日。

念为教，一心为学，直至耄耋之年，依然矢志不移、初心不改。岁月流转如同滚滚的波涛，从未停歇，不知不觉间，把人类带入了 21 世纪，文圣常已经在风景如画的海大校园里工作了半个世纪。

2001 年 11 月 1 日，青岛海洋大学逸夫馆内花团锦簇、欢歌笑语，庆祝海洋环境学院（现海洋与大气学院）建置 55 周年暨文圣常院士从事海洋科教事业 50 年的大会正在举行。时任校长管华诗在讲话中指出："文先生是我国海浪研究的开拓者和现代海洋学当之无愧的奠基人之一。他以卓著的科学成就，在国内外享有盛誉。他在学术思想、学术理论、教育思想和人才培养等各个方面所做出的贡献，令后辈难望项背。"当天适逢文圣常 80 岁生日，中国科学院院士冯士筰题写了一副对联："八千里路八十载，不拘乎山形水色，波形皆山，谱色皆水；五千桃李五十年，有得于画意诗情，符号也画，数字也诗。"中国地球信息科学的倡导者、中国科学院院士陈述彭 [1] 也撰写了贺联："桃李芬芳，海洋科学尊先圣；波澜壮阔，原理创新超寻常！"任职于美国伍兹霍尔海洋研究所的著名物理海洋学家黄瑞新 [2] 在贺信中写道："您 50 年来如一日，教学育人，如今真是桃李满天下，您几十年来涉足几大洲、几大洋。海洋就是我们海洋学家的家。科学研究是没有省界、国界、洲界的。我真诚地希望年轻一代的中国海洋学家能万众一心，把由文圣常先生等老一辈海洋学家树起的大旗接过来并插到新的高峰。" [3] 他的学生、任教于美国夏威夷大学的王斌教授在贺信中写道："文先生是我的老师。50 年来他孜孜不倦，献身海洋科研与教育，为推动我国海洋科学的发展做出了巨大贡献。他不仅学识渊博、治学严谨，

---

[1] 陈述彭（1920-2008），江西萍乡人。中国科学院资深院士，地理学家、地图学家、遥感地学专家。中国遥感应用和地理信息系统科学的创建者和奠基人，地球信息科学的倡导者。创建了中国科学院遥感应用研究所、资源与环境信息系统国家重点实验室。编制有《中国地形鸟瞰图集》，参加《中华人民共和国大地图集》的组织领导工作，提出《中华人民共和国自然地图集》总设计书并主持和编制，为中国大型地图集的研制做出了开创性贡献。

[2] 黄瑞新（1942-），广东广州人。物理海洋学家，美国伍兹霍尔海洋研究所荣誉退休研究员。1965 年毕业于中国科技大学，1984 年获麻省理工学院和伍兹霍尔海洋研究所博士学位。主要研究方向为风生环流和热盐环流的理论和数值研究及海洋环流与气候动力学的联系。1999 年被中国海洋大学聘为客座教授，并担任该校物理海洋教育部重点实验室学术委员会主任。

[3] 黄瑞新：贺信。《青岛海洋大学报》，2001 年 11 月 1 日。

而且极为平易近人、谦虚诚恳。他的精神是我们母校的代表，激励着一代又一代的年轻海洋工作者为祖国贡献力量。"[1]　为铭记文圣常为中国海洋科教事业进步和青岛海洋大学发展所做出的卓越贡献，青岛海洋大学决定以他的名字命名该校的物理海洋实验楼，文圣常坚辞不就，最终将之命名为"文苑楼"。为了感激学校对自己的关心之情，会后，文圣常特意给学校写了一封信：

> 我校海洋环境学院建置 55 周年的盛大热烈庆祝活动落下了帷幕。来自五湖四海的嘉宾和校友不仅为环境学院带来欢乐和振奋，更重要的是折射出青岛海洋大学的繁荣昌盛，在这繁荣事业的后面，我们看到我校从领导到每个师生员工的拼搏。海大，我们为您的业绩而自豪！
>
> 在这次活动中，我还聆听了对我个人的各种鼓励。我激动、感激，但更多的是惭愧和内疚。半个世纪里，我和同事们、同学们朝夕相处在教室、在实验室，可是我的工作有负大家的期望，远远没达到庆祝活动各个环节中为鼓励我所提的高度。但我领受的浓情厚谊，包括寓意深长的精美纪念品，将鞭策我和大家共同前进，努力做好我力所能及的工作。
>
> 海大人，再一次向你们致谢！致敬！
>
> 文圣常
>
> 2001 年 11 月 6 日

岁月不饶人，盛年不重来。这位长年生活在海边，沐浴着习习海风、聆听着阵阵涛声的海洋人，耳朵有些背了，视力也开始下降，行动也不比从前了，是时候把海浪科研的接力棒放心交给年轻人了。于是，文圣常从科研一线退居到了二线，尽管凝聚着他无数心血和汗水的物理海洋实验室不常去了，但他却时刻关注着这一领域的进展变化，并思考着如何尽己所

---

[1]　王斌：贺信。《青岛海洋大学报》，2001 年 11 月 1 日。

能为学校、为国家和社会做点什么。

在为数众多的中国高校科技期刊中，1959年创办的《山东海洋学院学报》是新中国第一份以海洋科技为特色的高校学报。创刊伊始，便由我国著名物理海洋学家赫崇本教授担任主编。当时面对这一高起点的学术刊物，国内海洋界学者纷纷投稿，希望自己的研究成果可以借助这一平台公之于世。文圣常也是众多作者中的一员。1960年出版的《山东海洋学院学报》第1期便刊发了文圣常的《普遍风浪谱及其应用》和《涌浪谱》两篇重量级文章，在海洋界引起强烈反响，他在海浪研究领域提出的新颖理论被誉为"文氏风浪谱"。

1962年11月，山东海洋学院成立了学报编辑部委员会，文圣常是九位委员之一。1966年，"文化大革命"爆发，学报被迫停刊，直至1978年6月才复刊。1979年5月，学报第三届编辑委员会成立，文圣常担任副主任委员。1988年9月，《山东海洋学院学报》更名为《青岛海洋大学学报（自然科学版）》，并组建了新的自然科学版编辑委员会（第四届），文圣常担任主任和主编。在他的领导下，《青岛海洋大学学报（自然科学版）》影响力与日俱增，并先后获得国家教委直属高校优秀科技期刊、国家自然科学核心期刊、山东省优秀期刊等多项荣誉。

老牛自知夕阳晚，无须扬鞭自奋蹄。这是压在文圣常办公桌玻璃板下的诗句，晚年的他时常以此自勉。

进入21世纪，文圣常已年至八旬，却没有闲下来的意思，虽然在科学研究上退居二线了，但是学校的学报编辑工作依然由他负责。考虑到要想提升学校的影响力和知名度，仅仅面向国内办刊是不够的，还要走出国门、与国际接轨，既要把其他国家优秀的科研成果介绍进来，也要把国内的重大海洋科技进展介绍出去，互通有无、加强交流，这样才能不断进步，早日实现高水平特色大学建设的目标。出于这样的考虑，20世纪90年代末，他与学报的同事们商议决定创办一本英文刊物，对此，校领导全力支持。

当时国内高校学报创办英文版的很少，仅有两三家。在海洋领域比较专业的英文刊物有《中国海洋湖沼学报》《海洋学报（英文版）》和《中国

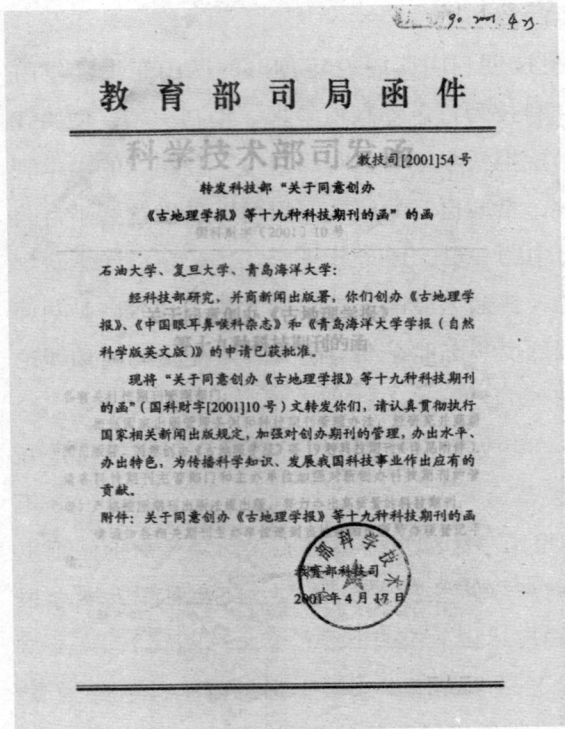

图 7-13 2001 年 4 月，教育部同意创办《青岛海洋大学学报（自然科学版）》英文版的函

海洋工程》等。彼时国家对于新办刊物的审批管理比较严格，特别是校办英文刊物已多年未批，但是大门并没有完全关闭，仍然可以申报。文圣常和时任《青岛海洋大学学报（自然科学版）》副主编的严国光[①]等商议决定积极争取，静待时机。在 2015 年严国光撰写的《申办英文版的历程（1998—2001）》一文中，记录了当时接受这一任务的自豪与神圣："由管校长和文主编下达任务给我。创刊英文版，无第二人选。"[②] 最终，历经三年多锲而不舍

的努力，2001 年 4 月，经教育部、科技部和新闻出版总署三部委批准，同意青岛海洋大学创办学报英文版。当时一同获批的中文科技期刊有 30 多家，而英文版的科技期刊仅此一家。面对来之不易的机会，文圣常等人分外珍惜，立即着手创刊工作，注册登记、申请刊号、筹措经费、发布征稿启事、组建编委会等工作紧锣密鼓地开展起来。

为提高效率，争取早日出刊，学校领导和文圣常先后两次主持召开编委会，明确了办刊宗旨和方向：充分发挥青岛海洋大学的海洋和水产学科

①　严国光（1941-），浙江宁波人，生于上海。编审，主要从事水声学研究。1959-1964 年在南京大学物理系就读，毕业后至山东海洋学院海洋物理系工作。1995 年任《青岛海洋大学学报（自然科学版）》副主编兼编辑部主任，2001 年任《青岛海洋大学学报（英文版）》副主编。

②　严国光：申办英文版的历程（1998-2001）。内部资料，2015 年 3 月 26 日，第 11 页。

优势，由沿海向海洋进而向全球大洋进军，创办一本高起点、高标准、高要求与国际接轨的国际性刊物。还进一步明确了刊物的设计风格，借鉴当时国际上物理海洋领域著名期刊的范式，采用大气高雅的风格。此外，对于排版软件、字体、版式设计、封面设计、印刷厂的选择、审稿流程、稿酬办法等都一一研讨确定。为加快节奏，后期甚至采取了"百日"倒计时的方法来掌控时间。历经一年的筹备，2002年4月，《青岛海洋大学学报（英文版）》创刊号与广大读者见面了。尽管每年仅出版两期，但毕竟成功地迈出了第一步，对此，中国海洋学界和教育界的专家学者给予热烈祝贺，并对这一新生的刊物给予美好期许。担任主编的文圣常说："创刊的英文版，是我们海大的'新生儿'，要细心爱护她，使她苗壮成长。"[1] 为了把这一新生的刊物呵护好，办出水平、办出特色，文圣常与编委会同人在认真总结创刊经验的基础上积极探索、勇于实践，开始谋划中期办刊目标。通过横向比较，他们充分借鉴国内《海洋学报（英文版）》和《中国海洋工程》等成熟刊物的办刊思路与发展理念，决定以开放包容的姿态加强国内外学术交流、积极与国际接轨，争取早日被SCI收录，为成为国际知名期刊迈出坚实的步伐。

2002年10月，教育部发文，同意青岛海洋大学更名为中国海洋大学，昭示着这所因海而生、凭海而立的高等学府的使命和担当更加艰巨，它要

图7-14 文圣常在审核修改《中国海洋大学学报（英文版）》稿件

---

① 严国光：申办英文版的历程（1998-2001）。内部资料，2015年3月26日，第13页。

代表国家站在世界海洋领域的前沿。随之而来的是，原先的《青岛海洋大学学报》也要更名为《中国海洋大学学报》。在文圣常看来，学报是展示学校形象和水平的重要窗口，既可以透过它看世界，也可以通过它展示自己。所以，他觉得，既然开始了，就要努力做到最好。

刊物初创，知名度不够，组稿困难，文圣常和编辑部的同事们充分挖掘校内资源，积极说服中国海洋大学的知名专家、学者投稿。身为主编，文圣常坚持质量第一、宁缺毋滥的原则，绝不会因为没有稿子就拼凑或者以次充好、敷衍了事。每一篇稿件刊发之前，他都要仔细审读，除了专业创新之外，他还对文章的遣词造句、语法规范等进行严格审查。他提倡科技论文也要语言通俗流畅，虽不必追求华丽的辞藻，但要做到让稍微外行的人也能看懂是在写什么。不同于别的刊物的主编，只是在最终的发稿单上签署"同意"或者"不同意"，办刊早期，文圣常除了对所发稿件的学科方向进行调整和把握，还坚持终审每篇待出版的稿件，对于创新性较强，但结构不太合理、语言表述欠佳的文章，他会在审稿单上一一列出修改意见，请作者进行修改，改后反馈回来，他还要逐一核实。

创刊初期，因为是半年刊，文圣常审稿的压力不是特别大。但从 2005 年始，《中国海洋大学学报（英文版）》改成了季刊，一年出版四期，工作量较之前翻了一番，他的工作压力也随之上升。即便如此，文圣常依然坚持审读、修改每篇稿件。他的工作量一般保持在每周 2—3 篇，编辑每周一会把需要审读的稿件送过去，同时把他审过的取走。据每周负责给他送稿的编辑季德春老师介绍："一年 365 天，没有周末，没有节假日，如果没有什么特殊的安排，他都按照自己的作息规律在审稿。"① 多年来，在审稿过程中，他从未耽误过工作。有时因为去济南体检或者生病住院，他会提前和编辑部的同事们沟通好，把需要他审读的稿子提前审完。在他的带领下，在编辑部广大同事的努力下，以及学校和各方的关心与支持下，《中国海洋大学学报（英文版）》逐渐由建设阶段转入发展时期，2006 年，《中国海洋大学学报（英文版）》不仅签署了加盟科学出版社的协议，而且还与

---

① 季德春访谈，2016 年 9 月 13 日，青岛。资料存于采集工程数据库。

德国的 Springer 公司签署了代理发行协议。2007 年入选"中国科技论文统计源期刊",正式成为中国科技核心期刊;同年,还与青岛市邮政局报刊发行分局签署了发行协议。

在审稿过程中,文圣常十分注重与作者的沟通和交流,特别是超出其研究领域的论文,他在修改时会慎之又慎。对于把握不准的地方,他会随手查阅字典核实,也会请助手帮着在网上查询;实在搞不懂的就标注出来,请编辑部的同事帮助找该领域的专家核实或者与作者联系。有时,他也会写信或当面与作者探讨审稿中遇到的问题。文圣常的秘书臧小红老师依然记得一个周末,当她走进文圣常的办公室,发现他正与一位 60 岁左右的老者并肩坐在书桌前探讨一篇文章。臧小红并不知道来人是谁,只是觉得两位老人坐在一起投入的场景十分有喜感,好像一对同桌在欣赏一本有趣的书。不知不觉,两个多小时过去了,他们的交谈才结束,文圣常把客人送到楼梯口。折返回来时,他告诉臧小红,这是一位专程从天津赶过来的教师。前段时间,文圣常在审读一篇论文时,发现内容很好,只是英文表述稍显不足,影响到整篇论文的质量。针对论文中存疑的地方,文圣常专门写了一封信给作者,请他就其中的几个问题进行解释。谁曾想,这位作者竟然利用周末时间坐火车从天津赶到了青岛,希望面对面地与文圣常交流探讨论文修改事宜。作者这种认真负责的态度让文圣常十分感动。在交谈中,他得知

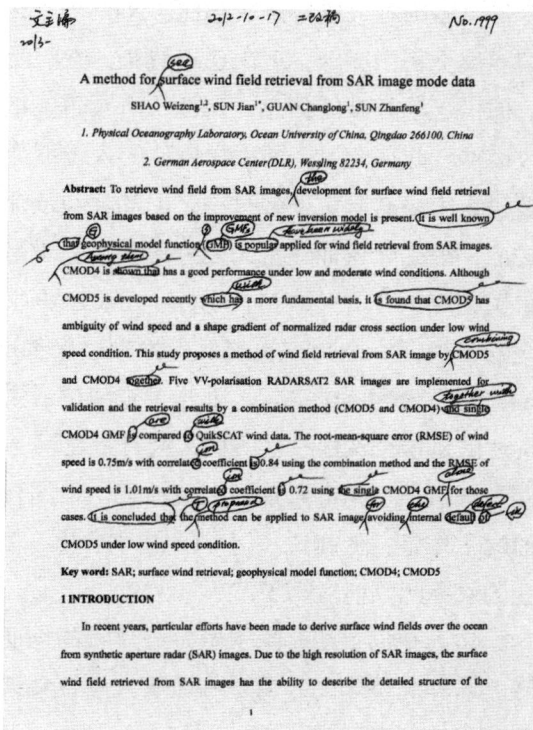

图 7-15 文圣常担任《中国海洋大学学报(英文版)》主编期间修改的稿件示例

作者早年是学俄文的，后来才学的英文，所以写起来有些吃力。文圣常很耐心地给他指出论文写作中存在的不足，并提出了针对性的修改建议。

在审稿工作中，文圣常始终是谦虚好学的，对于知名学者投递来的论文，他时常在改完后附上这样的话："请恕我不恭敬"或"我这是班门弄斧"等。2012 年，《中国海洋大学学报（英文版）》拟刊发国际著名物理海洋学家谢尚平教授的一篇文章，文圣常在审读时对此文章评价很高，但也不避讳其中存在的小瑕疵，请编辑人员把修改意见反馈给了谢尚平。第二天，编辑部就收到了谢尚平从美国发来的邮件，他在信中对文圣常提出的修改意见十分认同并表示感谢，还对他一丝不苟、严谨治学的态度和精神表示敬仰。

尽管已是年迈的老人，但在审稿工作中，文圣常是十分勤奋和严格要求自己的，完全把这份工作当事业来干。即使是在身体不适的情况下，也尽量克服困难，坚持修改稿件。2007 年，因为操作失误，文圣常不小心被理疗仪烫伤了脚踝，后来伤口感染，在医院进行了植皮手术。术后医生建议他少运动并卧床休息，但他不听劝告，把腿搭在板凳上扭着身子坚持修改稿件。此情此景令前去探望他的人无不为之动容。2013 年暑假过后，他被检查出患有肺炎，经过一个月的住院治疗，病情有所好转。伴随着天气转凉，医生建议他尽量不要外出活动，于是，他就把办公场所彻底转移到家里，每天花 5—6 个小时的时间兢兢业业地审读来稿。他改稿时没有丝毫的马虎，一个介词也要反复推敲、仔细斟酌。"有时候可能不是一个生词，是作者的一个失误，他也要查清楚。实在查不出来的，他会在文章上标注清楚这个词他没看明白，究竟是笔误还是另有解释。"[1] 经他修改的稿件条理清晰、措辞严谨、表达流畅。他的秘书郭铖老师总是想方设法减少他的工作量，他却说："小郭，你别客气，我现在熟练多了"，"小郭，最近我的水平比以前提高了。"[2]

作为刊物主编，除了做好与作者的沟通交流，文圣常还注重对青年作者的培养。每年的 3 月是高校研究生投稿最多的时候，因为要赶在 6 月毕

---

[1] 郭铖访谈，2014 年 7 月 2 日，青岛。资料存于采集工程数据库。
[2] 同[1]。

业，学生们都比较着急，希望稿件尽快刊发出来。为了赶时间，部分学生会匆匆完稿直接投递给《中国海洋大学学报（英文版）》，以至于存在许多不足或错误。针对此种情况，许多刊物会直接拒稿，不予发表。但是，文圣常始终认为大学的学报还承担着服务师生、培育人才的职责，特别是对科研品行正在养成中的青年学生应该给予指导和帮助，而不是"一棍子打死"、直接"毙稿"。正是本着帮助学生、使学生成长进步的爱护之心，文圣常会像导师对待研究生一样，把论文中存在的问题一一标注出来，反馈给学生修改。学生改好之后，他还要再核查一遍，确认没有问题了，才同意刊发。

在文圣常率先垂范下，历经十年的辛勤付出与不懈努力，自 2012 年，《中国海洋大学学报（英文版）》成功被 SCI 收录。当学校领导和师生前来向他表示感谢和道贺时，他却谦虚地说："总算没有给学校丢脸"。同年，英文版获得了第四届中国高校优秀科技期刊奖、2012 中国国际影响力优秀学术期刊，并成为入选教育部"高校科技期刊精品工程"首批 14 家期刊之一。伴随着办刊水平的提升、知名度的扩大，学报在 2014 年又由季刊改为双月刊，投稿量日益增多，但已年逾 90 的文圣常依然像往常一样坚持每天审稿，并保持每周 2—3 篇的工作量。但他的视力已大不如从前，换上了更高度数的眼镜；听力也严重下降，几乎听不见声音，与人交流时，对方要在他耳边大声喊或者写成文字。因为行动不便，自 2013 年下半年起，他不再去办公室，改为在家里审稿。有一段时间，因为来稿量激增而且质量参差不齐，有的甚至存在简单的语法和字词错误这类明显的低级错误，在一向治学严谨的他看来是无法容忍的。这种情况遇到的多了，他也会急躁，急躁之后就是血压的升高和心动过速的发作，考虑到年龄和身体状况，他建议编辑部向学校反映尽快找个人来接替他，尽早把这一工作交出去。他还说："等学校找好人，就明文交接，这之前我是不会撂挑子的。就这样坚持了一天又一天，后来也不提这个事了。"[1] 为了减轻他的工作压力，编辑部后来又聘请了中国

---

① 季德春访谈，2016 年 9 月 13 日，青岛。资料存于采集工程数据库。

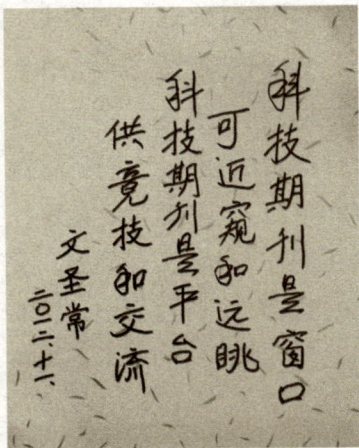

图 7-16　2012 年 11 月，文圣常给《中国海洋大学学报（英文版）》题词

海洋大学海洋生命学院的杨官品[①]教授来审核海洋生命科学类的稿子，物理海洋、海洋工程、海洋地球科学等领域的稿子依然由文圣常来终审。平均每期刊物要发表 23 篇论文，文圣常负责审核其中的 15 篇，约占 2/3。

2019 年 5 月 25 日，中国海洋大学学报 2019 年（首届）学术年会在崂山校区召开。会上，举行了中国海洋大学学报编委会换届，文圣常因年事已高，不再担任《中国海洋大学学报（英文版）》的主编，改任名誉主编。从 2002 年创刊至 2019 年，《中国海洋大学学报（英文版）》共出版 70 余期，文圣常大约终审了 800 余篇稿件，按每篇论文 4000 个单词计算，共审读了 300 多万个单词。同年 11 月，文圣常因身体不适住院治疗，此后便不再从事学报的审稿工作。

他曾说，如果没有这个刊物，他近十年的生活可能是另外一种状态。如果没有这份刊物的审稿工作，他或许会和其他老人一样，在唱歌跳舞、读书看报中享受晚年时光，也可能携老伴一起外出旅游，饱览祖国的大好河山。但这些都不会发生，即使没有学报的工作，他也会选择其他力所能及的方式继续发挥余热，他一直觉得国家、社会和学校给予他的太多，他无以为报，唯有尽己所能做好工作，方得心安。

---

①　杨官品（1963-），湖北江陵人。教授，主要从事海洋生物遗传育种研究。1992 年于华中农业大学作物遗传改良国家重点实验室获博士学位，1993 年 2 月-1995 年 7 月受美国洛克菲勒基金会资助在弗吉尼亚理工学院完成博士后研究，1987 年 9 月-1996 年 6 月在华中农业大学任教，1996 年 7 月-2000 年 2 月在湖北大学任教，2000 年 3 月开始在中国海洋大学工作至今。2013 年任《中国海洋大学学报（英文版）》副主编。

第八章
文氏外传

    2000 年以后，文圣常退居科研和教学二线，不再直接从事海洋科学研究和教学工作，但他依然不得闲，总想着为国家、为社会、为学校做点什么，并主动承担起了《中国海洋大学学报（英文版）》的主编工作，十几年如一日潜心审读修改稿件，甘做幕后英雄，为他人作嫁衣。在中国海洋大学鱼山校区，同样的时间、同样的地点，总能见到一位老者，拎着一个黑色的手提袋，缓缓独行在去往文苑楼的路上，寒暑不易、风雨无阻，多年来，这俨然成了中国海洋大学校园里的一道独特风景。由文圣常演绎的这道独特风景一直持续到 2013 年夏他改为在家办公时止。

    文圣常的成长历程是不平凡的，也是富有传奇色彩的。他不看重功名利禄，不在乎权势地位，也不喜炫耀与张扬，唯一真正在乎的就是科学研究与工作。他的生活中充满了太多的故事，在故事中蕴含着无数人生的哲理和岁月的沉淀，细细读来，意味无穷，令人受益匪浅。

行走的风景

图 8-1 文圣常在上班路上

在历史悠久的中国海洋大学鱼山校区，具有浓郁欧陆风情的建筑和拥有百年树龄的梧桐、银杏、水杉等随处可见。多年来，穿行在这如诗如画的校园中，文圣常与这里的一草一木、一砖一瓦彼此熟悉，甚至达成了一种心照不宣的默契。

文圣常现在的住处距离中国海洋大学鱼山校区很近，出家门，沿石阶而下，穿过鱼山路，就是校园了。人们把他每天必经的这条路亲切地称为"院士小路"。风雨沧桑中，这段路留下了文圣常行走的身影，印记着他或坚实或匆匆或蹒跚的步伐。在妻子葛管彤的记忆中，文圣常一直是每天上三班：早晨吃饭后就去单位，中午回家吃饭，饭后也不午休，接着去学校，晚饭依然回家吃，然后再去学校，工作到 22 点左右回来。有时一天下来，两个人连说话的机会都没有。

2000 年从科研一线岗位退下来之后，文圣常依然保持着每天上三班的习惯，每天工作十几个小时，风雨无阻、雷打不动，甚至春节期间也不休息。据他的秘书臧小红老师介绍，文圣常不大喜欢过春节，他说："我真是希望一天都不休的。但考虑到如果有人看见我在春节的前三天还来工作，一定会认为我有精神病，我还是忍耐三天吧。"大年初四，文圣常会准时坐在办公室里，这一点在他 1995 年写的一首诗中可以得到佐证。

春节初四回办公室

1995 年 2 月 3 日

半旬未临书斋门，
开锁入室倍觉亲。
犹忆离时曾关窗，
今日案头未积尘。

此外，文圣常也不太喜欢出差，觉得出差会影响工作计划与进度安排。每次出差回来，他总要想方设法加班加点把出差占用的时间补回来，把积攒的工作尽快消化掉。

日复一日，年复一年，这位优雅而慈祥的老人就这样默默地伏案审读着各地投来的稿件。自 1986 年就在他身边工作的臧小红老师于 2001 年因出国定居离开了海大，2012 年，回国探亲的臧小红走进阔别了 11 年的文圣常的办公室，眼前的景象令她感动不已。

当我百感交集地走进这个我曾经在十几年中几乎天天步入的房间时，年逾九旬的文先生正左手持放大镜、右手执笔，伏案审阅修改英文论文。还是那个坐在办公桌前熟悉的身影，还是同样的桌椅，一样角度的抬头微笑，恍惚间时光仿佛流回到十多年以前……文先生看到我高兴地说："你看看，这两间房子还和你走的时候一样"。他不断地指着写字台、书橱、沙发、茶几跟我介绍说，"还都是过去的老家具，就是资料更多了，放得到处都是。虽然显得

图 8-2　文圣常在办公室工作

图8-3　文圣常走在去往文苑楼的路上

很乱，但查找方便。"是啊，还是那些几十年前文先生由"前院"带回的几件旧家具，稳稳地矗立在原来的位置上，默默地在这楼中一隅陪伴着他，静静地经历着日转星移……更多的资料和书籍重重地压在早已变形的书橱和茶几上，让人隐约有些担心：原本就做工简单的单薄家具会不会有一天终于不堪重负而垮掉……除了墙上多出了几幅画和一只饮水机，一切如故！不知是感叹岁月无情，还是感觉回到了久别温暖的家中，面对熟悉的笑脸、熟悉的声音，本打算陪文先生多聊会儿天的我竟说不出一句话来，簌簌泪下。①

日久天长，文圣常每天穿行校园的过程俨然成了一道特有的"风景"，并成为众多中国海大人时常谈起的话题。有的人甚至因为有一天没看到他在路上走过而变得心神不宁，担心起他的健康来；也有虚心好学的青年在路边守候，趁机上前询问几个问题；还有人把他每天上班的过程写成了文章，刊登在报纸、网络上，成为激励先进、鞭策后进的正能量。陈鷟在《松坡下的小径》中这样写道：

　　有时候，在这条小径上我会遇到一位白发老人。他身影瘦小，背略弯，一只手上总是提着一个深色的公文包。远远地看见他走来，我会停下脚步侧身等着，等他走近了与他打个招呼，他则报以真诚慈祥的微笑，向我挥一挥手，继续走去。那脚步不紧不慢，沉稳而自信。

---

①　臧小红访谈，2017年9月25日，美国。资料存于采集工程数据库。

他是从家里走来的，或是正走在下班的路上。那份平和、那份硬朗，还有那偶尔略带倦意的神情，都给人一种莫名的力量。这位长者就是九十多岁高龄的文圣常院士，中国海浪研究的奠基人之一。他的出现，常常令我这个三十多岁的年轻人为自身的浮躁而汗颜。那身影仿佛在告诉我，不论你的人生有多少辉煌，你都应该常常独自漫步在这样幽僻的小径上。

王宣民在《背影》中写道：

> 那年春节，正月初三，人们走亲访友贺岁贺年，最是喜气洋洋的日子。我带小儿到鱼山校区操场，打算痛痛快快地踢足球。走到操场边的三角地，看到一位裹着羽绒服手提公文包的老者，步履蹒跚地走来。仔细一瞧，那不是文先生嘛！忙上前向他拜年……文先生蹒跚地继续向前走着。九十一善寿，满头银发染；两耳近失聪，双目老花眼。岁月无情，先生老矣。一辆辆拜年的轿车擦身而过，我心里一阵阵发紧；先生似乎没有察觉，只顾自己低头前行。我望着先生背影渐渐走远，慢慢变成小黑点在挪动。许是风吹，许是情至，两眼不觉涌出两滴泪珠儿……近两年，文先生在鱼山校区，虽然身体每况愈下，但只要身体能行，还是坚持到学校走一遭、办公几小时。我在崂山校区上班，很难与先生见上一面。唯独脑海中不时闪现着先生或休闲夹克、或厚厚羽绒，提着包蹒跚前行的背影，且越发清晰。[①]

尽管行动不便，但他拒绝别人的帮助和搀扶，坚持独立行走和上下楼，手提包也要自己拎。遇到女士，他会请对方先行。

后来，在校领导的劝说下，他的工作时间适当减少，"三班"改成"两班"。再后来，走路、上下楼变得更加吃力，被迫由"两班"改为"一班"。自2013年9月，因查出患有肺炎，医生叮嘱他尽量在家休养、不要

---

① 王宣民：背影。《中国海洋大学报》，2014年12月18日。

外出活动，他才被迫放弃去学校上班的念头，但他这种放弃也是为了节约时间继续工作。他对自己的秘书郭铖说："我现在走路能力下降了，再去办公室，每天要占用一个多小时甚至两个小时的时间，有时候走走停停，那工作时间就会缩短。"[①] 于是，从那时起，文圣常改为在家里办公。即便如此，他依然和在办公室一样忠于职守、勤奋敬业，每天坚持工作五六个小时以上。曾有人问他这样累不累，他说："我从未觉得累，每个人的生活方式不同，我喜欢这样的生活方式，我每天总是感到时间不够用。我一生中一切都是平平淡淡的，我喜欢这种平淡的生活，能做一点力所能及的事我就很高兴。"

尽管文圣常已不再到学校上班，他的身影也许久没有出现在那条熟悉的小路上，但那道"行走的风景"却永远地定格在每一位中国海大人的心中，激励着他们在建设海洋强国的伟大征途中乘风破浪、砥砺前行。

故 事 人 生

文圣常已至百岁，凝望这位历经岁月洗礼的睿智老人，他的成长历程是一条坎坷曲折的路，沿途承载了太多的苦难、惊险与考验；他的人生又如同一幅画，五彩斑斓，有执着的坚守、有成功的喜悦，也有被迫放下的无奈；他的人生还如同一本书，里面记载了数不尽的故事、哲理和感悟，等待着后人去阅读、去品味、去借鉴。

回首风雨人生路，太多故事在其中。在他人看来，文圣常不仅是一个创造、演绎故事的人，也是一个会讲故事、善于讲故事的人。在中国海洋大学，大家听说过无数关于文圣常为人治学、爱国荣校的故事，也听他本人讲述过许多富含人生哲理和求学之道的故事。在此，我们整理收录几则，与大家一起分享这位令人敬仰的传奇老者的故事人生。

---

① 郭铖访谈，2014 年 7 月 2 日，青岛。资料存于采集工程数据库。

梧桐树的故事

2013 年 11 月 28 日下午，在中国海洋大学第十四届"文苑奖学金"颁奖仪式上，文圣常院士给大家讲述了这样一则故事。

文圣常院士现在居住的房子是开山修建的，部分山体作了保留，其中有一块儿很大的石头与山体间有一个细小的缝隙，以他的视力是看不到这个缝隙的。每天上下班，文院士都从这块大石头前走过。

不知何时，有一颗梧桐树的种子掉进了这个狭小的缝隙里，过了一段时间，它竟然发出了一棵翠绿的嫩芽，这个新生的嫩芽令每天路过于此的文院士感到喜爱，可他又为这棵嫩芽未来的发展和成长感到忧虑，因为总担心风吹、日晒、雨淋等恶劣环境会危及它的生命。在文院士的担心中，时间一天天过去，上下班的时候他也密切地观察着这个小生命。令人意想不到的是，这棵嫩芽竟然长成一棵细小的树苗，小树苗依然是令人喜爱的。但是，对于小树苗的前程，文院士还是感到忧虑。时间依然在流逝，文院士每天还是从石头前走过，这棵幼小的树苗竟然从几毫米粗细慢慢地长到了 1 厘米，后来长到了直

图 8-4　文圣常上下班经常走的那条小路（2021 年 5 月 23 日，冯文波摄）

图 8-5　文圣常在故事中提到的那棵梧桐树（2021 年 5 月 23 日，冯文波摄）

径几厘米左右，这令他非常高兴，也让他看到了这棵树未来成长的希望。

寒来暑往，转眼 20 多年过去了，如今那棵直径 1 厘米的小树苗竟然长成了一棵直径达 40 厘米的大树。在文院士的房后接受雨淋日晒，随风歌唱，并继续向上生长。

文院士说，原来他担心那个大石块儿会阻碍威胁这棵树苗的生长，现在反过来了，梧桐树越长越粗，把石块儿向外挤压，以至于人走到那个石块儿跟前，觉得那个石块儿岌岌可危，随时会倒下来。他还说，这一方面让他感到生命的伟大，令人敬畏；另一方面他想告诉大家这种生命的顽强是一种天赋，是生命进化的结果，是天生的，是不能改变的。但是，我们人类不仅有天赋还有智慧，而智慧是可以在人的生活、学习和工作中不断发展的。他希望广大同学既要珍惜自己的天赋，又要发展自己的智慧，更好地服务国家建设。

两斤点心的故事

在 2012 年的一次校友座谈会上，时任文学与新闻传播学院党委书记的陈鹜给大家讲述了这样一则故事。

陈鹜在校长办公室工作期间，有一次与校办其他同志一起陪文圣常院士去医院看病，回校之后，文院士竟买了两斤点心拎到胜利楼校长办公室。当时校办的年轻同志对文院士不是很熟悉，就问"老先生你找谁"，文院士说："我是文圣常，我来感谢你们陪我去看病。"此语一出，现场的年轻人感动不已。

陈鹜说，通过这样一件小事，我们能感受到的是文院士没有觉得自己是院士、学校人员陪他去看病是理所应当享受的特权，而是怀着一颗感恩的心向对方表示感谢。

三次叮嘱的故事

文圣常是一位慈祥的老师，对学生总是言传身教、关怀备至；他也是一位严师，对于学生在工作和学习中表现出的问题会及时地加以纠正和引导。他的学生丁平兴教授讲述了一则"三次叮嘱"的故事。

1993 年 11 月下旬，华东师范大学决定对丁平兴在博士后期间的教学科研工作进行考核评审，文圣常应邀作为专家参加考核评审会。

在华东师范大学做博士后期间，合作导师陈吉余院士把丁平兴引进河口海岸领域，并给予了大力支持和具体指导。同时，他的博士生导师文圣常、余宙文和孙孚教授也继续给予帮助和指导，使他将物理海洋学原理与方法应用于河口海岸研究，加上自己的勤奋和努力，两年多的时间里，丁平兴在科研上取得了不错的成绩。有良好的成绩傍身，加上当时正值年少气盛，在博士后工作汇报中特别是在会后的交流中，丁平兴无意间流露出一种傲气，并向文圣常吐露曾对华东师范大学校领导直言提出对于学校科研管理方面的意见和建议。文圣常默默地听在心里，并未明确表态。

评审会结束后，师生话别，丁平兴送文圣常去火车站。抵达站台后，文圣常表示不用送上车，并语重心长地嘱咐他说"要少说话，多做事"。丁平兴坚持把老师送上车，火车开动前 5 分钟，列车员广播通知火车将要发车，送客者请尽快下车。文圣常催他下车，并第二次

图 8-6　1993 年 11 月，文圣常参加丁平兴博士后答辩会后在上海合影（左起：孙孚、方欣华、文圣常、王景明、丁平兴）

嘱咐他"在单位要少说话，多做事"。下车后，丁平兴在站台上等候火车开动，没想到文圣常却从火车上走下来，径直来到他身旁，第三次明确告诫他："尽管你对学校提的意见和建议绝大部分是正确的，但学校解决要有个过程；领导一般愿意听好话，给领导提意见最好要注意方式方法；若遇到开明的领导，把一个单位交给你管理，对你以后学术成长与发展是否合适？"讲完这三点，文圣常在列车员的催促声中转身上车。

站台上，丁平兴望着渐行渐远的火车，心潮澎湃。

丁平兴坦言，文院士给人提意见和建议一般只是点到为止，但他在上海火车站给自己的叮嘱，特别是以他当过学校主要领导的经验体会，见前两次嘱咐似乎学生尚未理解，第三次便动之以情、晓之以理地加以表述，令他终生难忘。

1993年年底，丁平兴博士后出站后留华东师范大学工作。他谨记老师的嘱托，少说话、多做事，勤恳搞科研、踏实做学问。同时也遇到了开明的校领导，1994年，学校任命他为河口海岸动力沉积与动力地貌综合国家重点实验室（今河口海岸学国家重点实验室）副主任，1996年担任主任，一直到2010年离任；自1998年起兼任河口海岸研究所所长、河口海岸科学研究院院长至2014年，后又担任华东师范大学地球科学学部主任至今。学术上，他在近岸海浪理论、波－流共同作用下的泥沙输运、潮滩演变动力机制及数值模拟、陆海相互作用研究等方面进行了卓有成效的研究，为促进河口海岸研究和发展做出了杰出贡献。

小鸟筑巢的故事

文圣常喜爱花鸟，常感叹大自然的造化与生命的力量。他也经常触景生情，将他的感动写成七言小诗，压在书桌的玻璃板下。他的秘书臧小红老师给大家讲述了一则他观察小鸟筑巢的故事。

有一天，臧小红刚进入他的办公室，文院士马上将食指放在嘴上示意她安静，然后神秘地用手指向外面的窗户。臧小红望向窗外，并没有发现什么异常。这时，文院士慢慢地从书桌前站起来，向她招招手，示意她悄悄走到窗前。从窗口向外望去，臧小红发现，不知何时在窗前树上的枝杈间堆满了枯树枝，还有鸟儿在飞来飞去地筑巢。看样子，鸟儿也是选址后刚刚动工。臧小红迅速查看了一下并排的其他小树，都没有出现这种情况。令她好奇的是：在文苑楼的周遭有很多枝繁叶茂的大树，鸟儿为什么会选择在这棵枝叶并不茂盛的小树上筑巢呢？而文院士感兴趣的却是小鸟在怎样运作。

从那天起，臧小红发现在文院士的日常交谈中多了一个话题，那就是小鸟筑巢。他说："非常惊叹于鸟儿的建筑本领。小鸟并不是简单地将树枝堆放在一起，而是在完成一件复杂的建筑作品。鸟儿筑巢的用料选择非常有目的性，它对材料的长短粗细、材质性能有很高的要求。最令人惊奇的是它的建造技能。鸟儿从空中找到合适的角度用嘴衔树枝，然后俯冲并准确无误地将树枝一段一段地插入它该在的位置上。当它偶尔出现失误将树枝掉在地上时，它会选择不厌其烦地将树枝叼回，再俯冲操作一次，失败后还会再来一次……"那段时间，文院士几乎每天都会饶有兴致地讲两句他对小鸟筑巢的新发现。比如，鸟儿的取材从最初的枯枝、细枝，变化到衔来柔软的草茎、羽毛；不清楚在哪一天，施工的鸟儿变成了两只。文院士说，鸟儿筑巢时会很小心谨慎，如果受到干扰，它们会放弃这里而另选新址。所以，文院士在那段时间是不开窗透气的，他担心小鸟受到干扰和惊吓。

那段时间，文院士对小鸟的勤奋、执着和巧夺天工的技能赞不绝口，同时他也感慨道：我们不可以小觑周围的事物，它们往往拥有我们所不知道的能量。

臧小红说："文先生总是在用心观察和感悟周围的一切，这或许能解释为什么当年他在前往美国的航船上遇到惊涛骇浪的时候，从中领悟到海浪的巨大能量与其研究意义，立志投身海洋事业并为此奉献自己的一切。"

结　语
从弄潮儿到一代宗师

时光匆匆，物华冉冉，追赶着岁月的脚步，已至 2017 年的冬天。此刻，历时两年的文圣常院士学术成长资料采集工作即将接近尾声。两年间，采集小组循着文圣常院士出生、成长、求学、工作、进修和生活的轨迹认真挖掘、仔细梳理、积极求证、不断归纳，获得了许多文圣常院士为人治学的宝贵资料，在欣喜于采集成果丰硕的同时，也被他献身科学、报效祖国的精神感动着、激励着。

文圣常是中国第一代从事海洋科学研究的专家，是中国海浪研究的开拓者和物理海洋学的奠基人之一。少年时期饱受战乱之苦，在迁徙流亡中艰难求学，后出国进修学习，在赴美的航船上偶然发现了波浪蕴含的巨大能量，并把它作为锲而不舍的研究方向。历经千辛万苦的求索，凭着百折不挠的志向，他终于抵达从事海洋科研的"圣地"青岛，在位于鱼山路 5号的海大校园里先后在海浪谱研究、海浪计算及预报方法、混合型海浪数值预报模式三个方面取得了重大创新，极大地助推了我国海浪研究的进步与发展，并为我国海浪预报和海洋工程建设提供了丰富的理论指导与帮助。他的贡献大家有目共睹、举世公认，他为人治学的态度令人敬仰，他淡泊名利、虚怀若谷的品行受人尊敬，他心底无私天地宽的胸怀使人叹服……在一系列的感动与激动中，我们也在探寻和思考文圣常院士成功的秘诀与真谛，希望在浩如烟海、千丝万缕的信息资料中找到答案。

我们也深知一个人的成功是多方因素综合作用的结果，天时地利人和，缺一不可，而且即使具备了这些条件，一个人的成功之路也不可能会被复制。鉴于此，我们试图探寻"成功秘诀""万能钥匙""制胜法宝"的热情渐渐平复，开始围绕文圣常的成长经历进行客观理性的探究。一个人之所以成功，除了天生的资质禀赋、智力以及外在的机遇，还是有一些可以总结和归纳的共性的东西，我们暂且将其称为"优秀品行"。在采集过程中，我们发现了文圣常院士身上所蕴含的太多的优秀品行，抛却那些与生俱来的、偶然的、时代性的东西，优秀品行应是其之所以在海浪研究领域创新突破取得重大成就的保障。我们契合采集工作，将他具备的优秀品行进行了简单的梳理和划分，希望给那些试图探寻成功经验的人以启迪、给立志献身海洋研究的有志之士以借鉴，使他们在攀登科学高峰的路上少走弯路、阔步前行。

充满好奇的探索之心

文圣常之所以能在海浪研究领域取得如此高深的学术造诣，这与他具备的好奇与探索之心是密不可分的。

正是因为善于观察、勤于思索，1946 年年初，在赴美的航船上，途经太平洋时，当大家都沉迷于乘船的兴奋、激动和大洋的辽阔壮美之时，文圣常却由船的颠簸想到了波浪中蕴含的巨大能量，并萌生出开发利用这一能量的想法。在这一好奇心的驱使下，他不仅在 40 余天的航程中思考，甚至在美国学习期间还查阅相关资料，回国后更是历时 6 年时间苦苦寻觅从事海洋科学研究的归属地，希望把自己的想法变为现实。正是凭着这份执着和坚守，他最终抵达了青岛，在山东大学遇到了赫崇本教授，在新生的海洋系里如鱼得水、破浪前行，取得了一个又一个创新成就。从萌生研究海浪利用的念头到最终抵达青岛，历时 7 年之久，而且中间还有无数的曲折和插曲，假设文圣常是一个意志不够坚定的人，假设他满足于偏安一隅的稳定生活，假设他屈服于当时的困难，或许就不会有今天我们看到的如此多的海浪成果问世，他也就不会成为今天的海浪研究巨匠。

　　在文圣常的成长轨迹中，我们发现许多体现他好奇、探索之心的案例。例如，遇到新鲜的词汇、流行语，他会积极地探寻其含义，并虚心地向年轻人求教。臧小红老师回忆，有一次他专门向她请教"发烧友"的含义。臧小红给他解释之后，他还亲自造句说："我特别喜爱我现在所做的工作，为了它我可以废寝忘食，我算不算这方面的'发烧友'呢？"他还向秘书郭铖老师询问"微博"和"博客"有什么区别，"推特"又是什么，"短信"和"微博"有什么不同。这一点还体现在他对生活中新鲜事物的敏锐洞察力，如他观察小鸟筑巢的故事。身体年迈，时常会遭受疾病的困扰，对此他也仔细探究，在吃药、保健方面有自己的心得和体会。

　　好奇心是科学探索的原动力，好奇心还可以引发学习的兴趣，并激发人的求知欲。文圣常正是因为始终怀有一颗好奇的探索之心，并同时具备持之以恒的毅力，所以在后天的辛勤耕耘中收获了无数成就。

谨言慎行的处世哲学

　　采集过程中，我们从多位被采访人的讲述中感受到文圣常为人处世的人生哲学是"谨言慎行"。这一优秀品行不仅使他赢得了同学、同事、朋友的赞誉，而且使他在"文化大革命"中免遭劫难，为日后继续投身科学研究事业保存了力量。

　　细细探究，谨言慎行优秀品质的养成，或许与文圣常青少年时期的成长和求学经历有很大关系。少年时期，恰逢战争岁月、社会动荡，一个人在外艰难求学，时常过着颠沛流离、朝不保夕的生活。野蛮残暴的日本侵略者、横行山间乡野的土匪、腐化堕落的国民党军队……在那样的社会环境下，稍有不慎都会危及生命。后来，他一个人带着弟弟妹妹辗转各地生活，更是谨小慎微，不容有丝毫的闪失和差错。后来，弟弟的失踪使他万分悲痛，从此他更加小心翼翼，不敢有丝毫的马虎和大意。在同学和同事的印象中，他从不与人争执，更不在背后议论他人，甚至有耿直的同事因看不惯有人说文圣常的坏话，替他打抱不平，他却说"那都是误会"，一笑了之，继续埋头于自己的工作。

　　"文化大革命"期间，山东海洋学院许多教授都遭受批斗甚至被迫害致死，却没有一张攻击文圣常的大字报，周围的邻居为此感到好奇。或许是因为他每天埋头工作，与世无争，谨慎行事，造反派们实在找不到攻击这样一个勤奋踏实之人的把柄和借口吧！面对红卫兵的抄家行为，他为使家人不再遭刁难，主动"上交"书籍资料。工宣队组织师生员工赴文登、日照参加劳动，他一声不吭跟随前往。既不是他软弱，也不是他没有男子汉气概，而是因为他经历了太多的坎坷与磨难，并坚信风雨飘摇的日子总会过去，留得青山在，不愁没柴烧，保护好自己、留守住身体这一"革命的本钱"，才可以继续从事自己热爱的海浪研究事业，为国家、为社会做出更大的贡献。

无论在工作中，还是生活中，文圣常从不抱怨、也不发牢骚，与同事和家人常常遇事多商量、好事多谦让，有困难积极承担。晚年更是以"安静度来日，永忘与世争"的心态潜心于自己热爱的工作中。

勤勉尽责的工作态度

文圣常曾获评全国教育系统劳动模范和全国五一劳动奖章，可谓实至名归。在中国海洋大学乃至海洋学界，谈起他勤勉尽责、爱岗敬业的工作态度，众人纷纷点赞。

他对时间一向抓得很紧，并且总觉得时间不够用，长期保持时不我待、只争朝夕的工作劲头，被同事称为"不知疲倦的人"。1979 年，教育部委托大连工学院举办一个随机海浪理论讨论班，邀请文圣常讲课。去了之后，文圣常每天不仅要上四节课，还要备课、辅导。从抵达大连工学院的那天起，他就一直在招待所和教室"两点一线"地奔走忙碌着，直到讨论班结束，他也未去大连市里或者海滨转转、看看。讨论班结束的当天，他连夜购买了一张四等舱的船票赶回了青岛。1982 年，他准备前往法国参加一场国际学术研讨会，在北京培训期间仍积极撰写、翻译会议发言材料，直到启程的最后一刻。

即使春节期间，他也加班加点地工作，甚至希望一天也不休息，可是又担心被人家笑话是"精神病"，只好忍耐三天，正月初四他会准时出现在办公室。1997 年元旦，他曾赋诗一首，表达老骥伏枥、志在千里、继续

为科研事业效力的心境:

> 对镜难觅青丝在,幸留瘦肢耐疾行。
> 莫嫌余辉热温微,撒向人间亦暖情。

晚年的文圣常时常以"老牛自知夕阳晚,无须扬鞭自奋蹄"勉励自己。据臧小红老师介绍,文圣常院士总感觉时间不够用,有时也会感慨:在"文化大革命"期间以及后来从事行政管理工作期间没能全身心投入科研工作,觉得应该珍惜当下的每一天,"现在的工作环境这么好,没有理由不努力工作"。

朴素真实的爱国情怀

文圣常自幼饱尝战争之苦,亲历日本侵略者的野蛮与残暴,在内心深处更加懂得国家强盛的重要意义。所以,他始终以国家需求为研究方向,致力于解决经济社会发展中遇到的难题与瓶颈。

20 世纪 60 年代初,文圣常提出的"普遍风浪谱"和"涌浪谱"打破了在世界海浪研究领域欧美等发达国家一枝独秀的垄断局面。在那个西方大国普遍对中国进行技术封锁的时代,此举极大地提升了中国的国际形象,而且长了中国人的志气。20 世纪 60 年代中期,他开始思考如何将海浪理论成果转化为现实生产力,更好地为国民经济发展服务。于是,他主持和领导了国家科委海洋组海浪预报方法研究组的技术工作,提出了一种适合中国海域特色的海浪计算方法,不仅精确度较高,而且计算方便。20 世纪 70 年代末,为适应我国沿海城市改革开放的需要,在前期研究的基础上,他参与了制定近岸工程设计技术标准的工作,提出的海浪计算方法被列入交通部《港口工程技术规范》第二篇《水文》的第一册《海港水文》中,并于 1978 年出版,从而结束了我国在港口建设有关规范中长期依赖苏联和美国的状况。20 世纪 80 年代末、90 年代初,他又承担了国家重大科技攻关项目中的海浪数值预报方法研究课题,针对海浪数值预报国外通行方法中存在的困难以及我国没有大型计算机的现实情况,提出了一种新型混合型海浪数值预报模式，使我国的海浪预报模式从传统的经验预报迈向了数值预报。

20 世纪最后十年，为响应联合国教科文组织提出的"国际减灾十年"号召，文圣常主持承担了"灾害性海浪客观分析、四维同化和数值预报产品的研制"专题研究工作，相关产品在国家海洋环境预报中心应用于风浪预报。20 世纪 90 年代中后期，他又主持了"近岸带灾害性动力环境的数值模拟和优化评估技术研究"专题项目，并亲自参与其中某些子课题的研究工作，提出了新的风浪谱研究方法。这一系列科研成果都是在他坚持从中国海洋事业的实情出发、研究海洋灾害、助力国家经济社会发展的理念的指引下诞生的。

多年来，文圣常的心中始终装着祖国，为国家的海洋科学研究事业呕心沥血、殚精竭虑。每当别人对他取得的成就、做出的贡献表示敬佩和祝贺时，他总是说，"我没做多少工作，国家给予我的太多，我做得还不够好。""所得愧嫌厚，所献未从心"是他用以自勉的诗句，正是怀着这种感恩的心，他至今依然在如春蚕、如蜡烛般奉献着余热。

谦虚好学的向学之道

尽管文圣常在海浪研究领域取得了许多开拓性的成就，但他始终保持谦虚谨慎、不骄不躁的优良作风，谦虚好学、不耻下问，主动向身边的人请教。这一点在他学习计算机操作过程中体现得尤为突出。

2005 年，已是 84 岁高龄的文圣常和他的秘书郭铖老师说，想学习计算机，请他教一下自己。感动于老先生虚心好学的精神，郭铖欣然答应。之前，文圣常是懂一些计算机知识的，只是他使用的都是较早版本的操作系统，伴随着信息技术的进步早已淘汰。他说，其实在 20 世纪 90 年代末就想学计算机，但因为科研压力大、精力不够，一直推迟到现在。

上课开始了，一次讲两个小时，文圣常如小学生般认真听讲，并做好笔记。如何开机，怎么进入系统，键盘怎么用，他都记得非常细致。课下，认真做好练习。下次课时，他会就遇到的问题向郭铖请教。随着学习的深入，他也感叹计算机科学的伟大："计算机实在是太深奥了！奥妙无穷，这才是真正的学问，要是我做，我搞不了，看这个功能多强大。"

此外，从他对外语的熟练掌握程度也可以看出他善于学习、爱学习的向学之道。英语，他已做到了听、说、读、写的"四会"，俄语、德语也达到了阅读专业刊物的水平。特别是对于英语的学习，无论是大学时期，还是后来在飞机修理厂工作以及在美国进修学习时，他都持之以恒地坚持学习。当他人沉迷于武侠、言情类小说的快意恩仇时，他却抱着学习英语的目标读外文原著；当修理厂的其他同事忙着打牌游玩时，他还在补习英语；当同伴惊叹于美国的发达与时尚，四处旅游、闲逛时，他却在翻译加拿大学者的著作，以此练习提升自己的英文水平。1952年前后，他被调往哈尔滨新成立的军事工程学院任教，鉴于当时该校苏联专家较多的情况，为便于交流，他自学了俄语，这也为他后来从事海浪学研究、查阅苏联方面资料提供了很大帮助。

多年来，正是秉持这种谦虚爱学的理念，文圣常的知识积累日益丰富、视野更加宽广，看问题的角度也更加新颖独特，取得了一个又一个创新成果。

淡泊名利的人生境界

淡泊名利是一份豁达的心态，也是一种处世的境界，文圣常便是具备这种心态和境界的人。他对名和利看得很淡、很轻，从不计较个人得失，也不在乎物质的多与寡，甚至经常把国家给予他的奖励捐赠给学校或家乡。

2000年，文圣常荣获何梁何利奖，将20万元港币奖金全部捐献给国家的教育事业。一半捐给青岛海洋大学，设立奖学金，用于资助品学兼优的学生；另一半捐给家乡的砖桥镇初级中学，建设教学楼。无论是奖学金，还是教学楼，校方都希望用他的名字命名，他坚辞不就。2006年，他又从自己的工资收入中拿出10万元用于"文苑奖学金"的发放。2008年，他荣获青岛市科学技术最高奖，获得奖金50万元，又全部捐出，其中20万元给了"文苑奖学金"，30万元捐供本科生研究发展使用。2018年，他再次向"文苑奖学金"捐赠20万元。他还特意给负责奖学金发放的部门负责人写信，希望不要在颁奖仪式上提及他设奖一事，他说，在这一工作中，学校、学院、部处都贡献了智慧和力量，总提他一个人不合适。他也要求不要再安排学生给他献花，觉得这是喧宾夺主之举，容易冲淡获奖者的荣誉感和颁奖氛围，即使献花，也应该是献给获奖学生。他总是设身处地为他人着想，对于自己的付出却只字不提。

面对荣誉亦是如此，20 世纪 90 年代末，青岛海洋大学接青岛市通知，拟推荐文圣常作为"全国五一劳动奖章"的候选人。文圣常得知后坚决反对。他对秘书臧小红说："参评这种奖项的人，都是为国家做出重大贡献的劳动者……我哪有资格、哪好意思获得这个荣誉，你千万不要做！"但学校和青岛市都认为这项荣誉非他莫属，只好瞒着他"暗中操作"。时至今天，忆起此事，臧小红说："那也是我唯一一次瞒过文先生填写了申请他个人荣誉的材料。当然，文先生在获得全国五一劳动奖章后问起此事，我也只好佯装一问三不知了。"

几十年来，文圣常这种淡泊以明志、宁静以致远的心境在赢得世人敬仰的同时，也成为大家学习的楷模。

清廉质朴的品德修为

在捐资助学方面，文圣常是慷慨大方的，但是他自己的生活却是清廉质朴、勤俭节约的。

无论是他的家里，还是办公室里，第一次去的人都有一种置身于 20 世纪 80 年代的感觉，老式的沙发、茶几、书橱、桌椅，看上去都有些年头了，历经岁月的磨砺留下了斑驳的痕迹，办公室的水泥地面与当下动辄木地板或地板砖的办公环境差异很大。学校多次提出给他重新装修，都被他拒绝，说这样挺好的。

生活中，每当老伴给他买新衣服、新鞋子时，总会遭到他的埋怨。"我有的是衣服，够穿的，买什么新衣服。"葛老师说，他时常参加一些学术活动或者给学生讲课，总要穿得差不多才行。文圣常却不太注重这些，"洗得发白的灰色夹克"甚至已成为他的标配。

文圣常是海洋学界德高望重的院士，大家都仰慕他的影响力。有的人会找上门来就某项产品或项目请他鉴定、签字，并允诺给予一定的报酬，这种事情，文圣常从不参与。他还谢绝参加任何与其专业无关的社会活动，他说："对于未知的领域，我没有发言权"。相反，在他熟悉的领域，凡是对国家有贡献的事情，他可以在不获取任何利益的情况下投入工作。

他不仅自己保持清正廉洁的形象，也要求身边的亲人如此行事。2001年11月1日，青岛海洋大学举行了海洋环境学院建置55周年暨文圣常从事海洋科教事业50年庆祝大会。他在事后给侄子文纪武的信中写道："学校将我办公的一栋楼命名为'文苑楼'（我再三请辞，才不用我的名字），还举行了学术报告会，学校的报纸出了增刊。总之，给我了很大荣誉，我当然很惭愧……我将校报增刊寄给你，你可了解更详细些……你们也不要给人留下'炫耀'的误解。"

前些年，文纪武的两个儿子退伍转业，他就给文圣常写信请他帮忙给家乡的领导打个招呼，在县里给安排个好差事，被文院士回绝了。在给侄子的回信中，文圣常说，两个孩子还年轻，让他们自己好好努力吧。时过境迁，如今文纪武的两个儿子都有了自己的事业，日子过得幸福温馨。谈起当年的事情，文纪武说，他不会埋怨四爹，因为他就是一个那样严以律己、以俭养德的人。

自由平等的仁爱之心

尽管是院士，而且还担任过山东海洋学院的院长，但在众人眼里，文圣常永远是一位脸上挂着和蔼微笑、讲话言简意赅、语气谦和平缓、步履快速稳健的受人尊敬的老者。他没有半点架子，也没有拒人千里之外的气场。谦和、平易近人是大家常用来形容他的词语。

文圣常为人谦逊，总怕麻烦别人。刚从海洋馆搬进文苑楼时，因为房间有刚装修的痕迹和气味，臧小红每天早上都会提前给他办公室拖一遍地。有一次在拖地时，文圣常恰好走进办公室，看到后就不停地说："让我来吧，还是让我来吧"。臧小红说："文先生，里间的办公室已经拖好了，您进去吧，这个外间马上就拖好了。"文圣常还继续说："让我拖吧，我在家里也做的""已经很干净了，以后不要花时间拖地"。从那以后，大家都尽量选他不在的时候帮他打扫卫生。

2001年10月，臧小红因出国定居而离开海大。学校考虑到文圣常年事已高，工作中还是要配备一个助手，并且当时山东省也有相关的文件要求。但文圣常坚持不要秘书，他觉得自己已经不在科研一线了，给他配个秘书，对年轻人来说不利于其今后的发展和成长，是一种人力资源的浪费。

文圣常喜欢自己的事情自己做，他经常拎着一个手提包，每当周围的人要替他拎时，他坚决不让别人代劳。他甚至对郭铖说，"你不能再给我干这些杂七杂八的活了，这些活我可以自己干，你要是再干，我有办法对付你的。""以后你要再给我干活，我也给你干活。"每当他需要郭铖的帮助时，他总是先问"这事会不会影响你的工作安排""跟我出差，你的家人怎么办"，总是替别人考虑得很细、很多，而不是像上级给下级布置任务一样，直接下命令。

文圣常不喜欢出差，觉得耽误时间，但必须参加的会议和活动还是会去。他不希望有人陪他出差或者去机场送他。会议期间，会务组派发的纪念品或者飞机上发的小点心等，文圣常会特意留下来送给前去接他的司机，表达谢意。有时赶上雨雪天气，臧小红会去机场接他。见面他就说："你怎么来了？往返机场需要很长时间，别把时间花在这上面，有这个时间可以做些别的事情"。

在文圣常看来，人人都是平等的，没有高低贵贱之分，每一个人的时间都很宝贵，每一个人的劳动都要得到尊重，每一个人都应该有自己成长进步的自由和空间。怀着这样的仁爱之心，行走在时光里，文圣常取得了一个又一个创新成果，并赢得了大家的拥护与爱戴。

高雅乐观的生活情趣

文圣常热爱工作，但他并非是不苟言笑、一心只读圣贤书的"书呆子"，相反，他是一位感情丰富、颇有生活情趣的科学家。

他喜欢接近大自然，一草一木、一鸟一石、一虫一鱼、风霜雨雪、四季变换等都会映入他的眼帘，甚至成为他歌颂和赞美的对象。如他写校园的花草树木：

校园林木

1992 年 9 月 20 日

昨日枝头花似锦，

今朝满园树成荫。

意抱老桐嫌臂短，

仰凝杉端指白云。

松冠远伸笑迎客，

枫叶未染脉含情。

劲拔苍柏沉思古，

滴翠银杏展青春。

秋天的中国海洋大学校园层林尽染，既有泛黄的银杏、梧桐，也有苍翠挺拔的松柏，这些景色，在文圣常眼里是一幅绚丽的画卷，于是忍不住要去歌颂它、赞美它：

校园秋色

1992 年 11 月 3 日

已是枫林初染时，

满园金叶挂桐枝。

松柏依旧吐葱翠，

不是春光又何似。

此外，当别人都在为下雨天感到苦恼和发愁时，文圣常却自得其乐，觉得别有一番韵味，把他对下雨天的喜爱之情融进一首首小诗里，在抒发与表达中展现自己对自然界的热爱：

依然爱雨

2001 年 7 月 28 日

有伞不撑喜雨细，

无路漫踏爱草青。

窗明檐高留人难，

不比海阔风微腥。

还是爱雨

2001 年 7 月 28 日

雨中归来慢，

鞋漏换袜忙。

湿巾挟凉意，

煮水待茶香。

　　文圣常的办公室时常会有他人送来的花篮。待鲜花凋零后，他总会找一个大的饮料瓶，把瓶口剪大，将花篮里用作陪衬的绿色茎叶类植物收集在一起，放在瓶中用水养起来。文圣常时常感慨这些植物惊人的生命力："无论在多么恶劣的情形下，只要有一点阳光雨露，它们都会顽强地生根发芽。"当这些植物的根须长到饮料瓶装不下的时候，他就把它们带回家中换更大的容器培育。在家中，养鱼、侍弄花草成为他繁忙工作中的一种调节和放松。

　　源于热爱生活、热爱自然、热爱一切美好的事物，文圣常养成了乐观、豁达、积极和与世无争的性格，使他受益终生。

　　2011 年 11 月 1 日，在文圣常 90 岁生日之际，学校以及学院特意举行了一场师生座谈会。他说："许多人问我取得成功的经验有哪些，我并无什么经验可谈，唯独信仰爱国主义和追求科学精神，牢牢树立健康正确的价值观。爱国主义和追求科学精神以及健康正确的价值观，是我毕生献身祖国海洋事业的力量源泉，这也是我想给同学们说的心里话！"

附录一　文圣常年表

1921 年

11 月 1 日，出生于河南省光山县砖桥镇。

1924 年

在文氏祠堂读私塾，接受启蒙教育。

1927 年

就读于国立光山县第一完全小学。

1933 年

9 月，就读于河南省立潢川初级中学。

1936 年

9 月，就读于湖北省立宜昌中学。

1938 年

受战争影响，辍学回到家乡。

3—9 月，在河南省光山县白雀园小学执教。

10 月，信阳沦陷，被迫回到湖北，就读于湖北省立联合中学恩施分校。

1940 年

1 月，高中毕业。

2—3 月，与同学李汝良、李宗海步行前往重庆，报考邮政局业务员，参加川康藏邮电训练班。

4 月，考入国立中央技艺专科学校，选读农产制造科。因兴趣不符，只读了三个月。

9 月，考入国立武汉大学机械工程学系。

1944 年

7 月，大学毕业。

8 月，在航空委员会成都市第八飞机修理厂任试用技术附员。

10 月，参加赴美进修的选拔考试，顺利通过。

1945 年

2 月，在重庆参加赴美进修的复试（英语口试），并办理出国手续。

4 月，试用期满，被分配到航空委员会成都市第十一飞机修理厂任考工股员，负责统计工时。

7—11 月，日本投降，重庆国民政府即将返回南京，因飞机调用紧张，在成都凤凰山机场等飞机出国。

12 月，赴上海，准备乘船出国。

1946 年

2 月，赴美国航空机械学校进修一年。在赴美航船上，有感于波浪的巨大威力，萌生了研究海浪的想法。

3 月，抵达位于美国得克萨斯州圣安东尼奥市凯利机场的航空机械学校。根据南京国民政府航空委员会与美方协商确定的培训课程，主要学习飞机的地面修理知识。

5—10 月，利用休息时间翻译了加拿大女王大学物理系教授 John K.Robertson 的著作 Atomic Artillery and the Atomic Bomb（《原子轰击与原子弹》）一书。

1947 年

2 月，回国，暂留上海江湾机场，在当地修理队接收飞机。

5—9 月，分配至南京国民政府航空委员会空运第一大队 103 中队（北京），任机务员。

6 月，在美翻译的《原子轰击与原子弹》一书由上海世界书局出版发行。

8 月，在重庆的中央工业专科学校航空科任教，并在重庆大学兼课。

11 月，改名文逐，被聘为副教授。

1948 年

改回原名文圣常。

在重庆教书之余，继续研究波浪能开发，并制作了多个实验模型，在嘉陵江畔开展试验。

1949 年

12 月，中央工业专科学校更名为西南工业专科学校。为进一步开展波浪能开发试验，由学校介绍到位于上海的华东文教局，协助与青岛方面联系，未果。

1951 年

1 月，经同学陈道南介绍，在湖南大学机械系任教，主要讲述发动机动力学、材料力学等课程。

学期末去北京参加教材研讨会，携带试验装置在北戴河做波浪能试验。

9 月，在广西大学机械系任教，被聘为教授。

1952 年

7 月，在青岛汇泉湾开展波浪能利用试验，并在山东大学与高哲生、赫崇本、景振华教授就海洋方面的科学研究进行交流，受邀加入山东大学海洋学系。

1953 年

3—10 月，在哈尔滨的中国人民解放军军事工程学院空军工程系任教。

10 月 5 日，调入山东大学海洋学系工作。

12 月，在《机械工程学报》发表论文《利用海洋动力的一个建议》，这是我国最早探讨海浪能量利用的学术文章。

1956 年

3 月，在青岛加入九三学社。

1957 年

6 月 13 日，与葛管彤结婚。

1958 年

10 月，山东大学主体部分迁往济南，海洋系、水产系、地质系、附属中学、生物系的海洋生物专业、物理系和化学系的部分教研组以及直属教研室的部分人员留在青岛。

1959 年

3 月 30 日，中共中央批准山东省委上报的《关于成立山东海洋学院的请示报告》，同意成立山东海洋学院。

9 月 18 日，任山东海洋学院海洋水文气象系物理海洋教研组主任。

1960 年

6 月，在《山东海洋学院学报》同时刊发《普遍风浪谱及其应用》和《涌浪谱》两篇论文。经赵九章、赫崇本推荐，论文 Generalized Wind Wave Spectra and Their Applications（《普遍风浪谱及其应用》）在 *SCIENTIA SINICA* 上发表，将当时国际上盛行的两种计算海浪的方法，即"谱"概念和能量平衡法结合起来，导出随风时或风区成长的普遍风浪谱。

长女文彤出生。

1961 年

3 月 10 日，当选第三届山东海洋学院院务委员会委员。

当选青岛市第四届人民代表大会代表，任期三年。

在 SCIENTIA SINICA 上发表论文 Proposed Spectra for Ocean Swell（《涌浪谱》）。该论文基于绕射和涡动消耗研究了涌浪传播规律，提出了一种充分成长的涌浪谱，同时考虑台风区是圆形的特点，提出了相应的波浪计算方法。

1962 年

3 月 5 日，当选第四届山东海洋学院院务委员会委员。

9 月，专著《海浪原理》由山东人民出版社出版，成为国内外出版的第一部海浪理论专著，也是国际上五种系统的海浪著作之一。

11 月 21 日，当选山东海洋学院科学技术委员会委员和《山东海洋学院学报》编辑委员会委员。

1963 年

5 月 6 日，国家科委海洋专业组组长袁也烈和副组长于笑虹、刘志平组织了包括文圣常在内的 29 名专家联名上书国家科学技术委员会并党中央、国务院，建议成立国家海洋局。

12 月，当选第三届山东省政协委员。

获评青岛市先进工作者。

次女文怡出生。

4 月 21 日，受聘担任国家科委海洋科学技术文献编辑委员会委员。

9 月 14 日，受聘担任国家科委海洋组成员。

代表山东海洋学院动力海洋教研室参加青岛市文教、卫生先进单位、先进工作者会议。

1 月 18 日，受国家科委海洋组委托，在山东海洋学院召开海浪增减水预报方法经验交流会，代表学校作工作介绍。

6 月 25 日，由山东海洋学院、国家海洋局、中国科学院海洋研究所等单位参加的海浪预报方法研究会战小组成立，任副组长。

主持和领导了国家科委海洋组海浪预报方法研究组的技术工作，结合我国海域特点提出的海浪计算方法很快在国内得到广泛应用。

11 月，前往山东省文登县（今文登市）沿海农村参加劳动。

儿子文凡出生。

年底，前往山东省日照县农村参加劳动。

12 月，当选第四届山东省政协委员。

1978 年

3 月 18 日，参加在北京召开的全国科学大会。

4 月 26 日，作为中国海洋科学代表团成员赴美国考察，为期一个月。

8 月 29 日，教育部批准成立山东海洋学院海洋研究所，任副所长。

11 月 18 日，任山东海洋学院海洋研究所海洋动力学研究室主任。

12 月 29 日，经中共山东省委文教办党组研究同意，任山东海洋学院海洋水文气象系主任。

制订近岸工程设计和管理的技术标准，该项研究成果经多次改进后，作为国家级规范列入交通部《港口工程技术规范》，并于 1978 年出版了试行本。

1979 年

3 月 29 日，山东海洋学院成立 20 周年。校庆期间，与赫崇本、毛汉礼、方宗熙次第主持全院学术报告会。

4 月 2 日，教育部直属高校海洋规划与协作会在山东海洋学院召开，在会上作关于海洋科学发展动态的报告。

5 月 31 日，《山东海洋学院学报》复刊，任副主任委员。

9 月 17 日，经党中央批准，任山东海洋学院副院长。

1981 年

春，赴法国参加政府间海洋学委员会会议。

9 月 10 日，山东海洋学院就 1958 年政治运动中对文圣常的错误批判进行平反，并恢复名誉。

11 月 3 日，经国务院批准，山东海洋学院物理海洋学成为我国首批博士点、硕士点，当选博士生导师。

1982 年

3 月 16 日，教育部批准山东海洋学院学位委员会下设物理海洋学与海洋气象学系学位分会，任分会主席。

2 月 22 日，加入中国共产党。

4 月，当选第五届山东省政协委员。

8 月，受聘担任十五年（1986—2000 年）科技发展规划"教育部海洋科学规划组"组长。

8 月 15—27 日，参加在德国汉堡举行的第 18 届国际大地测量和地球物理学联合会大会，以国际海洋物理科学协会分团长的身份宣读论文、参与学术讨论。其间，访问德国汉堡大学，并促成山东海洋学院与汉堡大学海洋研究所建立友好交流关系。

10 月 14 日，经教育部批准，山东海洋学院成立物理海洋研究所，兼任所长。

1984 年

1 月，与余宙文编著的《海浪理论与计算原理》由科学出版社出版，这本历时 4 年达 100 万字的巨著系统介绍了直至 80 年代初国际上的海浪研究成果。它的问世进一步推动了我国海浪学科的发展和应用。

4 月 6 日，经中央组织部批准，任山东海洋学院院长。

7 月 12 日，培养的博士研究生孙孚毕业，成为中国海洋学界第一位在国内获得博士学位的研究生。

7 月，任中国海洋湖沼学会副理事长。

8 月 13 日，主持承担的"海浪航空遥感方法及其信息处理的研究"课题获教育部科技司批准立项。

11 月，受聘担任《中国科学》《科学通报》编辑委员会委员，任期四年。

12 月 24 日，任山东海洋学院物理海洋研究所所长（兼）。

1985 年

7 月 5 日，被海洋辞书出版社聘为《海洋学词典》主编。

11 月 8 日，在山东海洋学院第一次教职工代表大会上作报告《加快改革步伐，提高教育质量，为实现我院发展规划而奋斗》。

参编的《港口工程技术规范—水文—海港水文》获国家科技进步奖二等奖。

编著的《海浪理论与计算原理》获科学出版社优秀图书奖。

1986 年

1 月 22 日，被全国自然科学名词审定委员会聘为海洋学名词审定委员会委员。

3 月 20 日，与余宙文共同编著的《海浪理论与计算原理》获山东海洋学院专著一等奖。

6 月 28 日，受聘担任《海洋学报》编委会副主编。

10 月 4 日，受聘担任山东省高等学校教师职务高级评审委员会第一届学科评议组成员。

11 月，参加山东海洋学院国际浅海海湾、河口及陆架物理学学术讨论会并致辞。

12 月，与余宙文共同编著的《海浪理论与计算原理》获山东省教育厅科学技术进步奖励著作一等奖。

12 月，作为中国海洋研究委员会代表团成员，赴澳大利亚参加学术会议并宣读论文。

促成山东海洋学院与德国汉堡大学海洋研究所创办中德合作海洋科学研究院。

任中国海洋研究委员会副主席。

1987 年

4 月，率领山东海洋学院访问团赴美国访问有校际合作关系的高校。

4 月 20 日，卸任山东海洋学院院长。

7 月，编著的《海浪理论与计算原理》获国家教委科学技术进步奖二等奖。

8—9 月，赴加拿大参加国际大地测量与地球物理学联合会大会，并以国际海洋物理科学协会分团长身份参加学术讨论会。其后，赴美国特拉华州立大学进行短期科研。

12 月 7—11 日，由联合国教科文组织海洋处主持的亚太地区大学海洋科学教育大纲研讨会在山东海洋学院召开，任大会主席。

1988 年

1 月 18 日，任山东海洋学院物理海洋研究所名誉所长。

4 月，获全国水运工程标准技术委员会颁发的水运工程标准规范工作二等奖。

6 月，受国家教委派遣，赴联邦德国讲学。

10 月 20 日，受聘担任中国科学院大气物理研究所学术顾问委员会委员。

11 月，被选拔为"山东省专业技术拔尖人才"。

1989 年

1 月 10 日，当选中国海洋学会第三届理事会名誉理事长。

2 月，赴日本参加中日海洋水产学术讨论会，并在东北大学作学术报告。

5 月，在德国汉堡大学海洋研究所讲学。

7 月 15 日，受聘担任《海洋与湖沼》副主编。

8 月 3 日，世界海洋环流实验中国委员会在北京成立，当选副主任委员。

9 月 26 日，被九三学社青岛市委会授予突出贡献奖。

9 月，获评全国教育系统劳动模范，并获"人民教师"奖章。

11 月 29 日，领导的国家"七五"重点科技攻关项目"海浪数值预报"课题组被国家科委、国家计委授予"国家科技攻关先进集体"称号。

12 月 8 日，被中国海洋年鉴编纂委员会聘为《中国海洋年鉴》顾问。

1990 年

1 月，受聘担任青岛海洋大学物理海洋实验室学术委员会主任，聘期两年。

5 月 24 日，任山东省科学技术协会第三届委员会副主席。

7 月 5 日，被中国科学院南海海洋研究所聘为《热带海洋》学报编委，聘期三年。

7 月，获得国务院颁发的政府特殊津贴。

12 月，获得由国家教育委员会颁发的从事高校科技工作四十年荣誉证书。

1991 年

2 月，赴法国参加国际涉海学术交流会议。

7 月，与张大错、郭佩芳、陈伯海完成的"理论风浪频谱及其应用"项目获国家教育委员会科学技术进步奖一等奖。

8 月 10 日，受聘担任第三届海洋湖沼科学研究生学术讨论会优秀论文评选委员会副主任。

8 月，将方向性和频率有机结合起来，解析地导出了风浪方向谱，解释了在略小于谱峰频率处方向分布函数最窄的现象，并于当年在维也纳召开的 IUGG/IAPSO 学术会议上宣读，后在日本的 *Journal of Oceanography*（1993 年）上发表。

9 月 2 日，获国家"七五"科技攻关"突出贡献者"荣誉称号。

9 月，与张大错、吴增茂等完成的"大面积海浪数值预报"获国家"七五"科技攻关重大成果奖。

12 月，与张大错、郭佩芳、陈伯海完成的"风浪频谱的改进及其应用"获国家科委颁发的自然科学奖四等奖。

获得国务院颁发的自然科学奖奖章。

1992 年

3 月 28 日，被国家海洋局聘为海洋攻关项目技术组副组长。

4 月 20 日，受聘担任国务院学位委员会第三届学科评议组特约成员。

11 月，任青岛海洋大学物理海洋开放实验室学术委员会主任。

3 月，青岛海洋大学海洋环境学院成立，任名誉院长。

6 月 21 日，与时任中共中央政治局委员、山东省委书记姜春云座谈，就建设"海上山东"、开发黄河三角洲提出意见和建议。

10 月 19 日，当选中国科学院（地学部）院士。

获山东省"优秀共产党员"称号。

赴俄罗斯访问考察。

1994 年

9 月 29 日，受聘担任国家海洋局第三海洋研究所兼职教授，聘期四年。

10 月，赴香港访问讲学。

1995 年

11 月 6 日，被山东省委省政府授予第四批省级专业技术拔尖人才称号。

1996 年

3 月 1 日，受聘担任国家环境保护局《海洋环境保护法》修订专家组专家。

10 月 16 日，参加青岛海洋大学海洋系成立 50 周年庆祝大会。

10 月 28 日，"海浪数值预报"获联合国技术信息促进系统中国国家分部颁发的"发明创新科技之星"奖。

10 月，"灾害性海浪数值预报产品的研制"获国家计委、国家科委、财政部联合颁发的国家"八五"科技攻关重大科技成果奖。

11 月，经青岛市科学技术协会五届一次全委会决定，被聘为青岛市科学技术协会名誉主席。

获国家"八五"科技攻关"先进个人"称号。

1997 年

3 月 31 日，与张大错、吴增茂等完成的"海浪数值预报方法"获国家教委科技进步奖一等奖。

4 月 5 日，时任国务院副总理的李岚清到青岛海洋大学视察，参加座谈会并向李岚清汇报有关工作。

4 月，受聘担任《海洋与湖沼》学报第五届编委会副主编，任期三年。

4 月，受聘担任中国海洋湖沼学会第七届理事会名誉理事长。

12 月，与张大错、吴增茂、徐启春、吴克俭完成的"海浪数值预报方法"获国家科委科技进步奖三等奖。

1998 年

7 月 17 日，在青岛海洋大学逸夫馆参加"庆祝世界海洋日——迎接海洋新世纪"大型座谈会。

1999 年

5 月 1 日，获全国"五一劳动奖章"。

主持"九五"国家科技攻关专题"近岸带灾害性动力环境的数值模拟技术和优化评估技术研究"。

2000 年

1 月，受聘担任《水动力学研究与进展》第四届编委会顾问编委。

10 月，获何梁何利基金科学与技术进步奖，把所获奖金的一半（10 万元港币）捐赠给青岛海洋大学设立"文苑奖学金"。

11 月 2 日，把所获何梁何利基金科学与技术进步奖奖金中的另外 10 万元港币捐献给家乡的河南省光山县砖桥镇初级中学兴建海洋希望教学楼。

11 月 7 日，在光山县第一高级中学作演讲，介绍自己的求学经历以及在海洋科研领域取得的成就。

12 月 26 日，主持完成的课题"近岸带浪、流、水位联合计算方法研究"通过国家海洋局科技司验收。在课题中提出了新的谱方法研究，谱结构的可靠性、模式性能覆盖范围、改进的可行性、所需计算时间等方面都优于当时世界上盛行的第三代海浪模式。

12 月 28 日，参加青岛海洋大学第一届"文苑奖学金"颁奖仪式，并为三名获奖学生颁奖。

2001 年

2 月，被评为"九五"国家重点科技攻关计划先进个人。

11 月 1 日，青岛海洋大学举行海洋环境学院建院 55 周年暨文圣常院士从事海洋教育科研事业 50 年庆祝活动，作报告《美国海洋科学技术中心政府作用和新世纪的海洋探索》。青岛海洋大学将物理海洋实验室大楼命名为"文苑楼"，以铭记文圣常院士为海洋科教事业和学校发展所做出的重要贡献。

11 月 1 日，参加青岛海洋大学第二届"文苑奖学金"颁奖仪式，并为三名获奖学生颁奖。

12 月，受聘担任青岛市科学技术协会名誉主席。

2002 年

4 月，《青岛海洋大学学报（英文版）》创刊，担任主编。

5 月 14 日，受聘担任《中国大百科全书》第二版海洋科学学科主编。

12 月 31 日，参加中国海洋大学第三届"文苑奖学金"颁奖仪式，并为三名获奖学生颁奖。

2003 年

1 月，受聘担任《中国科学》编辑委员会地球科学顾问。

9 月，受聘担任《海洋学报》第四届编辑委员会顾问。

2004 年

6 月 15 日，参加中国海洋大学第四届"文苑奖学金"颁奖仪式，并为三名获奖学生颁奖。

7 月 3 日，参加在青岛举行的海洋科技与经济发展国际论坛。

8 月 5 日，参加中国海洋大学和德国汉堡大学在海洋领域合作 20 周年庆祝活动。

9 月 6 日，获得中国海洋大学"杰出贡献奖"称号。

10 月 12 日，参加在中国海洋大学举办的第一届"科学·人文·未来"论坛，并作演讲《一个非生物学家认识的达尔文》。

12 月 22 日，参加中国海洋大学第五届"文苑奖学金"颁奖仪式，并为三名获奖学生颁奖。

2005 年

1 月 10 日，受聘担任山东省海洋环境监测技术重点实验室学术委员会主任委员，任期三年。

5 月，受聘担任《中国海洋大学学报（自然科学版）》编委。

7 月 15 日，参加在青岛举办的第六届海洋科技与经济发展国际论坛。

12 月 2 日，参加中国海洋大学第六届"文苑奖学金"颁奖仪式，并为三名获奖学生颁奖。

2006 年

10 月 26 日，受聘担任青岛市科学技术协会名誉主席。

11 月 16 日，参加中国海洋大学第七届"文苑奖学金"颁奖仪式，并为三名获奖学生颁奖。

2007 年

4 月 15 日，为中国海洋大学海洋环境学院题写院训"浩海求索　立言济世"。

12 月 4 日，参加中国海洋大学第八届"文苑奖学金"颁奖仪式，并为三名获奖学生颁奖。

2008 年

5 月 27 日，参加在青岛举行的第八届亚洲科学理事会会议暨第九届海洋科技与经济发展国际论坛。

11 月 27 日，参加中国海洋大学第九届"文苑奖学金"颁奖仪式，并为三名获奖学生颁奖。

2009 年

5 月 27 日，荣获首届青岛市科学技术最高奖。把获得的 50 万元奖金全部无偿捐给学校，其中 20 万元捐给了"文苑奖学金"，30 万元供本科生研究发展使用。

10 月 25 日，参加《中国海洋大学学报》创刊 50 周年庆典大会。

11 月 18 日，参加中国海洋大学第十届"文苑奖学金"颁奖仪式，并为三名获奖学生颁奖。

2010 年

12 月 6 日，参加中国海洋大学第十一届"文苑奖学金"颁奖仪式，并为三名获奖学生颁奖。

2011 年

9 月，受聘担任《中国海洋大学学报（英文版）》主编，聘期五年。

9 月，受聘担任《中国海洋大学学报（自然科学版）》编委，聘期五年。

11 月 9 日，参加中国海洋大学第十二届"文苑奖学金"颁奖仪式，并为三名获奖学生颁奖。

2012 年

6 月 8 日，获"2011 年度海洋人物"称号。

11 月 16 日，被河南省光山县授予"十大情系光山人物"。

12 月 4 日，参加中国海洋大学第十三届"文苑奖学金"颁奖仪式，并为三名获奖学生颁奖。

2013 年

11 月 28 日，参加中国海洋大学第十四届"文苑奖学金"颁奖仪式，并为三名获奖学生颁奖。

2014 年

11 月 12 日，参加中国海洋大学第十五届"文苑奖学金"颁奖仪式，并为三名获奖学生颁奖。

12 月 12 日，获中国互联网新闻中心（中国网）颁发的"中国好教育·烛光奖"。

被评为"感动青岛"十佳道德模范。

2015 年

10 月 14 日，荣获"第五届山东省道德模范"荣誉称号。

11 月 2 日，参加中国海洋大学第十六届"文苑奖学金"颁奖仪式，并为三名获奖学生颁奖。

2016 年

11 月 1 日，参加中国海洋大学第十七届"文苑奖学金"颁奖仪式，并为三名获奖学生颁奖。

12 月 13 日，在国家海洋局组织召开的全国海洋科技创新大会上被授予"终身奉献海洋"纪念奖章。

2018 年

10 月 31 日，参加荣休仪式，正式退休。

2019 年

5 月 25 日，中国海洋大学学报编委会换届，不再担任《中国海洋大学学报（英文版）》主编，改任名誉主编。

9 月 30 日，荣获"庆祝中华人民共和国成立 70 周年"纪念章。

11 月 22 日，被九三学社中央委员会授予"九三楷模"荣誉称号。

附录二 文圣常主要论著目录

论文

[1] 文圣常. 利用海洋动力的一个建议 [J]. 机械工程学报，1953，1（2）：146-153.

[2] 文圣常. 普遍风浪谱及其应用 [J]. 山东海洋学院学报，1960（1）：15-43.

[3] 文圣常. 涌浪谱 [J]. 山东海洋学院学报，1960（1）：44-64.

[4] 文圣常. 倾斜水底上波浪的传播与破碎（第一部分）[J]. 山东海洋学院学报，1964（1）：13-30.

[5] 文圣常. 倾斜水底上波浪的传播与破碎（第二部分）[J]. 山东海洋学院学报，1964（1）：31-50.

[6] 文圣常，张大错，郭佩芳，等. 改进的理论风浪频谱 [J]. 海洋学报，1990，12（3）：271-283.

[7] 侯一筠，文圣常. 三参量的风浪频谱 [J]. 海洋与湖沼，1990，21（6）：495-504.

[8] 管长龙，文圣常，张大错. 分析海浪方向谱的扩展本征矢方法I. 方法的导出 [J]. 海洋与湖沼，1995，26（1）：58-62.

［9］管长龙，文圣常，张大错. 分析海浪方向谱的扩展本征矢方法Ⅱ. 方法的验证、比较和应用［J］. 海洋与湖沼，1995，26（3）：241−246.

［10］赵栋梁，管长龙，吴克俭，等. 海浪方向谱估计方法的比较［J］. 海洋学报，1999，21（3）：119−125.

［11］Wen Shengchang. Generalized wind wave spectra and their applications［J］. Scientia Sinica, 1960, 9（3）: 377−402.

［12］Wen Shengchang. Proposed spectra for ocean swell［J］. Scientia Sinica, 1961, 10（5）: 569−591.

［13］Wen Shengchang, Zhang Dacuo, Chen Bohai, et al. Theoretical wind wave frequency spectra in deep water−I.Form of spectrum［J］. Acta Oceanologica Sinica, 1988, 7（1）: 1−16.

［14］Wen Shengchang, Chen Bohai, Guo Peifang, et al. Theoretical wind wave frequency spectra in deep water−II.Comparison and verification of spectra［J］. Acta Oceanologica Sinica, 1988, 7（2）: 159−169.

［15］Wen Shengchang, Guo Peifang, Zhang Dacuo, et al. Theoretical wind wave frequency spectra in shallow water［J］. Acta Oceanologica Sinica, 1988, 7（3）: 325−343.

［16］Wen Shengchang, Zhang Dacuo, Chen Bohai, et al. A hybrid model for numerical wave forecasting and its implementation−I. The wind wave model［J］. Acta Oceanologica Sinica, 1989, 8（1）: 1−14.

［17］Wen Shengchang, Zhang Dacuo, Guo Peifang, et al. Parameters in wind-wave frequency spectra and their bearings on spectrum forms and growth［J］. Acta Oceanologica Sinica, 1989, 8（1）: 15−39.

［18］Wen Shengchang, Zhang Dacuo, Guo Peifang, et al. Improved form of wind wave frequency spectrum［J］. Acta Oceanologica Sinica, 1989, 8（4）: 467−483.

［19］Wen Shengchang, Zhang Dacuo, Chen Bohai, et al. The equilibrium range of wind wave frequency spectrum［J］. Acta Oceanologica Sinica, 1990, 9（1）: 1−11.

［20］Zhang Dacuo, Wu Zengmao, Jiang Decai, et al. A hybrid model for numerical wave forecasting and its implementation−II. The discrete part and implementation of the model［J］. Acta Oceanologica Sinica, 1992, 11（2）: 157−178.

［21］Wen Shengchang, Guo Peifang, Zhang Dacuo. Analytically derived wind-wave directional spectrum.Part 1.Derivation of the spectrum［J］. Journal of Oceanography, 1993（49）: 131−147.

［22］Wen Shengchang, Guo Peifang, Zhang Dacuo, et al. Analytically derived wind-wave directional spectrum.Part 2. Characteristics, comparison and verification of spectrum［J］. Journal of Oceanography, 1993（49）: 149−172.

［23］Wen Shengchang, Zhang Dacuo, Sun Shicai, et al. Form of deep-water wind-wave frequency spectrum（Ⅰ）−Derivation of spectrum［J］. Progress in Natural Science, 1994, 4（4）: 407−427.

［24］Wen Shengchang, Zhang Dacuo, Sun Shicai, et al. Form of deep-water wind-wave frequency spectrum（Ⅱ）−Comparison with existing spectra and observations［J］. Progress in Natural Science, 1994, 4（5）: 586−596.

［25］Wen Shengchang, Wu Kejian, Guan Changlong, et al. A proposed directional function and wind-wave directional spectrum［J］. Acta Oceanologica Sinica, 1995, 14（2）: 155−166.

［26］Wen Shengchang, Guan Changlong, Sun Shicai, et al. Effect of water depth on wind-wave frequency spectrum I. Spectralfrom［J］. Chin. J.Oceanol.Limnol, 1996, 14（2）: 97−105.

［27］Wen Shengchang, Sun Shicai, Wu Kejian, et al. Effect of water depth on wind-wave frequency spectrum II. Verification and comparison［J］. Chin.J.Oceanol.Limnol, 1996, 14（3）: 225−233.

［28］Wen Shengchang, Qian Chengchun, Ye Anle, et al. Wave Modeling Based on an Adopted Wind−Wave Directional Spectrum［J］. Journal of

Ocean University of Qingdao, 1999, 29（3）: 345−397.

［29］Wen Shengchang. Some problems in the third generation wave models and a new approach to ocean wave modeling ［J］. Progress in Natural Science, 2000, 10（8）: 561−574.

著作

［1］John K.Robertson. 原子轰击与原子弹［M］. 文圣常，译. 上海：世界书局，1947.

［2］文圣常. 海浪原理［M］. 济南：山东人民出版社，1962.

［3］文圣常，余宙文. 海浪理论与计算原理［M］. 北京：科学出版社，1984.

参考文献

［1］John K.Robertson. 原子轰击与原子弹［M］. 文圣常，译. 上海：世界书局，1947.

［2］延安时事问题研究会. 抗战中的中国文化教育［M］. 上海：上海人民出版社，1961.

［3］文圣常. 海浪原理［M］. 济南：山东人民出版社，1962.

［4］林乐夫. 理想与归宿——文圣常教授光荣入党记［N］. 山东海洋学院报，1983-03-26.

［5］文圣常，余宙文. 海浪理论与计算原理［M］. 北京：科学出版社，1984.

［6］荣孟源. 中国国民党历次代表大会及中央全会资料（上）［M］. 北京：光明日报出版社，1985.

［7］中华人民共和国交通部. 港口工程技术规范（1987）［M］. 北京：人民交通出版社，1988.

［8］中共重庆市委党史工作委员会. 重庆的解放［M］. 重庆：重庆出版社，1989.

［9］高晓星，时平. 民国空军的航迹［M］. 北京：海潮出版社，1992.

［10］吴贻谷. 武汉大学校史（1893—1993）［M］. 武汉：武汉大学出版社，1993.

［11］马毓福. 1908—1949 中国军事航空［M］. 北京：航空工业出版社，1994.

［12］杨益言. 重庆谈判［M］. 北京：中国青年出版社，1994.

［13］广州市地方志编纂委员会. 广州市志（卷十三）军事志［M］. 广州：广州

出版社，1995.

［14］王勤. 他是一片海——访中科院院士、物理海洋学家文圣常［N］. 济南日报，1996-08-02.

［15］姚峻. 中国航空史［M］. 郑州：大象出版社，1998.

［16］熊贤君. 湖北教育史上卷［M］. 武汉：湖北教育出版社，1999.

［17］徐正榜. 武大逸事［M］. 沈阳：辽海出版社，1999.

［18］龙泉明，徐正榜. 走近武大［M］. 成都：四川人民出版社，2000.

［19］俞大光，陈锦江. 无私奉献一生的赵师梅先生传略［M］. 武汉：华中理工大学出版社，2000.

［20］姜长英. 中国航空史（史话·史料·史稿）［M］. 北京：清华大学出版社，2000.

［21］徐德瑞. 心逐海浪探奥秘——小记中科院院士、青岛海洋大学教授文圣常［N］. 光山通讯，2000-11-08.

［22］徐德瑞. 中科院院士文圣常向我县"希望工程"捐款［N］. 光山通讯，2000-11-08.

［23］乐山市地方志编纂委员会. 乐山市志［M］. 成都：巴蜀书社，2001.

［24］张钰. 在首届"文苑奖学金"颁奖仪式上的发言［N］. 青岛海洋大学报，2001-01-04.

［25］刘安国. 海浪谱华章——记文圣常院士从事海洋科教事业50年［N］. 青岛海洋大学报，2001-11-01.

［26］管华诗. 在海洋环境学院建置55周年暨文圣常院士从事海洋科教50年庆祝大会上的讲话［N］. 青岛海洋大学报，2001-11-01.

［27］纪玉洪. 海洋环境学院建置55周年暨文圣常院士从教50年庆祝大会隆重举行［N］. 青岛海洋大学报，2001-11-01.

［28］吕凤茹. "哈军工"组建纪实（1953—1966）［M］. 北京：海潮出版社，2002.

［29］孙殿义，卢盛魁. 院士成才启示录（上册）［M］. 广州：广东科技出版社，2003.

［30］湖南大学校史编委会. 湖南大学校史（公元976—2000）［M］. 长沙：湖南大学出版社，2003.

［31］周廷军. 缅怀航空先驱 弘扬船政文化［N］. 海峡时报，2003-06-25.

［32］许惠敏，谢云. 我国第一架飞机诞生于福建马尾［N］. 中国档案报，2003-11-07.

［33］王于，叶宗穆. 河南省潢川高级中学校志（1905—2005）［M］. 香港：香港银行出版社，2004.

［34］吕小霞. 文圣常：中国海洋研究的拓荒者［N］. 光明日报，2004-09-16.

［35］魏世江，吕小霞. 我国海浪学科的开拓者［N］. 人民日报海外版，2004-09-28.

［36］魏世江，吕小霞. 文圣常：科学与人文精神的完美结合［N］. 中国海洋大学报，2004-09-30.

［37］王蒙，管华诗. 高山流水：科学·人文·未来论坛实录［M］. 北京：中央编译出版社，2005.

［38］民革中央孙中山研究学会重庆分会. 重庆抗战文化史［M］. 北京：团结出版社，2005.

［39］华强，奚纪荣，孟庆龙. 中国空军百年史［M］. 上海：上海人民出版社，2006.

［40］敖文蔚. 湖北抗日战争史：1931—1945 年［M］. 武汉：武汉大学出版社，2006.

［41］刘翔. 武昌老地名［M］. 武汉：武汉出版社，2007.

［42］魏世江. 走进海大园　魂牵梦萦篇［M］. 青岛：中国海洋大学出版社，2007.

［43］骆郁廷. 乐山的回响：武汉大学西迁乐山七十周年纪念文集［M］. 武汉：武汉大学出版社，2008.

［44］陈诚. 陈诚回忆录——抗日战争［M］. 北京：东方出版社，2009.

［45］骆郁廷. 烽火西迁路：武汉大学西迁乐山七十周年纪念图集［M］. 武汉：武汉大学出版社，2009.

［46］涂上飙. 乐山时期的武汉大学（1938—1946）［M］. 武汉：长江文艺出版社，2009.

［47］张卫，冉启虎. 解放重庆［M］. 重庆：重庆大学出版社，2009.

［48］杨璇. 赫崇本：新中国海洋事业的开拓者［N］. 中国海洋报，2009-09-11.

［49］王全营，赵保佑. 河南抗日战争史［M］. 北京：社会科学文献出版社，2010.

［50］薛毅. 王世杰传［M］. 武汉：武汉大学出版社，2010.

［51］吴骁，程斯辉. 功盖珞嘉 "一代完人" ——武汉大学校长王星拱［M］. 济南：山东教育出版社，2012.

［52］龙泉明，徐正榜. 老武大的故事［M］. 南京：江苏文艺出版社，2012.

［53］徐畅编. 战士品行　学者风范——山东大学校长华岗［M］. 济南：山东教育出版社，2012.

［54］中国海洋大学党委宣传部. 八关山下：中国海洋大学的文脉延承［M］. 青岛：中国海洋大学出版社，2012.

［55］陈鷟. 有心之器，其无文欤？——聊聊语言文字的功用与魅力［N］. 中国海洋大学报，2012-06-21.

［56］王纪安. 魏元光工业职业教育思想研究［M］. 北京：机械工业出版社，2013.

［57］谢红星. 武汉大学校史新编（1893—2013）［M］. 武汉：武汉大学出版社，2013.

［58］滕叙兖. 名将名师：哈军工 "两老" 传记［M］. 北京：当代中国出版社，2013.

［59］谓知. 百年老台——青岛观象台［N］. 中国文物报，2013-04-19.

［60］光山县地方史志编纂委员会. 光山县志［M］. 郑州：中州古籍出版社，2014.

［61］中国航空工业史编修办公室. 中国近代航空工业史：1909—1949［M］. 北京：航空工业出版社，2014.

［62］张静. 中国海洋大学大事记［M］. 青岛：中国海洋大学出版社，2014.

［63］侍茂崇，李明春，吉国著. 一代宗师——赫崇本［M］. 青岛：中国海洋大学出版社，2014.

［64］冯文波. 文圣常：鲐背之年的故事人生［N］. 中国海洋大学报，2014-01-01.

［65］郭瑞民. 由 "王大湾会议" 想到的［N］. 人民日报，2014-09-17.

［66］王宣民. 背影［N］. 中国海洋大学报，2014-12-18.

［67］陈平原. 抗战烽火中的中国大学［M］. 北京：北京大学出版社，2015.

［68］吕旗，谭淑红. 铃记：张兴钤传［M］. 上海：上海交通大学出版社，2015.

［69］张在军. 当乐山遇上珞珈山：老武大西迁往事［M］. 南京：江苏凤凰文艺出版社，2015.

［70］林樱尧. 抗战时期的中国空军 "马尾派"［N］. 海峡时报，2015-04-30.

后 记

岁月是一条河，奔流不息、滚滚向前，只有亲身蹚过了，方知深浅。2015 年夏，我欣然接受了文圣常院士的传记写作任务，随着时间的推移，我逐渐认识到这项任务的复杂性和深远意义，觉得自己低估了它的挑战与难度。但开弓没有回头箭，既已承担，唯有向前。在日夜兼程的忙碌中，在文字的累积中，两年多的时光倏忽而过，已是 2017 年年末，传记写作即将接近尾声。回首写作的心路历程，思绪万千、感慨良多，今稍加梳理，是以为记。

有一种精神，令人心潮澎湃

在中国海大人的心中，提及"文院士"或者"文先生"，大家首先想到的词多为"尊敬""敬仰""感动""敬佩""值得我们学习"……这位百岁老人已成为海大师生心中的传奇人物，被校长誉为学校"精神的灯塔"。倾听着黄海的涛声，文圣常院士已在鱼山路 5 号的校园里度过了 60 多个春秋，他淡泊名利、勇于奉献、崇德守朴、勤恳敬业的精神让工作学习于此的师生感动不已，也使写作中的我心潮澎湃、思绪难平。

文院士淡泊名利，对功名利禄看得很淡、很轻，从不热心于这些世俗的东西。2000 年，他把所获何梁何利奖的 20 万元港币奖金全部捐出，用于支持教育事业，其中：一半捐供中国海洋大学设立"文苑奖学金"，一半捐给家乡的砖桥镇初级中学建设"海洋希望教学楼"。无论是奖学金还是教学楼，文院士都谢绝以他的名字命名，最后都采用了折中的方案处理。

文院士的爱心、善举给大家触动最深的一次，当属 2006 年第七届"文苑奖学金"颁发仪式结束后，他拿出随身携带的一个黑色塑料袋，里面装着 10 万元现金，他希望校领导收下，补充到"文苑奖学金"中。原来，他计算着 2000 年捐赠的 10 万元港币差不多快用完了，这事是因他而起，不能让学校出钱发奖学金，于是决定从自己的工资收入中拿出一部分用以维持奖学金的正常发放。关于这笔钱的支取，还有一段故事。11 月 16 日下午举行颁发仪式，上午去学校上班前，文院士请夫人葛管彤老师支取 10 万元。葛老师去银行取钱时，被告知当天只能取 5 万元，10 万元需要提前预约。后来葛老师找到一个在银行工作的邻居，请他出面协调，专门从别的储蓄所调来了 10 万元，担心老人带着钱不安全，银行还热心地安排工作人员把她送回了家。2008 年，文院士获青岛市科学技术最高奖，奖金 50 万元，这一次，他又一分不留全部捐给了学校。根据山东省有关政策安排，每年都会给院士发放津贴和科研活动经费，文院士退居二线后，主动写信给学校和学院领导，申请把经费上交学校，并献出银行卡交由院校处理。在传记的写作中，每每读到这样的事迹材料，我的心中就会激荡着敬佩之情，文院士的身影是何等的高大和伟岸。

文院士的奉献与敬业精神同样令后辈望尘莫及。他分外勤奋、兢兢业业，即使退居二线，依然坚持审稿工作。他总觉得国家、学校给予他的支持和关怀太多，他无以为报，唯有努力工作以示感恩。耄耋之年的他还坚持早、中、晚三班，一天工作十几个小时，这样的工作强度连 20 来岁的小伙子也很难做到。一年 365 天，他一天也不想休息，甚至春节也不愿休假。做完脚踝手术，他不顾医生休息静养的劝告，坚持伏案工作。写作过程中，我的脑海里无数次浮现出文院士伏案工作的场景，面对这位矢志爱国、敬业奉献的沧桑老人，想想自己有时的偷懒和懈怠，顿感惭愧。

写作中，文院士求真务实、崇德守朴的精神也时时激励和鞭策着我。

一次，我就他在美国进修期间的一些生活细节写信向他询问、求证，有一个问题是问他在美国的饮食是否习惯，文院士给我的回答是"我个人不太注意吃穿一类的事"。望着这短短十几个字，我顿感羞愧，觉得在他面前问这种浅薄的问题是多么的无趣。文先生不讲究吃穿，这一点在他夫人葛管彤老师的访谈中也得到了证实，"吃饭他也不挑剔，做什么饭他都吃。他在吃的上面没有要求，从来不说'想吃什么东西''你做饭不好吃'这样的话，都是我做什么他吃什么，他也刚好碰到我这个不太会做饭的人"①。在以文院士为代表的老一辈科学家勤俭朴实的生活作风面前，那些出入讲排场、吃喝讲高档的人是否感到自惭形秽呢？

创作传记的过程也是我接受洗礼的过程，文院士为人治学的崇高精神和优秀品格始终涤荡着我的心灵、澎湃着我的激情。

一路跋涉，一路歌

在参与这项工作之前，我已对文圣常院士有所了解，甚至在 2013 年年末还专程去他的故乡河南省光山县就他捐资助学回馈桑梓的事迹进行过深入采访。自 2013 年，每年的"文苑奖学金"颁发仪式，我都会去现场采访报道，聆听文院士的教诲，感受大师的风采和魅力。但是，这些了解也只是浅层次的认知，还达不到为他写传记的熟悉地步。为了写好、写实传记，我一边阅读、一边吸收，一边整理、一边归纳，一点一滴地累积，并充实到传记中。

文院士年老体迈，听力、视力均不是太好，采集小组不方便频繁地打扰他。而且，早期的一些经历，他也大多遗忘、记忆模糊，很难想起其中细节。只能借助外围的文献资料，一点一滴还原他当时的经历与境况。实在无法获得的信息，就打印出来请郭铖老师转给文院士，以书面的形式帮着回忆和回答，一来二去也解决了不少写作中的疑点和难题。同时，这些文院士亲笔书写的问题答案也成为宝贵的手稿资料。

因我一直从事新闻采编工作，很少撰写如此"大部头"的著作，在写

---

① 葛管彤访谈，2014 年 7 月 3 日，青岛。资料存于采集工程数据库。

作的思路、节奏、状态方面都缺乏经验。所以，在工作中着实费了一番周折。关于文院士家学渊源、求学历程、师承关系等内容的写作我还能勉强驾驭，但是涉及专业性较强的海浪研究，我就一筹莫展了，只好硬着头皮读他的论文和著作，并主动向海洋与大气学院院长管长龙教授求助请教。还结合搜集到的新闻报道资料现学现卖，经过啃骨头般的择取、拼缀，勉强完成了科研部分的写作。此外，写作的过程对我也是一次磨砺和修炼，是对自我定力的一次检验。撰写长篇作品不可能毕其功于一役，要持之以恒、久久为功，既考验作者的文字驾驭水平，也需要作者耐得住寂寞、坐得了冷板凳，心猿意马、小猫钓鱼是不可能写就的。尽管有时我也会心浮气躁，甚至担心自己不能如期交稿，好在还是经受住了考验，一路坚持了下来。

在这场艰难的跋涉中，办公室窗外一侧的小山是我忠实的伙伴，默默上演着季节的更迭，在色彩的变幻中提醒着我时间的流逝，告诫我掌控好写作的进度。初春时节，沉睡了一个冬天的小山开始苏醒，嫩芽、小草渐次萌发，透过窗户望去一片绿蒙蒙，在生命萌发的季节里，传记写作工作缓缓展开。盛夏来临，今年雨水较多，草木格外茂盛，偶尔还能看到野鸡、野兔出没。酷暑时节，学校已经放假，我独坐在办公室，听着窗外聒噪不堪的知了叫声继续写作。秋高气爽，天气转凉，迎来了收获的季节，传记写作也步入快车道，伴着片片黄叶，仰望大雁南飞，不知不觉已写了大半。当最后一片叶子落下，树木露出光秃秃的枝干，站在窗前，我可以一眼望到小山的岩石和泥土，寒冬已至，交稿的日子也近了。

2017年冬，独站窗前，面对小山，少了之前的浮躁与不安，平添了一份淡然与平和，终于赶在结题答辩之前完成了传记的写作。

总有一些感动让人回味

传记写作只是文圣常院士学术成长资料采集工作的一部分，它与口述资料采集、实物资料整理等环节是相辅相成的，并且也需要其他工作的支撑和协助。在写作过程中，我得到了多方的支持和帮助、收获了无数的感动，每当想起都颇感幸运，在此枚举开来表达谢意。

正是因为中国科协积极推动和开展此项工作，我才有机会参与到这一弘扬老一辈科学家崇高精神、记录他们学术思想的工作中来。在采集工作开展中，无论是天津巡查还是南京中评都得到了中国科协诸位专家的耐心指导与鼓励，使我们收获很大，并增强了进一步开展工作的信心。此外，在工作开展中，我们得到了管理方山东省科协的大力指导，特别是负责该项工作的郑启磊老师时常来电来信询问工作进展情况，提醒我们需要注意的事项，以他多年积累的工作经验给我们指导和帮助。

文圣常院士一向是谦虚低调的，但对于这一由国务院领导同志指示，中国科协牵头实施的工作他表示支持和配合。两次接受我们面对面采访，多次接受书面采访，为我们回忆了许多他求学经历和在美国进修的细节，这成为传记写作的关键支撑材料。他的夫人葛管彤老师，也耐心地配合我们的工作，不仅当面接受我们的访谈，还以书面材料的形式为我们介绍了她的家学渊源，以及与文院士由相识到结婚的过程，并同意把文院士当年设计建造的拉煤小车捐赠给我们。这对慈祥而又善良的老人的举动着实令我们感动，我们在做好工作之余，也向他们献上真诚的感谢。

此外，还有文院士的子女文彤、文怡和文凡 3 位老师也热情配合我们的采集工作，为我们讲述身为父亲的文院士是如何教育子女的。此外，我们还得到了文院士家乡族人的支持和帮助。采集小组在赴各地的寻访中也得到了社会各界的支持和配合，这些在传记的"导言"中都一一做了列举。在此，再一次向他们表达深深的谢意。

采集工作不可能单枪匹马地开展，需要一支特别能吃苦、特别能战斗、特别能奉献的团队来完成。恰好，我们就有这样一个小组，在采集小组中，大家各司其职，分工明确。项目负责人陈鷟部长统筹全局，做好协调工作，与文圣常院士当面沟通实物资料的捐赠工作，并不断鼓励大家这是在做一件意义深远的大事，告诉大家此项工作对学校乃至我国海洋科教事业的未来发展都意义非凡。早期的具体执行负责人张永胜老师和其后的执行负责人张丽老师结合每个人的长处与特点，做好分工，科学谋划进度安排，确保了工作有条不紊地顺利推进。后期，在书稿的修改完善过程中，宣传部副部长兼新闻中心副主任孟凡老师给予了我大力的支持与帮助，使我有更多的时间对传记进行丰富和打磨。袁艺老师负责对采集到的手稿、档案、照片、信件等实物资料进行分类整理，并做好数字化工作，此类工作繁杂、琐碎，既考验人的耐心，也衡量人的细心，她不骄不躁，持之以恒地把工作做好、做细，实属不易。此外，她还负责人物访谈、口述资料整理加工等事项，一份份生动翔实的人物访谈稿无不承载着她的努力和坚韧。施玥老师在早期也进行了部分与文院士有关的人物的采访工作，拟定采访提纲，联系访谈对象，出差奔走各地，提问紧扣关键因素，言谈干净利落，举止落落大方，巾帼不让须眉的豪情在她身上得以展现。视频部的赵海磊、刘玉松、吴涛 3 位老师，认真做好音视频资料的录制与拍摄工作，并有重点地进行了空镜头的拍摄，在既有素材的基础上剪辑出了展现文圣常院士学术成长历程的纪录片，成为我们工作的一大亮点，为采集工作提了质、增了色。刘邦华老师积极为图片采集提供支持，把他多年来珍藏的与文院士有关的图片慷慨捐赠出来，丰富了实物采集的成果。李华昌老师认真审读、校对、修改口述访谈资料、大事年表、资料长编等各类文字材料，文稿中的错字、别字、常识错误、疏漏之处等他都认真细致地标出、核对，并给予更正或补充完善，一摞摞准确而厚实的文字材料凝聚着他辛勤付出的汗水和智慧。李连菊老师在前期的采集设备购置、差旅账目核销等方面热情细致地做好保障工作，使采集工作后顾无忧。左伟老师在后期的文稿审读中也积极参与修正材料，并与学生助理丁红丽一起赴北京馆藏基地移交采集资料。刘苣老师作为技术指导，就采集工作中遇到的各类技术难题积极施以援手，协助大家破解障碍，并在答辩 PPT 制作、表格设计等方面给予热心指导和帮助。此外，在采集工作开展中，还有丁红丽、张玥阳、张梦杰、武彦敏、张淑娜、傅丽珊、常晶、徐启翔、许静、罗业成等 10 位同学参与了访谈资料的录音整理、实物资料的数字化扫描、编目排序和稿件校对等工作，他们的辛勤付出、默默奉献，使得各类资料更加条理清晰、逻辑严密，确保了采集工作的进度执行。正是因为有了上述人员的精益求精、尽职尽责，在传记的写作中，我才有了可以参考的翔实而生动的数据、图片和支撑材料，少走了弯路，提高了效率。借此机会，向勤奋努力、乐于奉献、任劳任怨的他们表示衷心的感谢。

在传记的写作中，我还得到了部门领导和同事的支持与帮助，也向他们表示感谢。在此期间，我的家人也给予了我很大的宽容和理解，各类家务活均由他们承担，我只顾加班加点地埋头写作，在此，向他们说一句"谢谢"。

至此，文圣常院士的学术成长资料采集工作暂时告一段落，但我们还会持续关注文院士今后的工作开展情况，进一步对他为人治学的品格与精神做好梳理和归纳工作，为后续的采集工作积累素材、打下基础，还请大家继续关心和支持我们的工作。

一路走来，传记写作中还有许多需要改进的地方，也请大家提出宝贵意见和建议，使本书内容日臻完善。

冯文波

2021 年 2 月 20 日

老科学家学术成长资料采集工程丛书
已出版（139种）

《卷舒开合任天真：何泽慧传》　　《此生情怀寄树草：张宏达传》

《从红壤到黄土：朱显谟传》　　　《梦里麦田是金黄：庄巧生传》

《山水人生：陈梦熊传》　　　　　《大音希声：应崇福传》

《做一辈子研究生：林为干传》　　《寻找地层深处的光：田在艺传》

《剑指苍穹：陈士橹传》　　　　　《举重若重：徐光宪传》

《情系山河：张光斗传》　　　　　《魂牵心系原子梦：钱三强传》

《金霉素·牛棚·生物固氮：沈善炯传》　《往事皆烟：朱尊权传》

《胸怀大气：陶诗言传》　　　　　《智者乐水：林秉南传》

《本然化成：谢毓元传》　　　　　《远望情怀：许学彦传》

《一个共产党员的数学人生：谷超豪传》　《没有盲区的天空：王越传》

《含章可贞：秦含章传》　　　　　《行有则　知无涯：罗沛霖传》

《精业济群：彭司勋传》　　　　　《为了孩子的明天：张金哲传》

《肝胆相照：吴孟超传》　　　　　《梦想成真：张树政传》

《新青胜蓝惟所盼：陆婉珍传》　　《情系梁菽：卢良恕传》

《核动力道路上的垦荒牛：彭士禄传》　《笺草释木六十年：王文采传》

《探赜索隐　止于至善：蔡启瑞传》　《妙手生花：张涤生传》

《碧空丹心：李敏华传》　　　　　《硅芯筑梦：王守武传》

《仁术宏愿：盛志勇传》　　　　　《云卷云舒：黄士松传》

《踏遍青山矿业新：裴荣富传》　　《让核技术接地气：陈子元传》

《求索军事医学之路：程天民传》　《论文写在大地上：徐锦堂传》

《一心向学：陈清如传》　　　　　《钤记：张兴钤传》

《许身为国最难忘：陈能宽传》　　《寻找沃土：赵其国传》

《钢锁苍龙　霸贯九州：方秦汉传》　　《虚怀若谷：黄维垣传》

《一丝一世界：郁铭芳传》　　　　　《乐在图书山水间：常印佛传》

《宏才大略　科学人生：严东生传》　《碧水丹心：刘建康传》

《我的气象生涯：陈学溶百岁自述》　《我的教育人生：申泮文百岁自述》

《赤子丹心　中华之光：王大珩传》　《阡陌舞者：曾德超传》

《根深方叶茂：唐有祺传》　　　　　《妙手握奇珠：张丽珠传》

《大爱化作田间行：余松烈传》　　　《追求卓越：郭慕孙传》

《格致桃李半公卿：沈克琦传》　　　《走向奥维耶多：谢学锦传》

《躬行出真知：王守觉传》　　　　　《绚丽多彩的光谱人生：黄本立传》

《草原之子：李博传》

《此生只为麦穗忙：刘大钧传》　　　《探究河口　巡研海岸：陈吉余传》

《航空报国　杏坛追梦：范绪箕传》　《胰岛素探秘者：张友尚传》

《聚变情怀终不改：李正武传》　　　《一个人与一个系科：于同隐传》

《真善合美：蒋锡夔传》　　　　　　《究脑穷源探细胞：陈宜张传》

《治水殆与禹同功：文伏波传》　　　《星剑光芒射斗牛：赵伊君传》

《用生命谱写蓝色梦想：张炳炎传》　《蓝天事业的垦荒人：屠基达传》

《远古生命的守望者：李星学传》

《善度事理的世纪师者：袁文伯传》　《化作春泥：吴浩青传》

《"齿"生无悔：王翰章传》　　　　 《低温王国拓荒人：洪朝生传》

《慢病毒疫苗的开拓者：沈荣显传》　《苍穹大业赤子心：梁思礼传》

《殚思求火种　深情寄木铎：黄祖洽传》《仁者医心：陈灏珠传》

《合成之美：戴立信传》　　　　　　《神乎其经：池志强传》

《誓言无声铸重器：黄旭华传》　　　《种质资源总是情：董玉琛传》

《水运人生：刘济舟传》　　　　　　《当油气遇见光明：翟光明传》

《在断了Ａ弦的琴上奏出多复变　　　《微纳世界中国芯：李志坚传》
　　最强音：陆启铿传》　　　　　　《至纯至强之光：高伯龙传》

《弄潮儿向涛头立：张乾二传》 《材料人生：涂铭旌传》

《一爆惊世建荣功：王方定传》 《寻梦衣被天下：梅自强传》

《轮轨丹心：沈志云传》 《海潮逐浪　镜水周回：童秉纲

《继承与创新：五二三任务与青蒿素研发》 　　口述人生》

《淡泊致远　求真务实：郑维敏传》 《采数学之美为吾美：周毓麟传》

《情系化学　返璞归真：徐晓白传》 《神经药理学王国的"夸父"：

《经纬乾坤：叶叔华传》 　　金国章传》

《山石磊落自成岩：王德滋传》 《情系生物膜：杨福愉传》

《但求深精新：陆熙炎传》 《敬事而信：熊远著传》

《聚焦星空：潘君骅传》

《逐梦"中国牌"心理学：周先庚传》 《恬淡人生：夏培肃传》

《情系花粉育株：胡含传》 《我的配角人生：钟世镇自述》

《情系生态：孙儒泳传》 《大气人生：王文兴传》

《此生惟愿济众生：韩济生传》 《历尽磨难的闪光人生：傅依备传》

《谦以自牧：经福谦传》 《思地虑粮六十载：朱兆良传》

《世事如棋　真心依旧：王世真传》 《心瓣探微：康振黄传》

《大地情怀：刘更另传》 《寄情水际砂石间：李庆忠传》

《一儒：石元春自传》 《美玉如斯　沉积人生：刘宝珺传》

《玻璃丝通信终成真：赵梓森传》 《铸核控核两相宜：宋家树传》

《碧海青山：董海山传》 《驯火育英才　调土绿神州：

　　徐旭常传》

《追光：薛鸣球传》 《通信科教　乐在其中：李乐民传》

《愿天下无甲肝：毛江森传》 《力学笃行：钱令希传》

《以澄净的心灵与远古对话：吴新智传》 《与肿瘤相识　与衰老同行：

《景行如人：徐如人传》 　　童坦君传》

《没有勋章的功臣：杨承宗传》　　　　《科学人文总相宜：杨叔子传》

《弄潮儿向涛头立：张乾二传》　　《材料人生：涂铭旌传》

《一爆惊世建荣功：王方定传》　　《寻梦衣被天下：梅自强传》

《轮轨丹心：沈志云传》　　　　　《海潮逐浪　镜水周回：童秉纲

《继承与创新：五二三任务与青蒿素研发》　　口述人生》

《淡泊致远　求真务实：郑维敏传》　《采数学之美为吾美：周毓麟传》

《情系化学　返璞归真：徐晓白传》　《神经药理学王国的"夸父"：

《经纬乾坤：叶叔华传》　　　　　　　金国章传》

《山石磊落自成岩：王德滋传》　　　《情系生物膜：杨福愉传》

《但求深精新：陆熙炎传》　　　　　《敬事而信：熊远著传》

《聚焦星空：潘君骅传》

《逐梦"中国牌"心理学：周先庚传》　《恬淡人生：夏培肃传》

《情系花粉育株：胡含传》　　　　　《我的配角人生：钟世镇自述》

《情系生态：孙儒泳传》　　　　　　《大气人生：王文兴传》

《此生惟愿济众生：韩济生传》　　　《历尽磨难的闪光人生：傅依备传》

《谦以自牧：经福谦传》　　　　　　《思地虑粮六十载：朱兆良传》

《世事如棋　真心依旧：王世真传》　《心瓣探微：康振黄传》

《大地情怀：刘更另传》　　　　　　《寄情水际砂石间：李庆忠传》

《一儒：石元春自传》　　　　　　　《美玉如斯　沉积人生：刘宝珺传》

《玻璃丝通信终成真：赵梓森传》　　《铸核控核两相宜：宋家树传》

《碧海青山：董海山传》　　　　　　《驯火育英才　调土绿神州：

　　　　　　　　　　　　　　　　　　徐旭常传》

《追光：薛鸣球传》　　　　　　　　《通信科教　乐在其中：李乐民传》

《愿天下无甲肝：毛江森传》　　　　《力学笃行：钱令希传》

《以澄净的心灵与远古对话：吴新智传》　《与肿瘤相识　与衰老同行：

《景行如人：徐如人传》　　　　　　　童坦君传》

《没有勋章的功臣：杨承宗传》　　　　《科学人文总相宜：杨叔子传》